45 | 계명한국학총서

1990년대의 증상들

— 계명대학교 한국학연구원 편 —

계명대학교 출판부

머리말

1990년대는 여러모로 의미심장한 시기다. 정치적으로는 군사독재의 종식과 문민정부의 수립, 동구권 사회주의의 몰락에 따른 사상의 혼돈과 정국의 변화가 이어졌고, 경제적으로는 IMF 사태를 계기로 신자유주의가 한국사회 전반을 재구조화하기 시작했으며, 문화적으로는 대중문화에 대한 관심이 폭증했다. 1990년대는 또한 대량소비사회로 진입하면서 소비주의적 향유가 폭발적으로 확산된 시기이고 다채로운 문화적 경험이 풍요롭게 넘쳐나던 시대다.

이 시기는 특히 정치적 담론이 쇠퇴하고 문화적 담론이 융성했던 시기였고, 정치적 사고와 실천이 탈정치적인 문화적 향유에 의해 조금씩 밀려나던 시기였다. 그런 측면에서 1990년대는 일반적으로 '문화의 시대'라고 규정되기도 한다. 그러한 규정은 한편으로 1980년대를 '정치의 시대'로 규정하면서 그에 대한 반작용으로서 1990년대를 정의하려는 시도에서 비롯된 것이다. 그런 맥락에서 '세기말 육체 여성 일상 고백 욕망 환상 내면 개인' 등 1990년대 문화의 특징을 지적하는 핵심어들에서 관철되고 있는 것은 1980년대를 집단적 정치적 억압적인 것으로 규정하고 1990년대를 그와 분리, 차별화하려는 의식적인 노력이었다.

이 책에 실린 글들은 1990년대에 대한 기왕의 그런 규정들과는 거리를 취하면서 1990년대가 지닌 모순적이고 복합적인 측면에 주목한다. 이는 '문화의 시대'로 일방적으로 환원할 수 없는 1990년대의 여러 다기한 층위들의 얽힘과 상호 영향 등을 살핌으로써 1990년대에 대한 총체적인 이해에 이르려는 의도의 결과다. 1990년대의 정치와 문화, 마음의 체제와 정신의 풍경은 여러 측면에서 87년 체제의 종언을 앞두고 있는 21세기 한국사회가 맞닥뜨린 위기가 시작되고 자라나온 기원이다. 1990년대를 다시 읽는다는 것은 따라서 지금 한국사회가 처한 위기와 난경의 근원을 성찰하는 일과 다르지 않다. 이 책의 기획은 그런 시각에서 출발한다.

1990년대는 이미 주어진 고정된 과거가 아니라 끊임없이 현재에 영향을 미치는 살아 있는 과거이며 또 그런 이유에서 현재의 관점에서 새롭게 구성되어야 하는 어떤 것이다. 그런 관점에서 1990년대에 접근해 1990년대에 대한 새로운 내러티브를 구축하는 것. 그럼으로써 현재의 삶에 보이지 않게 작용하는 1990년대의 증상들을 역사화하는 것. 그것이 바로 이 책의 기획이 의도한 것이다.

이 책은 2015년 계명대학교 한국학연구원이 주최한 기획학술대회에서 발표된 글들을 중심으로 구성되었다. 오랜 동안 고전 문헌과 전통사상, 지역학 등의 분야에서 한국학 연구의 심화와 세계적 확산에 기여해온 계명대학교 한국학연구원이 현대 문학과 문화의 분야에서도 의미있는 성과를 축적해가고 있음을 확인하는 작은 기회가 되었으면 하는 바람이다. 마지막으로, 오랜 노고와 기다림을 마다않으신 필자들께 다시 한번 깊이 감사드린다.

2017년 5월
계명대학교 한국학연구원
연구부장 김 영 찬

• 차례

1990년대의 증상들

'90년대'는 없다
– 하나의 시론試論, '1990년대'를 읽는 코드

| 김 영 찬

'90년대'는 없다
– 하나의 시론試論, '1990년대'를 읽는 코드

—

김영찬

가진 것은 없으나 풍성하도다
진리에 대한 욕망, 환상의 기쁨.
수그러지지 않은 그 열정을 돌려다오.

—괴테, 『파우스트』

1. 노스탤지어, 증상으로서 '1990년대'

근자에 1990년대가 우리 앞에 다시 소환되고 있다. 주로 대중문화를 중심으로 이루어지고 있는 이러한 현상은 90년대 학번 세대의 세대적 경험을 다룬 TV 드라마 〈응답하라〉 시리즈(2012/2013)를 필두로 하여, 한때 1990년대를 풍미했던 추억의 인기가수들을 한자리에 불러 모은 예능프로그램 〈무한도전〉의 특집기획 '토요일 토요일은 가수다'(2015. 이하 〈토토가〉)에 이르기까지 호소력 있는 문화적 현상으로 대두하고 있다. 얼핏 이러한 현상은 단지 대중문화의 장에서 발생하는 일시적인 이벤트쯤으로 볼 수도 있겠지만, 좀 더 깊은 차원에서 보면 거기에는 은연중 최근 한국사회를 살아가는 대중들의 집단심리가 투사되고 있다고도 할 수 있다. 특히 특정 세대의 복고적 시선과 노스탤지어 속에서 1990년대라는 근近과거의 문화적 경험을 향수하는 이러한 집단적 경향은 그 자체로 의미심장한 하나의 증상으로 읽힌다. 즉 그것은 크게 보면 21세기 한국사회가 겪고 있는 어떤 위기와 불안을 보여주는 증상이다. 신자유주의적 경제체제의 결과로서 고착화된 노동유연성 강화와 분배체계의 왜곡, 그리고 장기적 불황과 생활환경의 지속적 악화 등이 불러오는 박탈감과 생존의 불안, 그로 인한 미래의 불확실성과 파국의 상상이 압박해오는 위기의식 등이 그러한 불안의 실체적 근거라고 할 수 있을 것이다.

어떤 측면에서 1990년대의 문화적 소환과 향수는 노스탤지어를 통해 그러한 위기와 불안을 봉합하는 문화적 전략이라고도 할 수 있다. 그런데 왜 하필 1990년대인가? 외견상 1990년대는 대량소비사회로의 진입에서 비롯된 소비주의적 향유의 폭발적 발산과 문화적 경험의 풍요와 다양화, 그리고 정치적 억압과 의무의 감옥으로부터 풀려난(혹은 그렇다고 상상하는) 욕망의 자유와 쾌락의 향유가 넘쳐났던 시대다. 지금의 위기와 불안이 다른 시기가 아닌 유독 '1990년대'라는 특정 시기의 소환을 요구하는 근저에는 1990년대가 갖는 그러한 시대적 특이성이 존재한다. 1990년대에 대한 문화적 노스탤지어는 그럼으로써 1990년대를 지금 이 시대에 겪고 있는 위기와 불안이 존재하지 않았던, 그리하여 지금 우리가 상실해버린 어떤 충만한 경험과 가치가 존재했던 시대로 상상하는 가운데 작동한다. 이때 중요한 것은 그런 충만한 경험과 가치란 어떤 실정적인(positive) 실체가 있는 것이라기보다는 실은 저 상상이 발명해낸 환영에 가까운 것이라는 사실이다. 근자에 확산되고 있는 1990년대에 대한 문화적 노스탤지어가 이데올로기적이라고 할

수 있다면 그것은 바로 그런 맥락에서다.[01]

최근 대중문화를 중심으로 확산되고 또 향유되고 있는 1990년대에 대한 노스탤지어가 유독 '90년대 학번'의 세대적 경험, 특히 그중에서도 문화적 경험에 집중되고 있는 것도 그와 무관한 현상이 아니다. 특히 이제는 40대가 된 90년대 학번이 지금 한국사회 대중의 불안과 위기적 상황을 그 한가운데서 직접 몸으로 겪을 수밖에 없는 경제활동 세대의 주축이라는 점, 그리고 1990년대는 아직 그들 세대가 그런 위기의식과 불안으로부터 상대적으로 자유로울 수 있었던 10대 후반~20대였다는 점에 주목하는 것이 필요하다. 특히 20대란 '삶의 의미'와 역동성이, 그리고 '거대한 기대'와 '가능성'이 집약되어 있는 '젊음'[02]의 의식적 향유를 가능하게 하는 특권적인 시기다. 90년대 학번이 1990년대를 그런 20대로서 통과해온 세대라는 것은 중요하다. 1990년대는 '젊음'의 가능성이 제도적 자율화의 경향과 물질적 풍요, 욕망과 쾌락의 분출이라는 당시 한국사회의 지배적 흐름과 행복하게 만나고 융합할 수 있었던 유례없는 시대였다는 점을 고려해보면 더욱 그렇다. 더욱이 그들 세대는 정치적 담론이 쇠하고 문화적 담론이 융성했던, 정치적 사고와 실천보다는 문화적 향유가 우세했던 1990년대의 변화된 상황을 세대적 정체성 형성의 자산으로 삼았던 세대다. 그런 까닭에, 그들의 세대적 정체성의 한가운데에서는 소비와 욕망과 쾌락의 코드가 집중되는 장場이라고 할 수 있는 대중문화가 하나의 주체화의 점으로 기능할 수 있었다.

어느 시대에나 노스탤지어는 존재하게 마련이지만, 실존의 위기와 불안을 봉합하는 어떤 잃어버린 가치의 영역에 대한 상상이 유독 '1990년

01 잃어버린 실체적 내용을 사후에 발명하는 이러한 노스탤지어의 작동방식과 이데올로기의 관련성에 대해서는 슬라보예 지젝. 2004.『그들은 자기가 하는 일을 알지 못하나이다』. 박정수 옮김. 인간사랑. 225쪽 참조.

02 프랑코 모레티. 2005.『세상의 이치』. 성은애 옮김. 문학동네. 27-31쪽 참조.

대'라는 특정 시기의 대중문화에 대한 기억에 집중되고 있는 근저에는 이런 사정이 자리잡고 있다. 물론 거기에는 1990년대의 대중문화가 지닌 특성도 중요한 역할을 했다는 점을 간과할 수 없다. 그 시기의 대중문화에서는 엄숙함 대신 가벼움이, 비장 대신 코믹이, 욕망의 억압과 절제 대신 욕망의 분출과 향유가 정서적 우세를 점하고 있었다. 〈별은 내 가슴에〉, 〈질투〉 등으로 대표되는 가벼운 터치의 트렌디 드라마의 유행, 〈결혼이야기〉로부터 시작된 코믹멜로 영화의 융성, 자유로운 선율 위에 욕망을 솔직하고도 파격적으로 분출하는 새로운 감성의 댄스가요(서태지, 듀스, HOT 등)의 출현 등이 그것을 대표적으로 보여준다. 물론 이는 당시 사회 전체를 지배했던 소비주의와 쾌락주의의 경향과 무관하지 않은 것이었으나, 또 다른 한편으로는 군사정권의 종식으로 열린 개인적 자유와 자율, 가능성과 긍정성을 정체성 형성의 준거로 내면화하는 신세대적 주체화의 한 국면을 재현하는 것이기도 했다. 그런 측면에서 대중문화에 대한 추억이란 90년대 학번들에게는 모든 것이 가능해 보였던 시절에 대한, 일종의 실존적 기원에 대한 상상이다. 그럼으로써 1990년대 대중문화의 기억에 대한 향유는 특히 그들 세대에게는 세대적 정체성의 재각인을 통해 절박한 생존과 실존의 위기에 대한 상상적 위안을 제공하는 기제로 작동한다.

그런 측면에서 1990년대가 지금 이 시점에 소환되고 있는 것은 필연적인 현상이다. 앞에서 지적했듯이 그것은 21세기 한국사회의 위기와 관련된 증상이다. 그것은 또한 현재 한국사회의 주체가 겪고 있는 자신의 실존의 위기에 대한 정치적 사유의 결여와 부재를 보여주는 증상이기도 하다. 그리고 정신분석의 언어를 빌리자면, 어떤 측면에서 1990년대는 그 자체가 21세기 한국사회가 맞닥뜨린 위기의 병인病因으로서 하나의 원초적 장면(primal scene)이라고도 할 수 있다. 지금 한국사회가 처한, 그리고 그 안의 주체가 처한 실존의 위기를 새롭게 사유하기 위해서는 그 원초적 장면의 역사화가 필요하다. 우리가 1990년대를 다시 읽어야 하는 이유다.

2. 역사주의? 아니, 하나가 아닌 여럿

그렇다면 대체 '1990년대'란 무엇인가? 사실 이 물음에 답하기는 그리 쉽지 않다. 아니 그 이전에, 우리는 그러한 물음의 방식이 함축하는 의미와 방법적 전제를 의심하는 데서부터 시작해야 한다. 어떤 측면에서 그러한 물음의 방식은, 그 자체가 이미 정확한 답변을 회피한다. 왜 그런가? 그것은 그 물음 자체가 이미 어떤 고정된 사고와 답변의 방식을 전제로 포함하고 있기 때문이다. 그 전제란 이를테면 '1990년대'가 이미 주어진 하나의 실체로서 존재한다는, 그리하여 하나의 어떤 내적 본질 혹은 동질적 시간성으로 환원될 수 있으리라는 역사주의적 가정이다. 그러한 가정의 연장선상에서 본다면 아마도 1990년대는 그 전 시기인 1980년대와 그 뒤를 이은 2000년대와 뚜렷이 분절되는, 시간적 연속과 단절의 한 국면으로 해석될 것이다. 다시 말하면 '1990년대란 무엇인가'라는 저 자명한 물음의 근저에는 그 시기를 동질적 시간의 연대기적 연속의 한 단면으로 고작화하는 관습적인 역사주의적 사고가 내재한다.

저러한 방식의 물음을 조금 다르게 옮기면 그것은 1990년대란 과연 '객관적으로' 어떤 것이었는가, 하는 물음이 되겠다. 역사주의적 사고는 그러한 실증주의적 물음에서부터 시작된다. 하지만 벤야민에 따르면 "과거를 역사적으로 표현한다는 것은 그것이 '원래 어떠했는가'를 인식하는 일을 뜻하는 것이 아니다."[03] 다시 말하면, 과거의 흔적이 갖는 의미는 이미 주어진 것이 아닐뿐더러 과거의 실증적 복원 속에서 오롯이 밝혀질 수 있는 것도 아니다. 따라서 우리에게 요구되는 것은 오히려 1990년대에 대한 물음의 방식을 전환하는 것이다. 이 지점에서 우리는 과거란 그 과거에 대한 개입을 통해 생산되고 구성되는 어떤 것이라는 사실을 음미해볼 필요가 있다. 즉 과거는 오히려 현재의 시점에서 과거의 사실에 상징적인 의미와 좌표를 부여하는 주체의 상징화 작업을 통해 소급적으로 구성된다.[04]

이때 현재의 시점에서 과거를 소급적으로 구성한다는 것은 다른 한편으로 과거의 흔적들을 현재의 좌표 속에 함께 놓고 그 둘의 상호 관계와 교통의 성좌를, 그리고 그 의미를 재구성한다는 것을 뜻한다. 1990년대는 이미 돌이킬 수 없는 과거의 시간이지만, 그 시간의 파편은 현재의 시간에 작용하며 현재의 삶 속에서 끊임없이 되살아난다. 1990년대의 시간은 그렇게 현재적 삶의 증상들에 작용하는 보이지 않는 흔적이며 끊임없이 부채 청산을 요구하는 유령의 시간이다. 1990년대를 역사화한다는 것은 비유컨대 그 유령의 부채를 가시화하는 동시에 정산定算하는 것이다. 물론 그러한 작업은 모든 과거와 관련해 예외가 있을 수 없다. 그러나 이 글의 관심이 특별히 1990년대를 향하는 것은, 그것이 '신자유주의적 동물왕국'으로 표현할 수 있는 오늘의 특징적인 삶의 형태와 태도를 출발시킨 기원의 시간이면서 동시에 지금 한국사회가 맞닥뜨린 삶의 위기 속에서 그 부분적 종결이 가시화되고 있는 하나의 국면적 시간이기 때문이다.

---

03 발터 벤야민. 2008.「역사의 개념에 대하여」. 발터 벤야민 선집 5『역사의 개념에 대하여/폭력 비판을 위하여/초현실주의 외』. 최성만 옮김. 길. 334쪽.

04 정신분석에서 과거의 무의미한 흔적으로서 증상의 분석이 갖는 의미가 이와 같은 것이다. 그에 대해서는 슬라보예 지젝. 2003.『이데올로기라는(의) 숭고한 대상』. 이수련 옮김. 인간사랑. 103-109쪽 참조.

그런데 그런 역사화 작업이란 현재 시점에서의 역사적 과거의 재현과도 구별되어야 한다는 점을 동시에 덧붙여야 한다. 역사적 과거의 재현이란 한마디로 그 과거를 현재에 떠올리는 것이다. 그리고 벤야민의 지적처럼 그것은 많은 경우 '감정이입'에 의해 작동된다. 즉 "과거 속으로의 감정이입(Einfühlung)은 결국 그 과거를 현재에 떠올리는 일에 기여한다."[05] 이때 '감정이입'의 함축은 그 자체로 단순하진 않지만, 그것이 그 과거가 '원래 어떠했는가'를 강조하는 실증주의적 태도와 상관적이라는 것만은 분명하다. 그리고 그런 측면에서 이는 근자에 대중문화를 중심으로 활발하게 이루어지고 있는 '1990년대'의 소환의 맥락과 공명한다. 대중문화에서 1990년대의 역사적 재현이 불러일으키는 공감은 대체로 이런 반응에서 시작되기 때문이다. "맞아, 그때는 그랬었지." 이는 대중문화가 재현하는 1990년대의 삶의 풍경이 '원래 그러했다'는 것을 재확인하는 데서 오는 반응이며 거기에는 당연히 그에 대한 감정이입 혹은 정서적 공감이 개입되게 마련이다. 예능프로 〈토토가〉에서 추억의 인기가수들이 부르는 1990년대의 히트곡들을 따라 부르며 보여주었던 관객과 시청자들의 유난한 반응 또한 이와 다르지 않다. 오늘의 삶 한가운데 불려와 재현되는 과거의 노래들에 대한 그런 식의 향유는 그 시대만의 '원래 그러했던' 문화적 풍경과 분위기에 대한 강한 감정이입 속에서 상연되는 것이다. 그런 측면에서 최근 이루어지고 있는 1990년대의 문화적 소환은 과거가 '원래 어떠했는가'라는 물음을 방법적 토대로 하는 역사주의의 문화적 패러디이자 문화현상적 번역이라고도 할 수 있을 것이다.

역사주의가 문제가 된다면 그것은 그런 맥락에서이기도 하다. 그것은

---

05 발터 벤야민. 2008. 「「역사의 개념에 대하여」 관련 노트들」. 최성만 옮김. 앞의 책. 353쪽.

단순히 과거를 바라보는 시각이나 방법론 차원의 문제에서 그치는 것이 아니라 과거의 실천적 전유와 현재의 삶에 대한 성찰, 그리고 미래에 대한 상상의 가능성을 그 자체로서 제약하는 것일 수밖에 없기 때문이다. 1990년대에 대한 역사화는 그에 대한 반성 속에서 비로소 가능하다. 그러한 반성은 물론 일차적으로는 역사적 시간을 바라보고 전유하는 우리의 관습적 사고에 대한 반성이지만 동시에 궁극에는 우리의 현재적 삶과 그것을 받아들이고 살아가는 태도에 대한 반성이기도 하다.

그렇다면 어떻게 역사화할 것인가? 여기서 우리는 '1990년대'가 '하나'가 아닌 복수複數라는 점을 우선 확인해둘 필요가 있다. 앞에서 지적했듯이 '1990년대'란 이미 주어진 고정된 과거가 아니라 현재 시점에서의 개입을 통해 새롭게 구성되는 어떤 것이다. 모든 과거의 역사적 시기가 그러하듯 1990년대 또한 그 시기에 개입하는 주체의 입장과 그 개입의 성격에 따라 항상 새롭게 구성되고 또 그에 대한 전혀 다른 내러티브가 구축될 수 있는 그런 시대다. 그런 의미에서, '1990년대'는 '하나'가 아닌 '여럿'이다. 좀 더 과격하게 말한다면, '1990년대'는 존재하지 않는다.

현재의 시점에서 1990년대 그 자체가 현재와 미래의 내러티브를 어떻게 구축하고 또 구축해야 하는가를 둘러싸고 정치적·문화적 헤게모니의 경합이 이루어지는 장소의 하나가 될 수밖에 없는 근저에도 그런 사정이 있다. 특히 '87년 체제'라는 하나의 국면적 시간이 1997년 이후의 포스트-IMF 시대를 정점으로 종언을 고하고 있음을 보여주는 현재 한국사회의 위기적 상황에서, 그 원점이자 실현으로서 1990년대를 어떻게 볼 것인가 하는 문제는 어떤 미래를 어떻게 상상할 수 있을 것인가의 문제와도 (그것이 현실적으로 가능한가의 문제와는 별개로) 긴밀하게 연동되어 있다. 따라서 1990년대를 어떻게 역사화할 것인가의 문제는 (벤야민식의 표현을 빌리자면) 1990년대를 어떻게 구원할 것인가, 라는 문제와도 무관하지 않다. 지금 이 시점에서 '1990년대 읽기'라는 요구에 무심할 수 없는 까닭이 거기에 있고, 또 그 읽기가 불가피하게 그 자체로 정치적인 것이 될 수밖에 없는 까닭도 거기에 있다.

3. 다른 시간들, 혹은 타협형성으로서 1990년대

1990년대를 동질적 시간이 지속되는 연대기적 시간질서의 한 단면으로 읽는 독법을 경계해야 한다는 것은 이미 이야기했다. 문제는 구체적으로 '어떻게 읽을 것인가'일 터다. 그리고 이는 곧 1990년대의 내러티브를 어떻게 구성할 것인가의 문제이기도 하다. 그 이전에 먼저, 이 지점에서 우리는 시간성과 관련하여 1990년대가 갖는 특이성을 재구성해 볼 필요가 있다. 1990년대가 단일하고 동질적인 시간의 연속과 단절이라는 역사의 한 단면이 아니라면, 그것의 시간성은 어떻게 달리 이해되어야 하는가? 서둘러 단순하게 답한다면, 1990년대는 당대의 현재시간과 '1980년대'의 시간, 그리고 2000년대 이후의 시간이라는 서로 다른 시간성들이 교차하고 갈등하며 교직되는 불균질하고 이질적인 시간성으로 특징지어진다. 보기에 따라 이는 어쩌면 당연할 수도 있는 이야기지만, 또 그런 만큼 쉬 잊히기도 하는 진실이다. 무엇보다 우리는 1990년대 그 자체가 그렇게 각각 1980년대라는 과거의 시간 및 2000년대라는 미래 시간과의 갈등과 경쟁적 상호 의존 속에서 형성된, 서로 다른 시간들의 과잉결정(overdetermination)의 산물임을 이해해야 한다.

그런 맥락에서 볼 때 1990년대는, 정신분석의 언어를 빌리자면 일종의 타협형성(compromise-formation)[06]에 의해 규정되는 시대였다. 예컨대 '87년 체제'가 구체제와의 타협에 기초한 '나쁜 균형'이 지속되는 체제였다는 이해[07]는 1990년대가 지닌 그러한 성격을 다른 차원에서 설명하는 것이라고 볼 수 있다.[08] 물론 한 시대의 성격은 '87년 체제론'과 같은 정치경제학적 체제론만으로는 온전히 설명할 수 없다. 그 시대를 살아가는 주체들의 삶과 정신의 형태를 규율하는 규범들의 체계와 이데올로기, 세계감각과 정서구조 혹은 에토스 등과 같은 비물질적인 것들의 네트워크가 중요해지는 것은 그런 맥락에서다. 한 시대의 시간성을 구성하는 것은 단순한 경제적 토대나 정치체제 혹은 통치성의 성격뿐만이 아니라, 그와 더불어 그에 영향받고 반응하는 그 시대 주체들의 주도적인 삶의 지향과 자기의식, 신념과 판단의 양식, 대중적 집단 심리와 정동情動(affect) 등의 총합이자 그것들의 관계체계이기 때문이다.

그런 측면에서 '타협형성'으로서 1990년대의 성격을 온전히 설명하기 위한 한 방편으로, 1990년대를 1980년대와 함께 아울러 진정성(authenticity)의 에토스가 지배하는 '진정성의 체제'가 주체의 태도와 행위를 규율했던 시대로 규정하는 시각[09]을 경유해볼 수 있을 것이다.

---

06 정신분석적 의미에서 그것은 예컨대 '증상'을 만들어내는 원리이기도 한데, 증상이란 귀환하는 '억압된 것'과 '억압하는 것' 사이의 타협에 의해 형성되는 것이다. 타협형성(물)에 대해서는 장 라플랑슈·장 베르트랑 퐁탈리스. 2005. 『정신분석사전』. 임진수 옮김. 열린책들. 478-479쪽을 참조할 것.

07 김종엽. 2005. 「분단체제와 87년체제」. 『창작과비평』 겨울호. 17-22쪽 참조.

08 가령 87년 체제를 민주화체제로의 전환이 타협적 경로로 전개되는 '수동혁명적 민주화체제'(조희연)로 정의하는 관점이나 "아래로부터의 열망과 위로부터의 제한이 역동적 균형을 이룬 체제"(김정훈)로 이해하는 관점 또한 1990년대가 갖는 그러한 타협형성적 성격을 다른 각도에서 포착하고 있는 것이라고 볼 수 있다. 조희연. 2013. 「'수동혁명적 민주화 체제'로서의 87년 체제, 복합적 모순, 균열, 전환에 대하여」. 『민주사회와 정책연구』 24호; 김정훈. 2010. 『87년 체제를 넘어서』. 한울아카데미.

09 김홍중. 2009. 「진정성의 기원과 구조」. 『마음의 사회학』. 문학동네.

그에 따르면 1990년대는 1980년대의 연장선상에서 생존이 부끄러움이 되는 감수성, 이런 마음의 형식이 광범위하게 공유되면서 하나의 가치이자 옳은 삶의 기준으로 설정되어 통용되던 마음의 레짐[10]이 지속되었던 시대다. 이때 김홍중은 '진정성 체제'의 관철이라는 차원에서 1980년대와 1990년대를 가르는 본질상의 경계선을 설정하고 있지는 않다. 다만 그는 그 마음의 체제가 "도덕적 진정성"(80년대적인 것)과 "윤리적 진정성"(90년대적인 것)의 절묘한 결합으로 구축된 "불안정한 체제"였음을 지적할 뿐이다.[11] 일단 그렇게 본다면, '마음'의 층위에서 1980년대는 1990년대 위에 얹혀 있었으며 그런 가운데 1990년대의 '마음'을 배후에서 결정하는 하나의 구성적 시간으로 작용하고 있었다고 할 수 있다. 그것은 1980년대의 결단과 투신의 시간과 그에 대한 부채의식이 1990년대의 '마음'을 구조화하는 데 결정적인 영향을 끼쳤음을 시사한다. 1980년대는 그렇게 1990년대 속에 연장되고 내부화된다.

그런데 1990년대의 '마음'(진정성)이 다른 한편으로는 1980년대의 '마음'에 대한 청산과 단절의 의식 속에서 형성되어갔음을 간과해서는 안 된다. '개인'과 '내면', '사소함' 등의 가치를 옹호했던 1990년대 '진정성의 문학'[12]의 정체성이 1980년대의 집단주의와 정치편향에 대한 거부와 대타의식을 그 근저에 깔고 있는 것이었음을 우리는 알고 있다. 그렇게 볼 때 1990년대의 '마음'은 1980년대의 그것과 일정 부분 중첩되면서도 그 안에서는 1980년대에 대한 일종의 거부와 공감, 긴장과 연대감이라는 상호 모순적인 정동들이 갈등하면서 그 자신의 경계를 형성해나갔을 것임을 충분히 짐작할 수 있다. 즉 '마음'은 1980년대

---

10 김홍중, 위의 책, 19쪽.

11 김홍중, 위의 책, 37쪽.

12 1990년대 진정성의 문학에 대해서는 황종연, 2001, 「내향적 인간의 진실」, 『비루한 것의 카니발』, 문학동네 참조.

와 1990년대라는 서로 다른 시간이 연속되고 중첩되며 갈등하고 타협하는 장소였다고 하겠다.

그런데 그뿐인가? 그렇지 않다. '마음'은 그 자체로 균질적이지도 않고 '하나'도 아니기 때문이다. '진정성'은 '386세대'의 세대경험을 중심으로 형성된 특정 세대의 마음의 기획이었을 뿐이다. 다른 한편에서는 그런 식의 어떠한 도덕적·윤리적 가치 및 규범과도 거리를 두는, 그것에서 벗어나 개인의 솔직한 욕망과 쾌락을 발산하는 탈승화의 태도를 가능한 삶의 방식으로 설정하는 또 다른 마음의 경향이 하나의 세대적·집단적 흐름으로 정착해가고 있었다. 대중문화의 영역에서 트렌디 드라마와 코믹멜로의 유행, 댄스가요 열풍과 신세대문화의 부상 등은 그러한 마음의 경향을 배경으로 해서만 가능한 것이었다. 그런 측면에서 1990년대에 서로 다른 그 두 마음은 어느 하나가 우세를 점하기보다는 서로 경쟁하고 갈등하며 공존하고 있었다고 보는 것이 옳을 것이다.[13] 정확하게 말하면 1990년대의 마음의 체제는 서로 다른 그 두 가지 마음'들'의 갈등과 이접離接, 그리고 상호경쟁으로 들끓는 불안정한 타협의 체제였다고 할 수 있다.[14]

그리고 후자의 마음은 그 자체로 무한경쟁 속에서의 성공과 생존의 욕망을 삶의 가치로 내면화하는 2000년대 속물성이 자라나오게 되는 토양이었다는 점에서 2000년대라는 미래의 시간이 주체성의 형식 속에서 그 자신의 기원을 구성하는 장소이기도 하다. 1980년대(과거)의 시간성과의 갈등과 이접, 그리고 2000년대(미래)로부터 회귀하는 또 다른 시간성의 포함으로서 1990년대의 시간성을 사고할 수 있는 근거는

---

13 후자의 '마음'은 엄밀하게 보면 김홍중이 규정한 '인지, 도덕, 미학적 판단의 총체'로서 '마음'의 경계에 미달하거나 혹은 그것을 초과하는 어떤 것일지도 모르나 여기서는 논의의 경제성을 고려하여 일단 그 점은 세세하게 따져 들어가지 않는다.

14 그리고 이는 1990년대 문학과 문화의 성격에도 그대로 반영되는데, 이에 대해서는 뒤에서 자세히 이야기한다.

거기에도 존재한다. 그렇게 본다면 1990년대의 시간성은 그 자신의 시간을 포함한 서로 이질적인 시간들이 서로 교차하고 이접되는 가운데 의존적으로 갈등하면서 서로를 결정하는 그러한 타협적 과잉결정이 만들어낸 하나의 효과라고 할 수도 있을 것이다.

이는 1990년대를 서로 차별적인 역사적 시간성들이 교차하고 중첩되며 갈등하고 타협하는 일종의 '정세적 국면', 혹은 '종합국면(conjuncture)'[15]으로 볼 수 있음을 뜻한다. 구체적으로 말하면 1990년대는 그 자신을 증명하고 실현하기 위해 필수적으로 '1980년대'라는 시간성을 다양한 방식으로 전유하고 포획해야 했던 시기였으며, 다른 한편으로는 아직 오지 않은 '2000년대'라는 미래가 그 자신의 기원을 소급적으로 형성해가고 있었던 시기였다. 즉 1990년대는 '1980년대(과거)'와 '2000년대(미래)'라는 복수複數의 시간성들과의 갈등과 공존적 이접을 통해서(만) 그 시대적 정체성을 구현할 수 있었던 시대였다.

1990년대를 역사주의적으로 고착화하려는 시도는 이 시기를 결정하는 이러한 이질적인 시간성들의 네트워크를 망각하고 그것을 동질적인 시간적 연속의 한 단면으로 환원한다. 1990년대를 일방적으로 '문화의 시대'로 규정해왔던 항간의 시각 또한 그와 전혀 무관하지 않은 것이다. 그러한 시각은 정치, 경제, 문화, 마음, 이데올로기 등 그 시기를 구성하는 상대적으로 독립적인 다양한 심급들의 특수한 상호 의존과 결정의 네트워크로서의 '1990년대'에서 '문화'만을 따로 떼어내어 특권화함으로써 그 모든 것들의 효과로서 1990년대의 성격을 하나의 본질의 표현으로 환원하는 것이기 때문이다. 그리고 그것이 불가피하게 역사성의 망각으로 귀결될 수밖에 없다는 것은 말할 것도 없다. 1990년대에

15 종합국면에 대해서는 페리 앤더슨. 1993. 「근대성과 혁명」. 『창작과비평』 여름호. 김영희·유재덕 옮김. 346-350쪽 참조.

대한 문화적 노스탤지어에서 나타나는 정치적 망각이 또한 이와 관련되어 있는 것이기도 하다.

4. 타협의 장소들

1990년대가 일종의 타협형성에 의해 규정되는 시대였음은 앞에서 이미 분명해졌다. 그 타협형성은 1990년대의 체제적 특성이기도 하고 '마음들'을 비롯한 비물질적인 것들의 네트워크가 갖는 특이성이기도 하다. 그리고 1990년대의 문학과 영화에는 그 시대의 이러한 타협형성적 성격이 각기 다른 형태 다른 방식으로 각인되어 있다. 그렇다면 문학과 영화를 포함한 대중문화의 영역에서 구체적으로 그 타협의 장소들은 어디인가? 그것은 또 어떤 방식으로 나타나고 있는가? 여기서 그 장소들의 상세한 지도를 완벽하게 그려보는 일은 가능하지 않은 작업이지만, 1990년대 문학과 영화의 지배적인 경향에 대한 일별을 통해 그 윤곽과 포인트 정도는 대략이나마 가늠해볼 수 있을 것이다.

소설도 마찬가지지만 특히 대중영화의 경우 그 시대를 살아가는 대중들의 집단심리를 끌어안을 수밖에 없는 장르적 특성상 그 타협은 더욱 뚜렷하게 드러난다. 특히 1990년대에 대거 유행처럼 쏟아져 나왔던 로맨틱 코미디들의 경우가 대표적이다. 그 영화들은 대부분 소비자본주의의 화려한 스펙터클과 경제력을 갖춘 전문직 남녀들의 소비주의적 라이프스타일을 전시하면서 1990년대 소비자본주의의 폭발적 성장으로 확산된 대중의 물질적 욕망의 코드를 자극한다. 그러면서도 예컨대 〈미스터 맘마〉(1992), 〈가슴 달린 남자〉(1993), 〈백한 번째 프로포즈〉(1993), 〈닥터 봉〉(1995) 등과 같은 영화들에서 두드러지는 것처럼 등장인물들의 행위와 사랑의 선택은 그런 물질적 가치에 대한 욕망과는 무관한 자리에서 심지어 그것을 거스르면서 이루어진다. 어느 면에서 이들 로맨틱 코미디의 스펙터클 혹은 미장센과 등장인물의 선택 사이의 그러한 비대칭과 불균형은 그 자체로 부유하고 화려한 소비주의적 삶에 대한 대중적 욕망(90년대적인 것)과 그러한 물질적 욕망을 노골적으로 드러내는 것을 금기시하는 금욕주의(80년대적인 것) 사이의 갈등과 타협을 보여주는 영화적 증상이라고 할 수 있다.[16]

이러한 타협의 증상은 1990년대의 비극적 갱스터 장르는 물론 코미디 형사물에서도 예외 없이 나타나는데, 예컨대 〈투캅스〉(강우석, 1993)가 그중 대표적인 사례다. 환락가의 범죄자들과 결탁해 돈을 뜯어 막대한 부를 축적한 비리경찰 조 형사(안성기 분)와 원리원칙에 충실한 금욕주의자 강 형사(박중훈 분)의 어울리지 않는 커플링은 그 자체로 1990년대 로맨틱 코미디와 갱스터 장르에서 나타나는 물질적 욕망과 금욕주의의 비대칭적이고 불균형한 조합을 연상시킨다. 그리고 영화는 거기에서 한 걸음 더 나아간다. 어찌어찌 욕망에 눈떠 이른바 '돈맛'을 알게 된 후 조 형사보다 더 심한 비리로 치달으며 끝내는 범죄(마약 거래)까지 계획하는 강 형사의 질주를 제어하는 것이, 그를 그렇게도 욕망의 세계로 끌어들이려고 애썼던 비리의 원조 조 형사라는 점

16 김소연은 이를 1990년대 로맨틱 코미디의 이행기적 특성으로 정리한다. 1990년대 로맨틱 코미디에서 발견되는 이러한 화려한 세계와 욕심 없는 사람들의 "아름다운 조합"에 대한 논의는 김소연의 분석을 주로 참조했다.(김소연. 2014. 「1990년대 이후 한국영화에서 '코믹 모드'의 문제-로맨틱 코미디 장르의 이행기적 등장을 중심으로」. 『영화연구』 60호.) 그러한 타협의 증상은 또한 신분상승('한탕'을 통한 물질적 부의 획득)을 향한 청춘군상의 무차별한 욕망의 질주를 죽음이라는 비극적 종결을 통해 단죄하는 1990년대 갱스터 장르에서도 다른 방식으로 똑같이 반복 변주되는데, 그에 대해서는 김소연. 2015. 「1990년대 청춘물 한국영화와 이행기적 욕망의 궤적」. 『한국학논집』 59집. 계명대학교 한국학연구원. 참조.

은 흥미롭다. 애초 영화의 전반부에 조 형사의 비리를 저지하고 억압하는 것은 강 형사였지만, 그 지점에서 그 둘의 역할은 완전히 전도된다. 즉 '억압하는 것'(강 형사/정의/금욕)은 '억압되는 것'(조 형사/비리/욕망)과 서로 구별할 수 없이 얽히면서 자리를 맞바꾼다. 그리하여 영화는 결국 욕망과 정의(금욕) 사이의 아슬아슬한 균형과 타협을 유지하며 비리경찰로 살아가는 강 형사의 모습을 보여주면서 마무리된다. 강 형사는 그럼으로써 그의 사수 조 형사의 타협적 삶을 똑같이 반복하며 그렇게 그 둘은 정확히 하나로 겹쳐진다.

영화 〈투캅스〉가 비리경찰의 캐릭터 조합과 내러티브를 통해 보여주는 이러한 욕망과 정의(금욕) 사이의 타협형성은 두 개의 '마음' 사이의 상호경쟁으로 들끓는 불안정한 타협 가운데서 서성이고 있었던 1990년대의 대중심리를 정확하게 관통하고 있었던 것이라 볼 수 있을 것이다. 비대칭적인 것의 갈등적 타협으로서 (〈투캅스〉라는 제목 그대로) '두 형사'의 커플링을 1990년대 대중적 '마음'의 지형의 알레고리로 읽을 수 있는 것은 그런 까닭이다. 사실 '90년대적인 것'이란 '80년대적인 것'과 '90년대적인 것', 그리고 그 둘 간의 경쟁과 갈등 및 중첩과 타협이 만들어내는 복잡한 상호 결정, 그 안에 잠재성으로 잠복하고 있는 '2000년대적인 것', 이 모든 것들이 한데 얽히고 겹쳐지면서 만들어내는 과잉결정의 산물이다. 그리고 90년대적 '마음'의 지형이 또한 그와 같은 것이다. 우리가 1990년대에 흥행했던 저 대중영화의 증상들에서 발견하는 것은 그러한 1990년대적 '마음'의 지형학이다.

그러한 타협의 증상들은 대중영화뿐만 아니라 1990년대 문학에서도 예외 없이 발견된다. 무엇보다 1990년대 문학에서 흔히 지적되던 '단절'에 대한 강박도 이런 맥락에서 파악할 수 있다. 1990년대 문학의 주요 키워드였던 개인, 일상, 내면, 욕망 등의 가치가 집단, 역사와 정치, 이념 등 흔히 '80년대적인 것'이라 통칭되는 가치들과의 분리와 차별화의 제스처 속에서 그 영역을 넓혀갔음은 잘 알려진 사실이다. 즉 1990년대 문학에서 내세웠던 개인, 일상, 내면, 욕망 등의 가치는 스스로를 '80년대적인 것'들과의 대립 속에서 부정적으로 정초하는 제스처를 통해 그 고유한 의미를 정립해나갔다. 이때 '80년대적인 것'은 1990년대 문학 내부에 '억압된 것'으로 존재하며 또 그러한 것으로서(혹은 그러한 한에서) 효과성을 발휘한다. 그런 의미에서 1990년대의 저 가치들에는 불가피하게 '80년대적인 것'의 그림자가 네거티브한 방식으로 각인되어 있었다고 할 수 있다. 다시 말하면, 1990년대의 개인, 일상, 내면, 욕망의 내부에는 이미 '80년대적인 것'에 대한 부정과 인정, 억압과 수용 등의 갈등의 드라마[17]가 그 정체성을 결정하는 구성적 요인으로 내부화되어 있었다.

1990년대 문학의 정체성이 앞서 말한 저 타협에 의해 형성된 것이라는 근거는 거기에 있다. 즉 1990년대 문학은 '억압하는 것'('90년대적인 것')과 '억압되는 것'('80년대적인 것') 사이의 갈등, 그리고 그 억압을 통한 '억압되는 것'의 내부화에 의해 만들어진 타협적 결정의 산물이다. 사실 1990년대 문학의 주된 정조였던 '환멸'은 그 점을 분명하게 보여주는 하나의 증상이다. 환멸이란 모든 의미와 가치가 상실되었음을 확인하는 데서 오는 정서이지만, 그것은 그 환멸의 대상에서 제외되는 하나의 예외 지점을 통해서만 작동한다. 그 예외 지점이란 바로 환멸하는 '나'다.[18] 이때 '나'의 환멸의 대상이 되는 것 중에는 당연히 역사, 이념, 집단주의 등 흔히 '80년대적 가치'로 통칭되는 것이 포함될 것이다. 그

---

17 프로이트에 따르면 '부정'(否定)이란 억압을 통해 억압된 것을 인정하고 지적으로 수용하는 방식이다. '80년대적인 것'에 대한 1990년대 문학의 '부정' 또한 이런 논리를 따른다고도 할 수 있겠다. 지그문트 프로이트. 1997. 「부정」. 『정신분석학의 근본개념』. 프로이트 전집 11권. 윤희기·박찬부 옮김. 열린책들. 446-447쪽 참조.

18 환멸에 대한 이러한 해석과 그것이 1990년대 문학에서 갖는 의미는 김영찬. 2006. 「1990년대 문학의 종언, 그리고 그후」. 『비평극장의 유령들』. 창비 참조.

러나 실상 그러한 '80년대적인 것'은 삶의 태도를 규율하는 도덕적·윤리적 준칙이자 에토스로서 '진정성'이라는 가치와 결합된 것이었다. 환멸을 정서적 토대로 한 1990년대 진정성의 문학은 '80년대적인 것'을 부정하면서 동시에 그와 결합된 진정성의 에토스를 거기에서 떼어내어 외부세계 혹은 공적 지평과 고립된 '나'의 내면이라는 배타적인 사사私事의 영역으로 옮겨놓으면서 성립된 것이었다. '나'가 잃어버린 의미와 가치의 중심이 되는 '90년대적' 진정성은 그렇게 '80년대적인 것'의 부정을 통한 내부화를 통해 작동한다. 진정성의 주체로서 1990년대 문학의 '나' 자체가 이미 일종의 타협형성물이라고 할 수 있는 까닭은 거기에 있다.

그러한 타협의 풍경을 가장 극적으로 보여주는 소설이 바로 신경숙의 『외딴방』(문학동네, 1995)이다. 『외딴 방』은 작가인 '나'가 성장기에 여공으로 일했던 '외딴방' 시절의 기억에서 도망치고 싶은 욕구를 억누르며 과거의 상처를 불러와 그 진실과 대면하고 화해하는 글쓰기의 과정 자체를 재연再演하는 소설이다. 『외딴방』이 우리의 관점에서 눈길을 끄는 것은 깊이 묻어두었던 과거 여공시절의 노동의 기억과 관계의 상처를 '나'가 글쓰기를 통해 불러낸다는 점이고, 또 그 상처와의 화해를 현재 '나'가 처한 글쓰기의 곤경을 돌파하는 계기로 상징화한다는 점이다. 그럼으로써 『외딴방』의 소설적 공간은 그 자체가 과거와 현재, 과거의 '나'와 현재의 '나', 기억에서 도망치려는 '나'와 그 기억을 글쓰기 속으로 불러들이려는 '나' 간에 벌어지는 갈등과 화해의 공간이 되고 있다. 그리고 그 과정에서, 그토록 부정하려고 했던 과거의 상처와 부채의식은 현재에 불려와 폐쇄적 내면으로 향하는 글쓰기의 시선을 견제하며 긴장을 유지하게 해주는 글쓰기의 내적 동력으로 전화된다. 이러한 『외딴방』의 서사는 그 자체가 이미 '80년대적인 것'(노동/역사/집단)과 '90년대적인 것'(작은 것/일상/개인)의 화해와 타협의 드라마를 연출하는 것이라 보아도 무리가 없다. 그리고 이는 노동현실의 생생한 풍속적 재현(80년대적인 것)과 내면 지향적 서술태도(90년대적인 것)가 모순적으로 긴장하며 공존/타협하고 있는 이 소설의 스타일을 통해서도 뒷받침된다. 신경숙의 '90년대적' 글쓰기는 바로 그 화해와 타협의 자리에서 그렇게 새롭게 의미화된다. 『외딴방』의 글쓰기 자체를 일종의 타협형성으로서 1990년대 문학이 탄생하는 장면의 알레고리로 읽을 수 있는 여지는 그런 측면에서 충분하다고 할 것이다.

5. 가능성의 가능성

지금 이 시대에 1990년대를 다시 읽는다는 것은 어떤 의미인가? 우리는 왜 1990년대를 다시 읽어야 하는가? 앞에서 지적했듯이 1990년대를 다시 읽는 것은 지금 한국사회가 처한 곤경과 위기의 근원을 성찰하는 일과 다른 것이 아니다. 왜냐하면 1990년대의 물질적·정신적 체제와 정신의 풍경은 어떤 측면에서 21세기 한국사회가 맞닥뜨린 위기의 병인이 자라나온 원초적 장면이기 때문이다. 그러나 동시에 1990년대는 그 위기에 저항할 수 있는 어떤 가능성이 하나의 가능성으로서 잠재한 불확정적인 시간이기도 했다. 1990년대를 관통하는 저 '타협'의 풍경이 과연 무엇을 뜻하는 것이었는가를 새롭게 의미화하는 작업이 긴요한 것은 그런 맥락에서다.

이 글에서는 그 타협의 풍경이 그려진 문화적 지도를 문학과 영화의 몇몇 사례를 통해 간략히 스케치하는 정도에 그쳤지만, 사실 그것은 1990년대의 거의 모든 문화적 산물 속에서 각기 다른 형태로 광범위하게 나타나고 있었다. 그것이 결국 무엇을 의미하는가는 더 많은 스터디 케이스의 탐구와 더 깊은 숙고를 거쳐 답해야 할 간단치 않은 문제이지만, 여기서 그 의미의 일단만은 간략하게 짐작해볼 수는 있을 것이다. 간단히 말하자면, 그 타협은 1990년대의 '마음'이 아직은 삶에 대한 윤리적 긴장을 유지하고 있었음을 보여주는 하나의 증상이라고 할 수 있다. IMF 외환위기를 겪고 2000년대를 통과하며 삶의 서사가 전일적인 자본의 서사에 종속되고 영혼의 자유가 자본의 논리에 잠식되어나가고 있었을 때, 곳곳에서 우리가 목격했던 것은 저 윤리적 긴장의 붕괴라는 사태였다. 무한경쟁 속에서 살아남는다는 것의 절박함이 하나의 알리바이로서 윤리적 긴장의 붕괴를 정당화하는 사이에, 정신은 그렇게 서서히 자본의 식민지가 되었고 삶은 동물화되었다. 지금 이 시대에 우리에게 부과된 영혼의 최소 준칙이 있을 수 있다면 그것은 바로 그 동물화에 대한 저항일 것이다. 그리고 역사성과 정치성의 망각으로부터 1990년대를 구원하는 작업이 긴요할 수 있다면, 그것은 그 저항에 보탤 수 있는 고유한 몫이 그 안에 존재하기 때문일 것이다.

1990년대의 증상들

라캉 담론이론으로 읽는 1980, 1990년대 시대정신 -욕망과 진리를 중심으로

| 김 석

라캉 담론이론으로 읽는 1980, 1990년대 시대정신

—

김 석

1. 시대정신과 라캉의 담론이론

한 시대를 특징짓는 고유한 시대정신, 그리고 그 정신을 표현한 문화, 집단 심리와 사회적인 의식의 변화를 어떻게 설명할 수 있나? 시대정신의 탄생과 변화를 진화심리학이나 사회생물학이 가정하듯 생존경쟁과 적응의 과정에서 만들어진 진화의 산물로 봐야할까? 아니면 마르크스의 역사적 유물론처럼 생산관계의 변화가 거기에 상응하는 이데올로기 같은 상부구조의 변화를 낳는다고 말해야 할까. 가까운 시대에만 국한해도 70년, 80년대, 90년대, 2000년대의 시대정신과 분위기가 연속적이면서도 현격한 차이를 보인다. 특히 90년대는 가히 혁명적 변화라 할 만큼의 많은 변화가 있었다. 그렇다면 아직 우리 곁에서 살고 있는 그 시대 주역들에게 어떻게 당시 시대정신의 본질과 변화를 설명할 수 있을까? 또 80년대와 90년대의 시대정신은 한 마디로 무엇인가? 왜 이 시대는 많은 문화연구자들에게 관심을 불러일으키고, 문학과 영화에서 복고와 재현의 대상이 되고 있나?

이런 질문에 한 마디로 대답하긴 어렵다. 물론 한국 90년대를 기록하고 분석한 소수 기록물이 있기는 하지만[01] 그 시대정신을 한 마디로 요약하는 것도 쉽지 않다. 게다가 그 시대를 구조 지으면서 어떤 일관성을 부여하는 사회심리의 메커니즘을 치밀하게 추적하고 분석한 연구도 거의 없다. 사실 특정 시대정신을 분석하는 작업은 미셸 푸코가 말한 에피스테메(épistémè) 같은 공시적이고 구조주의적인 연구방법에 의하지 않고는 쉽지 않다. 그렇다고 무턱대고 특정한 집단 무의식을 가정할 수도 없다. 무의식만 절대적으로 강조하다 보면 사고방식이나 행동을 규정하는 근본 원인에 대한 해명 없이 주체의 욕망이나 그것의 표현인 문화를 사회적 무의식의 산물로 여기는 인과론의 함정에 빠질 수도 있다. 그렇다면 구조적 관점과 주체의 욕망을 변증법적으로 결합해 특정 시대의 정신을 분석할 수 있을까?

필자가 1969-70년대에 진행된 라캉의 세미나 17권 『정신분석의 이면, *L'envers de la psychanalyse*』에 나오는 네 가지 담론 이론을 활용해 한국 사회의 80년과 90년대를 분석해보려는 것은 이 때문이다. 담론(disourse)은 무엇보다 말하는 존재인 인간을 규정하는 형식과 선험적 구조일 뿐 아니라 인간의 행위에 의해 변하는 의식의 반영물이다. 라캉에 따르면 인간의 모든 현실은 담론에 의해 확립되고 규정 된다[02]. 이것은 정신분석이 관심을 갖는 대상인 심리적 현실이 담론에 의해 설명된다는 말이다. 담론은 언어에 토대를 둔, 사회적 유대[03]를 지칭하는 것

---

01 80년과 90년대에 대한 열풍이 최근 현상이라 아직 본격적인 연구서는 거의 없다. 필자가 찾아 본 자료는 1989년 형성사에서 나온 강신철의 『80년대 학생운동사』, 2005년 나온 『비평, 90년대 문학을 묻다』 2001년 김종엽이 쓴 『시대유감』, 그리고 1999년 문화과학편집위원회가 발간한 『문화과학』 제20호 등이 있다. 그리고 강준만이 쓴 『한국현대사 산책』 1980년대 편 3권과 90년대 편 3권은 당시 정치 경제적 이슈와 사건을 중심으로 사회분위기, 소비문화까지 모든 것을 통사적으로 정리하고 있어 80년대와 90년대를 한 눈에 들여다보기에 아주 좋은 책이다.

02 Lacan. 1975. *Le Séminaire XX, Encore*. Paris: Seuil. p.23.

03 같은 책. p. 21.

으로 사회적 존재인 인간의 삶을 구성한다. 라캉의 담론 이론은 상호주체적 구조 속에서 만들어지면서 동시에 이 구조를 가능하게 만드는 역동성이 있으므로 시대정신의 변화를 유용하게 설명할 수 있다. 우리는 라캉의 세미나 17권 『정신분석의 이면』에 나오는 담론 공식을 활용해 특히 90년대 한국의 시대정신과 변화를 개괄해 보고자 한다.

2. 라캉의 담론요소와 기능

먼저 담론의 요소들을 살펴보자. 라캉은 인간 존재를 만드는 네 가지 근본 요소인 기표 S1, 지식 S2, 대상 a, 주체 $S̸$의 배치와 상호 관계로 성격이 다른 네 담론을 만든다. 담론은 계속 변하며, 그 변화를 각 항의 위치변화를 통해 설명할 수 있다. 담론이론은 주체의 욕망을 강조하는 정신분석의 관점에서 사회의 정신적 변화를 해석할 수 있는 가능성을 열어준다. 담론은 형식과 내용 둘 다를 강조하기 때문에 역사 결정론이나 주체의 자유의지론의 함정에 빠지지 않고 역동적이면서 구조적인 관점에서 특정한 시대정신을 설명하는데 유용하다. 특히 라캉 담론은 일반적으로 주체가 역사에 등장하면서 자유와 인권을 향한 시민혁명과 과학혁명에 의해 도래한 근대 이후를 설명하는 데 아주 유용하다. 라캉의 담론이론은 모든 인간 활동의 원천에 무의식적 욕망이 있다는 내재적 관점과 그것을 산출하는 담론이라는 양자를 함께 고려하면서 개인의 무의식이 집합적으로 작용한다고 사회 변화를 설명한다. 라캉이 가성하는 주체는 개인이기 보다는 담론의 효과이자 그 변인이며 상호 주체적 관계[04] 속에서 움직이는 복수 주체들이다. 담론에 의해 설명되는 무의식도 집단적이다.

물론 시대 변화를 제대로 이해하기 위해서는 중요한 정치적 사건이나 특정 인물의 역할 등도 고려해야 하지만 무엇보다 욕망의 성격과 변화를 규정하고 틀을 지우는 담론이라는 구조를 연역적으로 적용하면서 사회의식 변화를 사후적으로 설명하는 방법이 더 효과적일 수 있다. 정치적 사건이나 경제 변화도 결국은 이런 담론의 표현이기 때문이다. 특히 민주화 운동이 치열했던 80년대와 비약적인 경제 발전 속에서 소비문화를 구현했던 90년대를 비교하면서 현 시대 우리가 가야할 방향을 찾기에 히스테리 담론과 주인담론은 유용성이 크다. 우리는 담론의 도식을 적용해 80년대에서 90년대로의 시대 변화를 히스테리에서 주인이 되려고 했던 시기로, 그리고 그 좌절이 현재까지 이어져 오는 것으로 규정할 수 있을 것이다.

담론의 네 가지 구성 요소와 배치, 그리고 이에 따라 파생되는 네 가지 담론[05]의 도식은 다음과 같다.

---

04 라캉은 이것을 「〈도둑맞은 편지〉에 관한 세미나」에서 편지(문자)에 대한 관계에 따라 역할이 나누어지면서 순환하고 서로 영향을 미치는 관계라고 말한다. 그러면서 근대 과학을 대표하는 수학은 이런 상호주체적인 시대를 상징한다고 설명한다. 참조. Lacan. 1966. *Écrits*. Paris: Seuil. p.30, 287.

05 라캉의 네 가지 담론이론 개괄에 대해서는 다음 논문을 참조하라. 김태숙. 2004. 「라깡의 네 가지 담론」. 『라깡과 현대정신분석』제 6권1호(여름호). 한국라깡과현대정신분석학회.

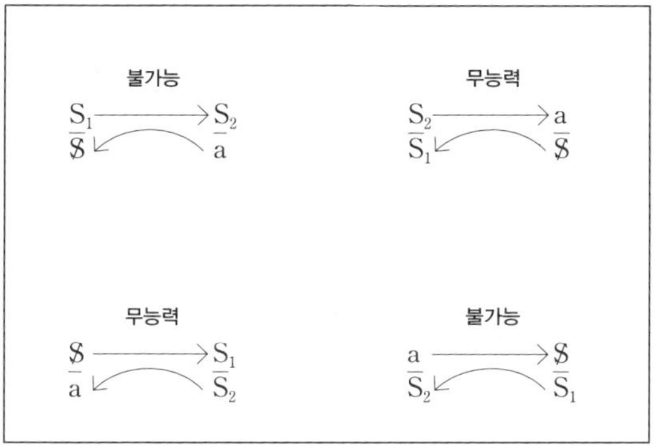

〈그림 1〉 라캉의 네 가지 담론 도식[06]

각각의 담론의 의미를 여러 가지 관점으로 해설할 수 있지만 라캉의 담론 이론을 적용할 때 이하의 효과적 논의를 위해 몇 가지 해석의 전제를 두려 한다. 일단 위의 도식에서 네 항이 잡는 자리는 다음과 같다.

$$\frac{\text{행위자(agent)}}{\text{진리(truth)}} \qquad \frac{\text{타자(other)}}{\text{생산(production)}}$$

보통 라캉의 대수학 도식에서는 위쪽이 우월한 자리이므로 행위자와 타자의 대응 관계를 본질로, 그리고 아래쪽을 그 효과처럼 해석한다. 그러나 이 도식의 가장 중요한 부분은 바로 진리(truth)의 자리이며 진리가 나머지 세 요소에 미치는 영향이 실제 담론을 사회분석에 적용할 때와 해석에서 중요하다는 것을 강조할 필요가 있다. 라캉이 늘 강조하듯 욕망의 문제는 결국 정신분석의 진리[07]와 연동되기 때문이다. 그

06 출처: Lacan. 1975. *Le Séminaire XX, Encore*. Paris: Seuil. p.21.

07 라캉은 프로이트와 달리 정신분석에서 진리의 중요성을 강조한다. 초기에는 진리를 무의식적 욕망의 드러남과 연관시켜 설명했다. 하지만 후기로 가면서 점차 실재로

리고 행위자는 진리의 차원을 고려할 때만 그 역할이 명확해진다. 순수 행위자의 역할을 할 수 있는 것은 원래 주체 밖에 없지만 나머지 항도 진리 덕분에 본래의 역할이 가능해진다. 예컨대 주인담론에서 주인기표는 분열된 주체에 의해, 그리고 그것에 대해 주인역할을 하며, 대학담론에서 지식은 원래 행위자 역할을 할 수 없지만 주인기표를 고려하면 그 움직임이 이해된다. 히스테리 담론도 분열된 주체를 움직이게 하는 것은 결국 잉여대상 a이며, 분석가 담론에서 a가 주체를 무화시키는 충동의 흐름이 아니라 분열된 주체를 타자로 삼는 것도 무의식적 지식과 연동될 때 가능하다. 결국 네 항에서 진리의 자리가 가장 중요하다.[08]

그리고 행위자와 타자, 진리와 생산의 관계를 너무 한 방향 흐름처럼 해석해서는 안 되고[09] 타자가 거꾸로 행위자에 미치는 영향에도 주목할 필요가 있다. 그리고 세미나 20권에서 라캉이 행위자에서 타자로 가는 화살표에 써 넣은 '불가능'(impossibility)과 아랫단 산물에서 진리로 가는 화살표의 '무능력'(incapacity)의 의미도 주목해야 한다.[10] 이 모든 것은 욕망과 진리의 관계를 중심에 두고 해석할 때 그 의미가 명확해지는데 담론구조에서 욕망은 한 주체의 욕망일 뿐 아니라 동시대를 사는 복수적 주체(상호적 주체)를 의미한다. 이 욕망이 드러나는 것이 바로 진리의 순간이다. 라캉의 담론을 적용해 특정한 시대의 정신을 분석할 수 있는 것도 그 때문이다. 이하에서 우리는 어떤 욕망이 특히

강조점을 이동하면서 진리는 불가능한 대상인 실재를 겨눈다고 강조한다. 알렌카 주판치치. 2005. 『정오의 그림자』, 조창호 옮김, 도서출판 b. 22. 184 쪽 참조.

08 아직 라캉 담론이론에 대한 연구가 많이 없기도 하지만 주로 행위자와 타자라는 상부 항에 초점을 맞출 뿐 진리의 영향을 특별히 강조하는 연구는 찾지 못했다.

09 보통 라캉 담론이론에서 말을 하고 행동을 하는 행위자와 그것에 근거해 행동하는 타자처럼 다소 일방적인 방향성만을 강조하곤 한다. G.Wajeman. 2003. "The hysteric's discours". *Critical evaluations in cultural theory*, Vol. 1. Routledge. p.79 참조.

10 Lacan. 1975. *Le Séminaire XX, Encore*. Paris: Seuil. p.21 참조.

80년대와 90년대를 관통했는지 분석하면서 그 시대의 시대정신을 개략적으로라도 훑어보려고 한다. 이런 작업을 통해 심층의 무의식적 욕망으로 모든 것을 설명하는 정신분석학만이 보여줄 수 있는 문화와 집단심리 분석의 특이성과 적절함을 드러낼 수 있다.

3. 1980년대 시대정신 히스테리: 대타자를 위한 희생과 헌신

욕망의 구조와 성격을 중심에 두고 80년대의 주체를 분석할 때 우리는 이들을 히스테리(hysteria) 주체로 정의할 수 있다. 히스테리 주체는 내가 누구인지, 나의 욕망은 무엇인지를 알려고 하기 보다는 늘 타자의 욕망에 더 관심을 두고, 그것을 통해 자신의 욕망의 의미를 이해하려는 주체를 말한다. 히스테리 주체에게는 자신의 정체성 보다는 주인(기표)에 대한 헌신이 더 중요하다는 말이다. 페터 비트머는 라캉의 네 가지 담론에서 히스테리 주체를 다음과 같이 정의한다.

> "히스테리적인 주체는 고정되지 않는 존재로서, 타자를 통해 규정되기를 추구하고, 그 타자에 대해 자신을 그의 대상으로 제시하기 위해 그에게 향하며, 그의 욕망을 욕망하는 존재이다."[11]

11 페터 비트머. 1998. 『욕망의 전복: 자끄 라깡 또는 제2의 정신분석학 혁명』. 홍준기·이승미 옮김. 한울. 175쪽.

라캉 담론에서 히스테리 담론은 다음의 도식[12]이다.

$$\begin{array}{ccc} \$ & \longrightarrow & S_1 \\ \overline{a} & \longleftarrow & \overline{S_2} \end{array}$$

무능력

히스테리 담론은 행위자 위치에 분열된 주체 $\$$가 있으며, 이 주체가 타자의 자리에 있는 주인기표 S1을 향해 행동하는 구조로 되어 있다. 주인기표는 분열된 주체가 의지하는 대상이자 욕망에 대한 관계에서 욕망의 답을 쥐고 있다고 가정되는 타자이다. 이것은 확실성을 찾는 데카르트가 그 보증자로 간주한 '신'의 개념과 통하며 분석의 장에서 분석가가 차지하는 위상이기도 하다.[13] 히스테리 주체는 기본적으로 대타자의 욕망을 통해 자신의 욕망을 들여다보려는 주체의 위치이다. 그렇기 때문에 히스테리 주체는 지나칠 정도로 맹목적으로 타자의 욕망을 바라보며 여기에 매달린다. 타자의 욕망을 끌어들이기 위해 히스테리자는 자신이 타자가 결여한 대상인 남근(phallus)이라고 믿으면서도, 자신의 욕망에 대해 늘 의심하고 불안해하는 위치이다. 이것은 도라의 사례에서도 보듯 기본적으로 자신의 남근적 정체성과 관련된 증상, 문제, 수수께끼를 타자를 통해서만 해결할 수 있다고 믿는 위치이기 때문이다.[14] 주체로서 히스테리자는 계속해서 존재에 관한 수수께끼를 타자에게 질문하지만, 타자의 답과 욕망은 히스테리자를 구원할 수 없다. 타

---

12 이하에서 네 담론 도식은 모두 Lacan. 1975. *Le Séminaire XX, Encore*. Paris: Seuil. p.21 참조.

13 Lacan. 2008. *Le Séminaire XI, Les quatre concepts fondamentaux de la psychanalyse*. Paris: Seuil. p.204 참조.

14 G.Wajeman. 위의 논문. p.83 참조.

자에 의해 히스테리자가 특정한 정체성을 부여받는 순간 주체는 더 이상 지식으로는 온전한 설명이 불가능한 대상 a로 전락하며 타자가 욕망하는 대상이 아닐 수 있기 때문이다. 그러므로 히스테리 주체는 지식을 나타내는 기표 S2를 위해 대표기표 S1에 의해 표상되는 부분과 그것에 의해 온전히 설명할 수 없는 대상으로 분열되는 특별한 위치 $\$$로 남을 수밖에 없다. 결국 히스테리자가 끊임없이 질문을 던지면서 주인기표를 통해 지식을 생산하고자 하지만 결국 이 지식 S2는 주체의 진리인 a, 즉 주체의 존재가 근본적으로 결여되어 있다는 구조적 무능력을 드러낼 수밖에 없다. 그러므로 히스테리는 실패를 피하기 위해 늘 욕망에 대해 우회하거나 지연시키면서 욕망을 마주하지 않으려고 한다. 히스테리자가 욕망의 진실이 드러나는 것을 두려워하며 그 순간을 자꾸 회피하는 것은 이런 전략 때문이다.

80년대의 주체가 히스테리 주체라면 80년대의 시대정신도 히스테리 욕망의 구조에 따라 정의할 수 있다. 다시 말해 타자의 욕망이 절대적으로 주체의 욕망을 지배하고 대신하는 것이 80년대 특징이다. 하지만 타자의 욕망은 궁극적으로는 주체의 진리에 대해 무능을 드러낼 수밖에 없다. 결국 욕망의 참된 의미는 계속 지연되며 히스테리자는 만족을 미룰 수밖에 없다. 80년대 학생운동, 노동운동과 농민운동에 참여한 운동주체들과 지식인들은 스스로 역사의 주체라고 자인해본 적이 없다. 그들은 항상 주인(S1)을 위해 소환된 무명의 행위자로서만 스스로의 위치를 규정하면서 주인의 욕망에 동일시 하고자 했다.[15] 이 주인은 모

15 이러한 동일시의 단적인 예가 80년대 학생운동 주체들이 이른바 현장으로 들어가는 것을 지칭하는 '투신'일 것이다. 학생운동 주체들은 자신의 본래 존재 기반인 쁘띠 부르주아적인 가치관이나 행동을 철저하게 부정하면서 민중 속에서 그들과 같이 호흡하고자 했으며, 투신을 통해 민중의 삶에 뿌리를 내리면서 역사적 대열에 함께 동참할 수 있다고 믿었다. 하지만 필자는 이것이 존재의 불가능한 부정이라고 본다. 민중 속으로 들어간다 하더라도 결국 지식인적 정체성이 완전히 부정되기는 힘들기 때문이다.

통 80년대 욕망의 대상 a로 운동주체들이 민중이라고 부른 역사의 진짜 주체이다. 80년대 학생운동 진영에서 널리 읽혔던 한 소책자를 인용해 보자.

> "우리의 운동은 이 민중민주주의의 민족혁명을 목표로 하는 민중민주주의 민족혁명으로 규정되어야 한다. 왜 민중민주주의 혁명인가? 혁명의 주체가 민중이며, 혁명이 건설한 새 사회의 정치체계는 부르주아가 지배하는 부르주아민주주의가 아니라 민중이 지배하는 민중민주주의이기 때문이다. 왜 민족혁명인가? 반제·반매판 독점자본 혁명이기 때문이며 혁명이 건설할 새 경제체제는 민족혁명 경제이기 때문이다. 이러한 민중민주주의 민족혁명의 개념은 지난 10년간 우리가 '민중이 역사를 움직이는 주체다' '민중이 나라의 주인이 되는 사회가 건설되어야 한다'라는 말로서 그 내용을 표현해온 개념이다."[16]

보통 '삼민'으로 불리던 민중, 민주, 민족의 이념이 대략 1985년부터 학생운동 진영의 구체적인 이념적 목표로 자리를 잡으면서 삼민은 80년대 운동주체들의 실질적 비전이 된다. 심지어는 대학의 자치기구인 학생회 선거에서도 민중민주주의나 평화 통일이 이슈나 공약으로 제기될 정도였다. 한 마디로 알 수 없는 타자의 숭고한 욕망을 위해 자신을 철저히 희생하면서 그 대리물이 되고자 했던 것이 80년대 학생, 노동자,

---

16 강신철. 1989. 『80년대 학생운동사』. 형성사. 94쪽. 80년대 진보진영에서 나온 책자는 대개 익명이거나 가명을 쓴 저자에 의해 쓰인 책이 많다.

지식인 투쟁주체라 할 수 있다.

80년대의 시대정신을 히스테리 담론으로 읽을 때 담론에서 주인의 성격을 명확히 하는 것이 중요하다. 진정한 주인은 존재하지 않는다. 히스테리 담론에서 주인을 주인으로 만들어 주는 것은 바로 분열된, 즉 욕망하는 주체 $\$$자신이기 때문이다. 결국 히스테리 담론에서 주인은 히스테리 주체의 욕망에 답을 줄 수 있다고 가정되기 때문에 주인이 된다. 주인의 자리는 개별적이고 인격적인 구체적 존재가 자리 잡을 수 있는 곳이 아니라 거대 담론의 빈 공간에 불과한 추상적 자리이다. 이 자리에 민중, 역사, 조국 등을 집어 넣어보면 이러한 대응관계가 더 명확해진다. 80년대 주체들은 이런 초개인적이고, 윤리적인 거대 화두들을 붙들고, 고뇌하며 여기에 동일시하려는 숭고한 주체들이며 역사의 큰 강에 몸을 던지면서 내일의 불멸을 꿈꾸는 환상과 자기 부정을 숙명처럼 여기는 희생적 주체이기도 하다. 이 시대의 분위기를 잘 보여주는 시로 1981년에 발표된 양성우 시인의 시를 들 수 있다.

청산이 소리쳐 부르거든[17]
나 이미 떠낫다고 대답하라.
기나긴 죽음의 시절,
꿈도 없이 누웠다가

---

17 이 시는 당시 민중가요로 개작되어 대학가에서 널리 불려 지면서 더 유명해졌다.
"청산이 소리쳐 부르거든 나 이미 떠났다고 기나긴 죽음의 시절 꿈도 없이 누웠다가
신새벽 안개 속에 떠났다고 대답하라
저 깊은 곳에 영원의 외침 저 험한 곳에 민중의 뼈아픈 고통
내 작은 이 한 몸 역사에 바쳐 싸우리라 사랑하리"
노랫말을 보면 원시의 '이 새벽'이 '신새벽'으로 바뀌었는데 신새벽은 당시 운동진영의 욕망과 이상을 표현해수는 말이기도 하다. 그리고 새로 붙여진 후렴 '저 깊은 곳에 영원의 외침 저 험한 곳에 민중의 뼈아픈 고통 내 작은 이 한 몸 역사에 바쳐 싸우리라 사랑하리'를 보면 한층 80년대 주체의 욕망을 분명하게 엿볼 수 있다.

이 새벽 안개 속에
떠났다고 대답하라.

청산이 소리쳐 부르거든
나 이미 떠났다고 대답하라.
흙먼지 재를 쓰고
머리 풀고 땅을 치며
나 이미 큰 강 건너
떠났다고 대답하라.

여기서 청산은 그냥 평범한 자연이 아니라, 히스테리 주체가 절대시하는 자유와 해방의 조국이나 민중이 주인이 되는 새로운 이상적 세상을 은유한다. 주인인 청산이 부른다면 기꺼이 그곳을 향해 갈 것이고, 망설임도 없이 이미 떠났다는 결연한 의지의 표현이 잘 드러나 있다. 히스테리 주체에게 동일시(identification)는 중요한 매커니즘이다.[18] 80년대 주체들이 개인보다 조직을 더 중시하고, 나의 욕망이나 존재보다 역사나 민주 같은 큰 가치를 더 이상적으로 욕망한 것도 그 때문이다.

다음으로 히스테리 담론에서 지식이 생산 자리에 있는 것도 아주 중요하다. 라캉의 네 가지 담론 중에서 지식에 대해 중요성을 부여하는 담론이 바로 히스테리 담론이다. 히스테리는 행위를 통해 주인에 관한 다양한 담론을 생산하면서 그것을 통해 자신의 진리(a)를 설명하려는 위치이다. 80년대가 다른 시대보다 과잉 이념의 시대이고, 거대 담론이 지배한 것도 그 때문이라고 설명할 수 있다. 히스테리 욕망은 본질적으

18 S. Freud. 1942. *GW II/III. Die Traumdeutung und Über den Traum*. Frankfut: Fischer Verlag. p.154 참조.

로 질문을 던지고 지식을 요구한다. 80년대 내내 운동진영은 과학적 사회주의 논쟁, 사회구성체 논쟁, 식민지 지배구조 논쟁 등 거대 논쟁에 매달리면서 치열한 이념적 분화와 노선 싸움을 한다. 이런 거대 담론에 대한 과도한 열정과 논쟁도 히스테리 주체가 끊임없이 질문을 던지는 존재라는 것과 연관된다.

하지만 주인에 대해 혹은 주인이 생산했다고 가정한 온갖 지식과 담론은 결국 주체의 진리에 대해 무능할 수밖에 없다. 히스테리 담론에서 생산물의 자리에 놓인 지식 S2는 결국 분열된 주체의 진리 a에 대해서는 아무 것도 가르쳐 줄 수 없다. 이것은 기본적으로 히스테리자가 주인에게 질문을 던지면서도 답을 받고 싶어 하지 않고 만족되지 않은 욕망에 머무르려 하는 위치[19]에 있기 때문이다. 히스테리자가 반항적이고 혁명적이면서도 무기력한 것은 이 때문이다. 그는 타자의 욕망을 통해 자신이 누구인가를 확인받고 싶어 하면서도 막상 타자가 그것을 언표화하면 이것을 거부하는 모순적 위치를 고수한다. 겉만 보면 히스테리자는 타자의 욕망에 매달리는 수동적 위치처럼 보이지만 실은 이것을 통해 자신의 불가능한 욕망을 알고자 하는 주체이다. 결국은 끊임없이 기표의 연쇄 속에서 미끄러지는 존재와 그것을 의미화하려는 기표 연쇄의 모순 속에서 욕망을 지연시킬 수밖에 없다.[20] 이러한 지연이나 욕망의 주체로 스스로를 선언하는 것에 대한 망설임은 80년 민주화의 진전으로 많은 학생 운동권과 재야인사들이 정치에 입문했으면서도 이들이 독자적 세력으로 성장해 새로운 역사를 만드는 주역이 되기보다는 늘

19 "히스테리 욕망은 근본적으로 만족되지 않는 욕망이다. 다시 말해 히스테리는 이 최초의 단계, 즉 요구와 욕망 사이에 불가결한 이 균열에 매달린다."Lacan. 1998. *Le Séminaire V, Les formations de l'inconscient*. le 9 Avril 1958.

20 히스테리자가 취하는 욕망의 선택에 대해서는 다음을 참조하라. 김석, 2011. 「히스테리의 문법: 대타자의 욕망을 통한 욕망 찾기」. 『프랑스학연구』 58호. 프랑스학회.

특정한 이념의 대변인처럼 스스로를 규정하는 실천에 만족한 것에서도 알 수 있다.

4. 1990년대 주인담론: 좌절된 주인의 꿈

엄혹한 시대 분위기에서 불가능한 혁명을 꿈꾸면서 금욕적으로 타자의 욕망과 해방에 헌신했던 80년대와 달리 90년대는 자기 삶의 주체가 되고 내 욕망을 찾으려던 시대라고 볼 수 있다. 여기서 이렇게 시대적 욕망이 달라지면서 한 시대를 또 다른 시기와 구분 짓게 되는 계기와 사건이 무엇인지 좀 구체화할 필요가 있다. 필자는 그 중요한 계기가 동구사회주의권의 몰락과 이에 따른 거대이념의 퇴조라고 생각한다. 하지만 이런 구분이나 논거가 정당한가에 대해서는 사회학 같은 인접학문의 더 많은 실증적 논거와 연구의 참조가 필요한데 이것이 일단 본 논문의 주 관심사는 아니므로 여기서는 제외하기로 한다. 필자는 80년에서 90년의 변화를 라캉이 말하는 욕망의 성격에서 찾고자하기 때문이다. 여기서 욕망이란 공동체적 관계와 절연한 개인화된 욕망을 말한다. 우리는 이 시기를 주인담론에 근거해 분석할 수 있다. 라캉의 담론이론에서 주인담론의 도식은 다음과 같다.

$$\begin{array}{ccc} & \text{불가능} & \\ S_1 & \longrightarrow & S_2 \\ \overline{\$} & \longleftarrow & \overline{a} \end{array}$$

주인담론은 모든 담론의 출발점이 되는 특별한 담론이다. 모든 것의 출발점인 기표와 기표의 연쇄 (S1-S2) 속에서 분열된 주체가 대상 a와 환상적 관계를 유지하는 $\$ \diamond a$ 주체화의 도식을 잘 보여주는 것이 바로 주인담론이기 때문이다. 이 담론 도식에서 위쪽이 기표에 의해 분열된 주체의 탄생에 관여되는 소외의 도식이라면, 아래쪽은 주체가 자신을 욕망하는 주체로 만드는 분리의 도식을 보여준다.[21] 보통 주인담론이 지배자의 담론임을 많이 강조하지만 필자는 욕망의 구조와 관련해 이것을 더 이상 타자의 욕망이 아니라 내 욕망의 주인이 되려고 했던 시대정신을 보여주는 능동적 담론으로 재해석 하려고 한다.[22]

위의 공식에서 행위자의 자리에 자리 잡고 있는 것은 주인기표 S1이다. 그런데 서두에서도 언급했듯이 이 주인기표를 움직이고 만드는 실제 동인은 하단의 분열된 주체이며, 이 분열과 결여가 존재의 근본 진리이다. 이것은 조금 있다 살펴보고 일단 주인 기표가 행위자 자리에 자리 잡는 것에 주목해 보자. 80년대 히스테리 주체들이 대타자의 욕망에 이상을 투여하면서 희생과 헌신을 통해 자신의 욕망의 본성을 찾고자 힘겨운 씨름을 했다면 90년대 주체는 대타자의 욕망이라는 중압감에서 벗어나려고 한다. 이런 시대적 분위기를 가장 잘 보여주는 것이 94년

---

21 소외가 기표의 우월적 작용을 보여준다면, 분리는 주체의 능동성과 기표 질서에 대한 저항을 보여준다. 소외와 분리는 욕망하는 주체가 탄생하는 중요한 계기이다. 이에 대해서는 다음 논문을 참조하라. 김석. 2008.「소외와 분리: 욕망의 윤리가 발생하는 두 가지 결정적 순간」.『라깡과 현대정신분석』세 10권2호(겨울호). 한국라깡과현대정신분석학회.

22 김소연은 한국사회에서 80년대에서 90년대로의 이행을 주인 담론에서 대학 담론으로 이행하는 흐름으로 분석한다. 그러면서 80년대가 전체적으로 지배 권력을 중심으로 한 주인담론의 시기였지만 이에 대항하는 히스테리의 담론도 있다고 설명한다. 김소연의 책은 영화를 소재 삼아 최초로 라캉의 담론 이론을 통해 시대정신을 분석한 글로서 가치가 크다(김소연. 2008.『실재의 죽음』. 도서출판b. 83 쪽 참조). 하지만 주인담론을 지나치게 지배의 관점에서만 분석했으며, 한 시대의 담론을 이렇게 이원적으로 규정하는 것은 타당성이 떨어진다. 그리고 필자가 보기에 90년대 보다는 오히려 오늘날 대학담론이 한국사회를 더 본격적으로 지배하고 있다.

출판되어 시집으로는 드물게 공전의 히트를 친 최영미의 시집 『서른, 잔치는 끝났다』 이다.

서른, 잔치는 끝났다
물론 나는 알고 있다.
내가 운동보다도 운동가를
술보다도 술 마시는 분위기를 더 좋아했다는 걸
그리고 외로울 땐 동지여! 로 시작하는 투쟁가가 아니라
낮은 목소리로 사랑노래를 즐겼다는 걸
그러나 대체 무슨 상관이란 말인가

잔치는 끝났다
술 떨어지고, 사람들은 하나 둘 지갑을 챙기고 마침
내 그도 갔지만
마지막 셈을 마치고 제각기 신발을 찾아 신고 떠났지만
어렴풋이 나는 알고 있다
여기 홀로 누군가 마지막까지 남아
주인 대신 상을 치우고
그 모든 걸 기억해내며 뜨거운 눈물 흘리리란 걸

…… 중략[23]

---

23 최영미 시집에서 인용. 여기에서 중요한 것은 시의 세부 내용보다는 제목이 함축하는 바고, 시집이 베스트셀러가 된 것에서 알 듯 이러한 호소가 당시 많은 대중의 공감을 일으켰다는 것이다.

잔치가 끝났으니 이제 더 이상 나를 속박할 것은 없다.[24] 문화적으로 봤을 때 대략 95년 중반 이후에는 시대정신이나 역사의식보다 개인의 개성과 욕망에 충실한 새로운 세대인 이른바 X세대가 등장하면서 소비문화가 대세로 자리 잡는 시기였다. 무엇보다 90년대의 청춘들은 자신이 원하는 삶을 살고자 했으며, 물질적 풍요를 누리며 욕망과 정념에 솔직하고자 했다.[25] 타자의 욕망은 더 이상 주체를 지배하지 않는다. 90년대 들어와 서태지와 여러 아이돌 그룹 같은 새로운 대중문화의 아이콘이 등장하면서 대중의 광적인 숭배를 받고 소비와 결합된 대중문화가 폭발적으로 증가한 것도 이런 시대 분위기의 반영이다.[26] 거대 담론에서 벗어나 한결 자유롭고 때로 발칙할 정도로 소소한 감정에 충실한 개인주의 서사와 자유에 대한 갈망이 90년대를 지배하기 시작한다. 80년대의 광장과 '우리'라는 공동체적 가치를 위한 투쟁과 이념이 90년대의 '나'를 위한 소비 공간과 나를 표현해줄 대중문화에 대한 관심으

24 이념의 시대인 80년대가 막을 내리게 된 데는 물론 91년 소련붕괴를 필두로 한 동구 사회주의 몰락이 큰 영향을 끼쳤다. 당시 맑시즘을 역사의 대안으로 삼았던 지식인들을 비롯한 운동세력에게 현실 사회주의의 도미노 붕괴는 큰 혼란을 주면서 이들을 근본적인 회의에 빠뜨렸다. 하지만 이념의 붕괴 뿐 아니라 경제가 성장하고 공동체적 가치가 서서히 붕괴하면서 80년대식의 집단적이고 경직된 운동권 문화에 대한 반감도 동시에 커졌다는 사실도 고려할 필요가 있다. 91년 8월 창간된 진보적 노동운동 월간지 『길』의 선언문은 이런 정서를 잘 보여준다. "사실보다는 주장만이 앞서 있는 곳. 목소리 큰 자기 제일인 곳. 반대만이 있던 곳 자주, 민주, 통일 이라는 단순 구호가 지성을 대신하던 곳. 한국경제는 망할 것이라며 무덤 속에서 신념만을 다지던 곳. 외국인 논리, 기성 이론에만 의지하는 교조정신이 지배하는 곳…… 우리는 그런 '운동권'과 결별할 것이다." 〈우리는 '운동권'으로부터 떠나갈 것이다〉 강준만. 2006. 『한국현대사 산책』 1권. 인물과사상사. 111쪽에서 재인용.

25 〈MBC 다큐스페셜-90년대와의 인터뷰'- 그 시절 X세대는? 90년대 열풍, 그 현재적 의미〉 기사 참조. 우석훈은 여기서 x세대에 대해 "자기가 하고 싶으면 하고, 하고 싶지 않으면 하지 않았던 현대적 세대"라고 정의한다.

26 대중문화가 폭발적으로 비약하는 양상은 가요와 더불어 영화에서도 잘 나타난다. 93년 〈서편제〉가 처음으로 한국 영화 최초 100만 관객을 뛰어 넘더니 99년에는 〈쉬리〉가 서울 관객 200만 명을 돌파하며 최종 스코어 전국 620만 명을 기록했다. 이때부터 특정영화가 엄청난 관객을 모으는 것이 자주 반복되는 문화적 현상이 된다.

로 대체되기 시작했다.[27]

하지만 90년대가 주체의 진정한 해방과 명실상부한 개인의 욕망을 보장했나? 두 가지 점에서 그렇지 않다. 하나는 주인 담론은 한편으로 개인의 해방과 자유를 보장하는 듯 보이지만 담론의 구조에서 가장 권위주의적 담론에 속한다. 주인담론에서 주인은 주인의 자리S1에서 행하는 언표행위와 언표 된 내용인 S2가 일치한다고 가정하는 위치이다.[28] 하지만 언표행위와 언표 된 지식의 근원적 일치는 애초부터 불가능하며, 이 간극을 폭로하고 드러내는 환상의 출현을 막기 위해 주인은 계속 주인자리를 특권화 할 수밖에 없다. 그리고 이런 특권화를 위해 말의 수행 효과가 계속해서 보장되어야 한다. 주인은 분열의 틈을 보여주는 환상을 차단하면서 자신의 말과 언표행위가 완전히 일치하는 것처럼 행동한다. 그러면서 이런 가상을 감추기 위해 특권화 된 주인기표로 자신을 포장한다.[29] 주인담론이 쉽게 전제적인 지배자의 담론으로 바뀔 수 있는 것도 그 때문이다. 이런 권위주의적 주인담론이 작동하기 시작했을 때 개인이 그 자리를 차지하는 것은 원천적으로 불가능하다.

다음으로 주인이 대상으로 삼는 지식S2와의 관계이다. 도식에서 보듯 주인담론에서 주인S1은 자신을 표현해줄 지식 S2를 쉬지 않고 요청한다. 여기서 지식을 우리는 90년대 폭발적으로 생산되고 성장한 소비적 대중문화로 등치해 이해할 수 있다. 하지만 80년대 주체들이 주인기표에 동일시하면서 이에 상응해 거대한 담론이 생산되었던 것과 달리,

---

27 이해영은 80년과 90년대의 시대정신 차이를 다음과 같이 설명한다. "그래서 '우리'는 있되 '나'는 없었던 시대가 80년대라고 한다면, 90년대는 '나'는 있되 '우리'는 보이지 않았던 시대였다." 이해영. 1999.「90년대와 80년대: 하나의 정신사적 고찰」.『문화과학』. 123쪽.

28 슬라보예 지젝. 2004.『이라크: 빌려온 항아리』. 이성민 옮김. 도서출판b. 175쪽 참조.

29 지젝은 주인 기표가 가진 억압적 성격을 잘 묘사하고 있다.
슬라보예 지젝. 위의 책. 175-180 쪽 참조.

90년대 주체들이 주인이 되려고 하면 할수록 지식은 공허감인 결여 (a)만을 생산한다. 위에서 본 것처럼 구조적으로 S1과 S2사이에는 항상 빈 공간인 틈이 있을 수밖에 없고 기표S2에 대한 주인의 지배는 실패할 수밖에 없기 때문이다. 대중문화는 존재의 진실에 대한 답이 될 수 없다. 이런 의미로 라캉은 주인 기표 S1에서 S2로 향하는 화살표에 불가능이라는 단어를 써넣었다. 이것은 존재와 그것을 표현하는 기표의 구조적 불일치가 주인담론의 기본구조를 이루기 때문이다. 주인담론은 결국은 기표와 기표의 틈을 메우는 환상에 의해 유지될 수밖에 없다. 이것이 실제 우리나라 역사에서도 주인이 되려는 시도의 비극적 추락으로 나타났다.

98년 한국사회를 충격으로 강타하며, 해방 이후 지속되어왔던 영원한 고도성장과 풍요의 신화를 산산이 깨뜨린 IMF사태가 보여준 것처럼 90년대는 결코 주인이 될 수 없는 실패한 시대이기도 했다. 주인담론에서 진리가 보여주는 것은 실제 행위자가 분열되고 끝없이 욕망할 수밖에 없는 $S라는 사실이다. 주인은 결여되고 분열된 존재자일 수밖에 없다. 라캉에 따르면 "주인 담론은 주체의 분리를 감춘다"[30] 개인의 자율성이 커지는 만큼 사회 시스템의 자율성도 함께 커지면서 점점 복잡해진다.

결국 90년대 주체들은 점점 복잡해지고 자율화되어 가는 거대한 사회 속에서 또 다시 길을 잃으면서 무력감을 느끼게 된다. 이 무력감이 새로운 신경증을 유발한다. 결국 80년대의 짓누르는 무거운 시대 분위기를 벗어나 자유로운 주인이 되려고 했지만 실패한 것이 90년대이다. 최근에 우리 사회에 일고 있는 90년대에 대한 향수와 복고의 열풍도

30 Lacan. 1991. *Le Séminaire XVII, L'envers de la psychanalyse*. Paris: Seuil. p.119.

다시 좋았던 시절의 주인이 되고 싶은 퇴행적 욕망의 반영일 수 있다. 이 퇴행적 욕망의 끝은 결국 좌절일 수밖에 없다. 주인의 자리는 늘 텅 빈 기표에 불과한 것이 진리이기 때문이다.[31]

5. 결론에 대신하여: 대학담론에서 분석가 담론으로 가야한다

지금까지 타자의 욕망을 욕망했던 80년대 히스테리 시대에서 개인의 자유와 해방을 향해 질주한 90년대 주인담론의 좌절을 살펴보았다. 그렇다면 현재 우리가 살고 있는 2010년대 후반의 이 시대는 어떻게 정의내릴 수 있을까? 90년대 후반 이후 신자유주의가 만연하고 본격적인 정보화 시대가 도래 하면서 이제 더 이상 주인의 자리가 인격화되는 것은 불가능하다는 것이 분명해지고 있다. 이것은 주인의 몰락이기 보다는 주인담론의 몰락이며, 그 다음 단계로 이제 주인의 자리를 비인격적인 지식과 과학이 대신하는 대학의 담론이 등장했다고 할 수 있다.[32] 대학의 담론 공식은 다음과 같다.

---

31 Grigg, Russell. 2001. "Discourse." *A Compendium of Lacanian Terms*. Eds. Heguette Glowinski et al. New York: Free Association Books. pp.64-7. 이렇게 본다면 진정한 주체의 해방을 위해서는 주인담론을 사실상 거부해야 한다는 결론을 내릴 수도 있다.

32 "역사적으로 보아 대학의 담론은 주인의 담론을 대체하였다. 지식은 그 자체로는 사회적 상하관계를 포함하고 있지 않으며, 따라서 민주주의에 가까이 서 있다." 페터 비트머. 위의 책 180-81 쪽.

$$\frac{S_2}{S_1} \quad \overset{\longrightarrow}{\longleftarrow} \quad \frac{a}{\$}$$

무능력

현 시대가 지식과 정보가 부가가치 창출의 원천이 되는 정보화 사회[33]라는 것을 고려하면 대학담론의 지배는 어찌 보면 전 세계적 현상이다. 대학의 담론은 불가능한 대상인 실재를 지식을 통해 식민화하려는 상징계 우위의 담론으로 지식의 절대성을 신봉한다. 따라서 주인기표와 그것을 수행적으로 언표화 하는 또 다른 기표의 일체화를 전제하는 권위주의적 주인은 더 이상 작동하지 않는다. 또 주인기표로 향하면서 그것이 생산하는 지식이라는 거대 담론에 갇혀서 허우적대는 히스테리의 무력함도 보이지 않는다. 주인과 히스테리가 사라진 행위자의 자리에 비인격적이고 절대적인 지식S2가 홀로 자리를 잡는다.

하지만 대학담론은 객관적이고 중립적인 그런 담론이 아니다. 대학담론에서 지식의 실질적 작인은 여전히 그 밑에 자리 잡은 주인 S1이기 때문이다. 90년대 자유 주체들이 실종되고, 그 자리를 비인격적 지식과 사회의 자율적 시스템이 대신하고 있지만, 이들을 움직이는 동인은 지식의 유일한 생산자이자 이를 상품화하는 자본이다. 이 자본이 새로운 주인, 곧 권력이 되고 있다.[34] 하지만 새로운 주인은 명시적으로 주인의

---

33 미디어 발달사에 따르면 텔레비전으로 상징되는 4세대 전자미디어가 지배하는 대중사회가 5세대 디지털미디어 컴퓨터가 지배하는 정보사회로 발전한다. 정보사회에서는 지식, 정보, 창의력, 서비스가 부가가치의 원천이며, 디지털 매체의 속성에 기초한 쌍방향 소통이 중요하다. 정보화 시대에 개인은 소비자이면서 생산자며, 정보의 생산과 흐름은 복합적인 네트워크를 통해 상호적으로 이루어진다. 결국 인간과 인간의 관계가 더 사물화 되며, 파편화되는 것이 정보화 사회의 특징이기 때문에 형식적으로는 권위주의가 더 이상 작동하기 힘들지만 인간 소외도 커진다. 디지털 미디어 시대에 대한 간단한 이해로는 김주환. 2008『디지털 미디어의 이해』. 생각의 나무를 참조하라.

34 금융재벌로 대표되는 자본-권력이 어떤 방식으로 20세기를 지배했는지 세심하게

자리를 차지하는 것이 아니라 기표의 그물망의 일부처럼 자신을 은밀하게 시스템 속에 편입시킨다. 사람이 아니라 보이지 않는 질서가 지배하는 형식이다. 하지만 시스템이나 지식은 독립적인 것이 아니라 그것을 지배하는 주인이 있다는 것이 대학담론의 본질이다.[35] 대학은 현대 사회에서 자본주의 생산과 유지의 중요한 협력자로서 역할을 담당한다.[36] 그렇다면 우리는 권위적이고 가시적인 주인은 몰아냈지만 여전히 주인의 지배에서 벗어나지 못한다고 할 수도 있다.

결국 우리는 어떻게 가야할 것인가? 현시대의 대학담론이 가지는 지식의 과도한 자본화 논리를 깨면서 새롭게 분석가 담론을 정착시킬 필요가 있다. 분석가 담론의 도식은 다음과 같다.

불가능

$$\begin{array}{ccc} a & \longrightarrow & \$ \\ \overline{S_2} & \longleftarrow & \overline{S_1} \end{array}$$

하지만 분석가 담론에서 중요한 것은 하나의 담론을 또 하나의 담론으로 바꾸는 것이 아니다. 궁극적으로 필요한 것은 욕망의 구조에서 주체의 진정한 자리를 새롭게 구성하는 해체 작업이다. 이것은 행위자의 자리를 진정한 주체의 자리로 복원하는 작업이며, 그 자리를 다른 무엇이 아닌 주체의 결여와 욕망을 뜻하는 기호인 a로 바꾸는 작업이다. 이

파헤친 책으로 히로세 다카시. 2010『제1권력, 자본 그들은 어떻게 역사를 소유해 왔는가』. 이규원 옮김, 프로메테우스를 참조하라. 자본이 점차 권력의 자리를 차지해왔다는 것이 '권력자본론'이다.

35 Lacan. 1991. *Le Séminaire XVII, L'envers de la psychanalyse*. Paris: Seuil. p.120 참조.

36 브루스 핑크. 2013.「주인 기표와 네 담론」.『라캉 정신분석의 핵심 개념들』. 문심정연 옮김. 문학과 지성사. 55쪽 참조.

런 의미에서 분석가 담론은 행위자의 자리에 주인이 놓이는 주인담론과 대립적인데, 실제 주인의 자리는 텅 비어 있다는 것을 드러내는 것이 분석가 담론에서 중요한 작업이기 때문이다. 이 빈자리는 존재결여에 상응하며 욕망의 대상이자 원인의 자리이다. 절대 주인의 자리를 차지하려고 해서는 안 된다는 것이 정신분석적 경험이 깨우쳐 준 바이다. 이런 결여가 아무 것으로도 채워지지 않는 행위자의 자리에서 분열된 주체 $\$$를 주체로 생산하는 것이 분석가 담론의 지향점이다. 그러므로 주인의 자리를 실체화하려고 하거나 개인이 그 자리를 차지하면서 인격화하려는 모든 시도를 경계해야 한다. 오히려 행위자 자리가 비어 있을수록 욕망이 제대로 작동하는 토대가 튼튼하다.

또한 분석가의 담론에서 진리의 자리에 놓인 지식 S2의 성격도 중요하다. 이것은 히스테리 담론이 주인을 통해 생산해내는 거대 지식[37]과는 성격이 다르다. S2가 진리의 자리에 놓여 있음을 고려한다면 이 지식은 바로 무의식적 지식이며, 존재의 본성과 통한다. 그렇다면 어떻게 이것이 가능할까? 행위자의 자리가 텅 비어 있을 때만 이런 진리화가 가능하다. 이것은 후기 라캉이 정신분석의 최종 목표로 제시하는 '주체의 궁핍화(subjective destitution)[38]를 통해 제시한 분석의 실질적 목표이기도 하다. 주체의 궁핍화란 주체의 자리를 실체화하거나 주체를 하나의 기호로 고정화하는 것이 아니라 끝없이 기표 사슬 속으로 미끄러져 가면서 기표와 기표의 사이를 중재하는 순수 무(nothing)로서, 혹은 순수 행위로서 재정립하는 것이다.[39]

이것은 주체의 욕망에 답을 주는 대타자는 물론, 그것에 의존하는 주

37 80년대의 식민지 반자본주의론 같은 사회구성체 논쟁이 대표적이다.

38 Lacan. 2001. "Proposition sur le psychanalyste de l'École." *Autre Écrits*. Paris: Seuil. p.252.

39 Lacan. 1975. *Le Séminaire XX, Encore*. Paris: Seuil. p.48 참조.

체의 존재까지 부정하는 극단적 몸짓이다.[40] 하지만 이러한 비-존재를 통해 역설적으로 존재의 진리가 실현될 수 있으며, 대타자의 욕망에 휘둘리지 않고 '무로부터의 창조'가 가능해진다. '무로부터의 창조'나 '주체의 궁핍'이 공허해 보일지 몰라도 정신분석의 윤리는 애초부터 환상의 한 복판을 가로지르면서 이런 불가능성을 향한 순수행위를 지향하는 데서 그 본질을 찾을 수밖에 없다. 그러므로 칸트의 정언명법적 도덕률이 강조하듯 시시푸스처럼 우리는 행동해야 한다. 그러므로 할 수 있다. '불가능성'은 욕망의 윤리가 겨냥하는 실재의 또 다른 이름이기도 하다.

40 파울 페르하에허, 「전-존재론적 비-실체의 원인과 궁핍」, 『라캉 정신분석의 핵심 개념들』, 앞의 책, 229쪽 참조.

1990년대의 증상들

1990년대 청춘물 한국영화와 이행기적 욕망의 궤적

| 김소연

1990년대 청춘물 한국영화와 이행기적 욕망의 궤적

—

김소연

I. 들어가며

1990년대는 이행기다. 80년대를 지나 2000년대를 향해 가는 시대다. 그러나 이러한 산술적 접근은 이행기의 성격을 해명해주지 못한다. 90년대를 이행기로서 주목하는 이유는 그 시대가 80년 '광주 항쟁'과 97년 IMF 외환위기 사이에 끼어 있기 때문이다. 즉 광주에서 비롯된 민주화 운동의 열정과 외환위기에서 비롯된 국가 파산의 불안, 그 한중간에 놓여 있는 시대이기 때문이다. 그러므로 '90년대성'이라 규정할 수 있는 어떤 것이 있다면 그것은 80년대가 가져다준 것과 2000년대가 바꾸어놓은 것의 중첩을 통해 결정된 것이다.

90년대성에 대한 주목은 최근의 일이 아니다. 이미 학계에서는 90년대성을 배태한 한국사회의 성격을 '87년 체제'라고 명명하면서 '97년 체제'와 구분한 바 있다.[01] 이 '87년 체제'라는 용어가 사용되기 시작한 계기는 2005년 7월 창비-시민행동 공동 심포지엄('87년 체제의 극복을 위하여')이다. 현재 한국사회를 파악하게 해줄 뿌리가 '87년'이라는 "구

---

01 이에 관한 연구로는 김종엽 편. 2009. 『87년 체제론: 민주화 이후 한국사회의 인식과 새 전망』. 창비; 김정훈. 2010. 『87년 체제를 넘어서』. 한울 아카데미 참조.

조형성적" "전환점"에 닿아 있다는 공통의 인식이 이 용어의 탄생과 확산을 촉진했다.[02] 여기서 '체제(regime)'란 "정부의 작동 그리고 정부와 사회의 상호작용을 규율하는 일련의 규칙" 및 "그런 상호작용 방식의 뒤에 있는 사회문화적 규범"까지를 포섭하기 위해 채택된 개념이다.[03] 이는 87년 체제를 규명하는 작업이 정치, 경제, 사회문화적 영역 모두를 포괄해야 함을 의미한다. 예컨대 김종엽은 87년 체제의 성격을 다음과 같이 요약한다.

> 정치적으로 87년은 권위주의 체제의 종식과 형식적 민주주의의 제도화를 의미하며, 나아가서는 이런 수준의 민주화로부터의 정치적 후퇴를 허용하지 않는다는 것이 사회적 합의로 자리잡았다. 경제적으로 우리는 박정희 식의 발전체제에서 벗어났다. … 대자본과 민중 부문 양자가 국가의 통제에서 벗어나기 시작했다. … 사회문화적인 영역의 경우 … 87년 이후 실질소득의 증가로 인한 대중소비사회로의 진입이 한 예이다. 이런 전환은 매우 급속해서 그로 인한 생활양식의 변화가 이미 90년대 중반에 문화담론의 폭증을 유발했다. 또한 90년대 이후 계속되는 다양한 정체성의 탐구, 상징적 투쟁들, 역사적 기억의 투쟁들 또한 변화된 문화적 지형도를 보여준다.[04]

이러한 설명은 명료하고 압축적이지만 그렇기에 구체화될 필요가 있

---

02 김종엽, 「서장: 87년 체제론에 부쳐」, 위의 책, 33쪽.
03 위의 글, 12쪽.
04 위의 글, 33-34쪽.

다. 나는 87년 체제의 성격이 90년대 한국영화에서 어떠한 특징으로 나타나는가를 탐구하는 데 초점을 맞추고자 한다. 그 중에서도 특히 '청춘물'로 범주화할 수 있는 영화들에 관심을 기울일 것이다. 이제 막 성인이 되었거나 성인으로서 자리잡아가는 20대가 그려내는 적나라한 삶의 초상을 통해 90년대라는 새로운 시대가 동시대인들에게 가한 충격과 변화를 가장 날것으로 접할 수 있기 때문이다. 김종엽의 진단대로 대중소비사회로의 진입과 그로 인한 생활양식의 변화를 일상적으로 경험하면서 반응하는 이들도 바로 20대 청춘들이다. 그러므로 그들이 무엇을 욕망했는지, 또 그 욕망이 어떠한 경로로 실현되거나 좌절되는지를 추적한다면 90년대가 허용했던 것과 금지했던 것의 매트릭스를, 그리고 그 사이에서 진자운동했던 대중적 욕망의 양가감정을 이해할 수 있을 것이다.

II. '87년 체제' 속의 한국영화와 '80년대성'의 잔영

청춘물 영화의 분석에 본격적으로 착수하기 전에 먼저 이 영화들이 놓여 있는 90년대 한국영화의 전반적인 맥락을 살펴볼 필요가 있다. 90년대는 그 어느 때보다 다양한 주제와 양식의 한국영화들이 폭발했던 시기다. 그런 만큼 90년대의 이행기적 성격이 청춘물 영화에서 드러나는 방식 또한 결코 균일하지 않다. 간략하게나마 그 양상을 짚어봄으로써, 청춘물 한국영화가 누설했던 90년대성이 동시대 영화들의 그것과 어떠한 차이를 보이는지, 그 역사적 의미는 무엇인지를 확인해보자.

87년 체제를 이끌어내는 데 가장 큰 동력이 된 것은 역시 정치 영역에서의 극적 변화다. 비록 6월 항쟁으로 분출한 아래로부터의 저항과 직선제 개헌 수용이라는 위로부터의 합의에 의해 이루어진 절반의 혁명이기는 했으나 군부독재의 종식과 절차적 민주주의의 확립은 한국사회 전 분야를 새로운 패러다임으로 이끌었다. 영화계 역시 그러한 변화의 직접적 영향권에 속해 있었다. 88년부터 97년까지 흥행성적 상위에 올랐던 한국영화들의 목록은 90년대 한국영화가 '민중, 민주, 민족적 가치의 지향'이라 요약될 수 있는 80년대적 관점과의 길항관계 속에서 제작되었음을 보여준다.

무엇보다도 인상적인 현상은 소재의 다양화다. 외적, 내적 검열의 완화로 인해 이전에는 금기시되던 역사적, 정치적 소재들이 대거 영화화되었다. 동학혁명(〈개벽〉)과 민란(〈이재수의 난〉)에서부터 한국전쟁 시기의 좌우익 대립(〈태백산맥〉)과 빨치산 운동(〈남부군〉), 베트남전 참전(〈하얀 전쟁〉), 노동운동과 사회운동(〈그들도 우리처럼〉 〈아름다운 청년 전태일〉), 광주 항쟁(〈부활의 노래〉 〈꽃잎〉)에 이르기까지, 한국사에 대한 제도화된 서술에 반(反)하는 저항기억의 형성을 위해 이례적으로 많은 영화들이 등장했다. 같은 맥락에서, 미국의 한국사 개입이나 일제의 만행 등에 대한 반제국주의적 관점을 고취하거나(〈은마는 오지 않는다〉 〈아름다운 시절〉 〈낮은 목소리〉) 민족문화를 전경화하는 영화들도 상당수 나타났다(〈서편제〉 〈성춘향뎐〉 〈휘모리〉 〈축제〉 〈학생부군신위〉).

아울러 사회적 약자에 대한 관심이 다양한 소재의 영화로 표출되었다. 무엇보다도 페미니즘의 약진은 로맨틱 코미디의 급부상과 함께 여성의 평등의식을 강조하는 관점을 확산시켰다(〈두 여자 이야기〉 〈무소의 뿔처럼 혼자서 가라〉 〈네온 속으로 노을지다〉 〈단지 그대가 여자라는 이유만으로〉 〈그대 안의 블루〉 〈나는 소망한다 내게 금지된 것을〉 〈개 같은 날의 오후〉 〈누가 나를 미치게 하는가〉 〈박봉곤 가출사건〉 〈코르셋〉 〈처녀들의 저녁식사〉 〈해피 엔드〉). 소수자에 대한 관심은 성 정체성(〈내일로 흐르는 강〉)이나 다문화적 정체성(〈김의 전쟁〉 〈웨스턴 애비뉴〉 〈라이 따이한〉 〈수잔 브링크의 아리랑〉), 도시빈민(〈우묵배미의 사랑〉 〈나쁜 영화〉 〈혼자 도는 바람개비〉 〈장미빛 인생〉)의 문제에 관심을 보이는 영화들로 나타났다. 어린이부터 대학생까지를 아우르는 미성년 대상 영화들도 사회가 그들에게 가하는 억압의 문제를 다루었다(〈여고괴담〉 〈노랑머리〉 〈있잖아요 비밀이예요〉 〈그래 가끔 하늘을 보자〉 〈난 깜짝 놀랄 짓을 할 거야〉 〈0심이〉 〈오세암〉 〈스무 살까지만 살고 싶어요〉 〈참견은 노 사랑은 오예〉 〈숲속의 방〉 〈짱〉).

한편 삶과 욕망의 방향에 대한 원천적인 질문을 제기하면서 종교적 성찰과 해탈의 문제를 다루는 불교 영화들이 적지 않게 등장했다(〈아제아제 바라아제〉 〈달마가 동쪽으로 간 까닭은〉 〈산산히 부서진 이름이여〉 〈화엄경〉). 반자본적, 반권위주의적, 반제도적 풍자의 정서와 희화화에 기대어 현실을 비판하는 영화들도 이채로웠다(〈투캅스〉 〈총잡이〉 〈누가 용의 발톱을 보았는가〉 〈우리들의 일그러진 영웅〉 〈너에게 나를 보낸다〉 〈세상 밖으로〉 〈헐리우드 키드의 생애〉 〈미지왕〉 〈할렐루야〉 〈간첩 리철진〉).

반면 80년대 말까지도 최상위 흥행성적을 자랑했던 에로 영화 붐(〈속 변강쇠〉 〈매춘〉 〈가루지기〉 〈집시 애마〉)은 90년대로 넘어가자 B급 영화의 형태로 잔존하면서 그 세가 현저히 약화되었다(〈애마부인〉 시리즈, 〈변금련 2〉 〈산딸기 5〉 〈뽕 3〉 등). 에로물에 대한 대중적 요구는 로맨틱 코미디의 에로틱한 과잉이나 감성 멜로(〈사의 찬미〉 〈잃어버린 너〉 〈젊은 날의 초상〉 〈서울 에비타〉 〈가을 여행〉 〈테레사의 연인〉 〈장미의 나날〉 〈지독한 사랑〉 〈편지〉 〈접속〉 〈약속〉 〈정사〉 〈내 마음의 풍금〉 〈러브 스토리〉 〈첫사랑〉)의 형태로 대체되면서 세련화되었다.

90년대 후반으로 가면서부터는 장르적 반영성의 포화를 보여주는 영화들이 점점 더 대중적 호응을 받게 된다(〈구미호〉 〈손톱〉 〈런 어웨이〉

〈귀천도〉〈은행나무 침대〉〈쉬리〉〈조용한 가족〉〈텔미 썸딩〉〈인정사정 볼것없다〉). 이 범주의 영화들은 사회적 문제의식을 장르 관습으로써 매개하고자 했던 2000년대 한국영화의 경향을 예고하고 있었다.

다소 거칠게 분류하기는 했지만, 이상과 같이 범주화한 영화들의 목록은 전반적으로 90년대 영화가 직접적으로든 간접적으로든 80년대에 이루어진 진보적 사고의 확장에 부응했음을 알려준다. 소재의 금기를 깬다든가 성평등적 관점을 강조한다든가 삶에 대한 진지한 성찰을 추구하는 가운데 노골적인 섹슈얼리티의 전시를 기피하는 등, 이러한 변화들이야말로 87년 체제 하의 한국영화에 잔영처럼 깃든 '80년대성'의 요체라 할 수 있다. 비록 영화적 현상은 다종다양하게 나타났으나 그 현상을 관통하는 관점이나 태도는 80년대 민주화 운동세력이 지향했던 이데올로기적 경향의 자장 안에 있었던 것이다.[05]

그렇다면 위와 같이 범주화된 목록에서 의도적으로 배제했던 '청춘물' 영화들의 경우는 어떻게 얘기할 수 있을까? 그 소재와 주제가 역사적 기억투쟁을 의도하지도 않고 직접적으로 현실 비판을 시도하지도 않으며 소수자 주체들을 호명하지도 않는 이 영화들은 80년대성과 어떤 관계를 맺고 있었을까?

---

05 물론 좀 더 심층적 수준에서 개별 텍스트를 분석했을 때 여전히 그러한 진보성을 확인할 수 있는지는 별도의 문제다. 필자는 예컨대 한국영화사상 가장 정치적이고 변혁적이었던 일군의 영화로 평가되는 코리안 뉴 웨이브 영화조차도 정신분석적 윤리의 수준으로 파고들어 그 무의식적 욕망을 분석하면 결코 윤리적이지 않았다고 주장한 바 있다. 김소연. 2008. 『실재의 죽음: 코리안 뉴 웨이브 영화의 이행기적 성찰성에 관하여』. 도서출판 b 참조.

Ⅲ. 1990년대 청춘물 한국영화에서 적대와 물화라는 기능장애

한국영화는 어른이 아닌 존재의 삶과 고민에 간헐적으로 주목해왔다. 1970년대에는 얄개 시리즈에서 비롯된 하이틴물이 있었고 〈바보들의 행진〉과 〈병태와 영자〉 같은 대학생 영화가 있었다. 고뇌하는 낭만적 대학생의 표상은 1980년대로 넘어와 〈고래사냥〉 〈철수와 미미의 청춘 스케치〉 같은 영화로 맥을 이었고, 〈바람 불어 좋은 날〉이나 〈구로 아리랑〉 같은 영화는 그 하층계급 버전이라 할 청년 노동자의 표상을 등장시켰다. 그러나 이러한 '청춘영화'들의 등장과 성공은 전체 영화시장에서 여전히 이례적이었다. 그런 의미에서 90년대에 상대적으로 다수의 청춘물이 시장에 쏟아졌다는 것은 그 자체로 하나의 문화적 증상이었다.

물론 1992년 〈걸어서 하늘까지〉, 93년 〈바람 부는 날이면 압구정동에 가야 한다〉 〈오렌지 나라〉, 94년 〈게임의 법칙〉 〈테러리스트〉 〈젊은 남자〉 〈장미빛 인생〉 〈돈을 갖고 튀어라〉 〈총잡이〉, 95년 〈헤어드레서〉 〈비상구가 없다〉, 96년 〈그들만의 세상〉 〈진짜 사나이〉 〈본투킬〉 〈돼지가 우물에 빠진 날〉 〈정글 스토리〉 〈나에게 오라〉 〈깡패수업〉, 97년 〈비트〉 〈넘버3〉 〈초록 물고기〉 〈똑바로 살아라〉 〈현상수배〉, 99년 〈주유소 습격사건〉 〈태양은 없다〉 〈박하사탕〉 등이 모두 청년 세대를 주인공으로 삼는다고 해서 이 영화들을 한꺼번에 '청춘물'이라는 명명 아래 뭉뚱그리는 것은 무리한 일로 보일 수 있다. 더군다나 이 영화들 중 상당수는 갱스터 장르의 관습에 따라 출구 없는 청춘을 전면에 내세운다. 다시 말해 이 영화들의 출현은 청춘물에 대한 관심이라기보다는 갱스터 장르에 대한 관심의 직접적인 결과일 수 있다. 그러나 청춘의 이야기를 하려는 것이냐, 갱스터 장르 영화를 만들려는 것이냐의 선후를 따지는 것은 어쩌면 닭이 먼저냐 계란이 먼저냐를 따지는 일과도 같다. 중요한 점은 이 영화들이 제각각 이런저런 서사적, 양식적, 장르적 차이를 갖고 있기는 해도, 방황하는 한국 청춘들의 고민과 갈등과 삶과 사랑에 촉수를 대고 있다는 공통점을 갖는다는 사실이다.

청춘영화의 대거 등장은 90년대를 이행기로 규정할 때 충분히 납득할 만한 현상이다. 앞에서도 언급했듯 87년 체제는 정치적, 경제적, 사회문화적으로 일거에 새로운 패러다임이 전개됨으로써 시작된 시대다. 흔히 '포스트모던 시대'라 요약되는 이런 상황에서 가장 극적이고 전면적으로 한국사회의 새로운 (무)질서와 맞닥뜨려 삶의 질서를 (재)구축해야 하는 것은 당연히 청년 세대일 수밖에 없다. 이미 확보해둔 그 어떤 기득권이나 물적, 심적 기반도 없이 자신의 세계를 건설해야 한다는 과업을 떠안고 분투하는 청년 세대의 표상은 그러므로 90년대를 맞이하는 모든 한국인들을 약분하는 이미지다. 이것이 바로 90년대 청춘영화가 단지 특정 세대에 국한된 이야기가 아니라 90년대적인 삶의 모방이자 알레고리가 될 수 있는 이유다.

90년대 청춘물 한국영화를 가로지르는 서사의 핵심을 간추려보자. 몸뚱이 외엔 아무것도 가진 것이라곤 없는 젊은 청년(들)이 있다. 그(들)에게는 냉혹한 도시의 한복판에서 극적인 성공을 거두겠다는 야심이 있다. 어찌어찌해서 그는 자신이 꿈꾸던 삶을 영위할 기회에 가까이 다가선다. 그러나 결정적인 순간, 그는 모든 기회와 가능성을 날릴 위기에 처한다. 그 위기를 탈출하려는 과정에서 그는 때로 죽음에 이를 정도로 심각하게 좌절한다. 물론 모든 청춘물이 이러한 서사의 원형에 들어맞지는 않으며 당연히 이런저런 변주와 변형이 이루어진다. 그럼에도 분명한 점은 90년대 청춘물이 대체로 강력한 신분 상승의 욕망과 결말 구조의 비극성을 공유한다는 사실이다. 대부분의 주인공은 사실상 무일푼이나 다름없는 상황에서 '인생 한 방'을 노리며, 〈돈을 갖고 튀어라〉처럼 코미디의 외피를 두른 경우를 제외하면 대개의 경우 고통스런 실패를 겪는다.

이러한 신분상승 서사와 주인공의 실패는 90년대 청춘영화들이 특히 계급의식을 둘러싸고 적대의 감각을 형성한다는 점을 드러낸다. 설령 어떤 인물이 대학생 출신이라 해도 그/녀는 전혀 전도유망하지 않은 휴학생(〈젊은 날의 초상〉)이거나 위장취업 수배자(〈장미빛 인생〉) 신세다. 그마저도 예외적일 뿐, 절대다수의 주인공은 변변한 직업이 없는 백수건달에 가깝다. 〈바람 부는 …〉의 장영훈(홍학표 분)은 영화감독 지망생이지만 현재는 비디오 가게 배달 알바로 일하고 있고, 〈게임의 법칙〉의 용대(박중훈 분)는 자동차 정비소를 그만둔 뒤 조폭 끄나풀이 되며, 〈젊은 남자〉의 한(이정재 분)은 모델 데뷔를 꿈꾸는 연예인 지망생이다. 〈장미빛 인생〉의 동팔(최재성 분)은 억울하게 살인죄를 뒤집어쓰고 도피생활 중인 깡패고, 〈돈을 갖고 튀어라〉의 달수(박중훈 분)는 친구들 대신 예비군 훈련에 참여하며 푼돈을 챙기는 백수다. 다른 영화들의 주인공들도, 그리고 다방 레지, 술집 여자, 편의점 알바, 제비, 도박꾼, 밤무대 댄서, 미장원 보조 등을 망라하는 그 주변인들의 사정도 대동소이하다. 영화들은 이 인물들의 비루하고 암담한 현실을 〈바람 부는 …〉의 조현재(최민수 분)와 경태(허준호 분), 〈젊은 남자〉의 진이(전미선 분) 등 당시 오렌지족이라 불리던 인물들의 화려하고 무책임한 생활방식과 대비하면서 강조한다.

이러한 청춘군상의 묘사에서 눈여겨볼만한 점은 의외로 이 인물들이 80년대 말 노동자 대투쟁의 결과 90년대에 급성장한 노동운동 및 노동자 조직과는 하등 관계가 없다는 것이다. 한마디로 이들은 대도시의 어두운 빈틈에서 기생하는 '잉여'적 존재다. '잉여'란 무엇인가. 계급 적대를 현존하는 사회집단(부르주아 대 프롤레타리아) 간의 상징적 대립으로 번역하는 순간, 이 대립에 부합되지 않는 자들을 고려하여 마련된 범주(룸펜 프롤레타리아)가 아니던가. 88만원 세대나 3포 세대의 출현을 일찌감치 예고하는 90년대 한국영화의 서사적 선택은 그런 의미에서 급진적이다. 모두가 노동계급의 승리에 찬 진격에 몰두하던 시절, 한국영화는 "구체적, 실정적 질서의 내속적 예외/배제 지점"으로서의 '천민',[06] 혹은 "포함인 배제"로서의 '벌거벗은 생명'[07]이라 불려 마땅한 자로서의 청춘들에게 기꺼이 시선을 돌렸던 것이다.

그러나 이 인물들의 계급적 모호함은 그들이 지향하는 계급의식과의 관계 속에서 좀 더 신중하게 살펴볼 필요가 있다. 90년대 청춘물 주인공들의 또 다른 특징은 성공을 향한 끝없는 야망을 갖고 있다는 점이다. 하지만 부르주아 계급은 물론이고 노동계급에도 속할 수 없는 잉여로서 20대 청춘들은 좌충우돌할 수밖에 없다. 공부를 잘해서 좋은 대학에 간 끝에 출세한다는 정석은 이들에게 언제나 이미 막혀 있는 길이다. 그러니 가능한 선택지는 건달이 되거나 벼락 스타가 되는 길밖에 없다. "우디 알렌을 뛰어넘는 세계적인 감독이 될 거야.", "난 뭣이 되건 간에 꼭 성공하고 말 거야. 크고 말 거라구."(〈바람 부는 …〉), "이제 나 진짜 뜬 거지? 나 이제 영웅이 된 거지?"(〈게임의 법칙〉), "난 꼭 유명해질 거예요. 그 때 되면 날 다시 보게 될 거예요."(〈젊은 남자〉), "언젠간 내게도 이 장미처럼 잘 나가는 세월이 오겠지"(〈장미빛 인생〉), "재벌 회장이 되든 건달로 크든 성공하면 다 똑같은 거야", "내 꿈은 진짜 거물이 되는 거야"(〈비트〉) 등의 대사는 이들이 그리는 미래상을 잘 보여준다. 따라서 이들에게 제대로 된 집도 직업도 없는 현재의 막막한 삶은 그저 잠시 겪고 지나가야 하는 불가피한 과정일 뿐이다.

이들은 영화감독이나 모델, 배우, 레스토랑 사장, 또는 여러 술집을 관리하는 건달 보스가 되리라는 나름의 직업적 성취를 '꿈'으로 표현한

---

06 슬라보예 지젝. 2005. 『까다로운 주체』. 이성민 역. 도서출판 b. 366-367쪽.
07 조르조 아감벤. 2008. 『호모 사케르: 주권 권력과 벌거벗은 생명』. 박진우 역. 새물결. 43쪽.

다. 주로 연예인 아니면 건달이 되기를 꿈꾸는 이유는 이들이 "한 방에 크는 거야. 제대로 한 방에"(〈게임의 법칙〉)로 표현되는 일확천금의 기회를 노리고 있기 때문이다. 편의점에서 알바라도 하라는 친구에게 "미쳤냐? 이런 데서 썩게."(〈젊은 남자〉)라고 대답하는 한은 자신의 성공을 위해서는 '돈과 빽과 운'이 모두 동원되어야 함을 누구보다 잘 인식하고 있다. 요컨대 90년대 청춘들에게 성공이란 진지하고 끈질긴 노력 없이도 이룰 수 있는 순식간의 신분 상승을 의미한다.

나아가 이들에게 무엇이 된다는 것은 결국 무엇을 가질 수 있다는 것과 동의어다. 90년대 청춘물에는 온통 부의 이미지가 넘쳐흐른다. 벤츠, BMW, 포르셰 등의 외제차, 컨버터블 승용차, 바이크, 포켓볼, 락카페, 가라오케, 홍대, 압구정, 편의점, 레스토랑, 양주, 와인, 피자, 삐삐, 휴대폰, 골프, 미국 유학과 해외여행 등이 "남 눈치 볼 것 없"이 "폼 나게 살아보"려는, "멋지게 내 인생을 탕진할 것"이라는 신세대 문화, 신세대적 욕망의 기표로서 등장한다. 그리고 무엇보다도 화폐야말로 이 모든 기표들을 압도하는 지배기표로서 기능한다. 지폐 다발을 사방에 흩어놓고 "이렇게 많은 돈 만져본 거 처음이야. 너무 행복해. 이렇게 행복할 때 죽고 싶어."(〈돈을 갖고 튀어라〉)라 말하던 춘자(정선경 분)의 심정은 90년대 청춘들의 욕망을 단적으로 대변한다. 이들의 욕망은 정확히 '물화'[08]의 작동 원리에 종속되어 있다. 거물이나 영웅이 된다거나 유명해지고 싶다는 추상적 욕망이 결국은 화폐로 측량 가능한 물질적 소유의 욕망으로 환원되는 것이다.

---

08 마르크스는 노동의 사회적 성격이 상품이라는 물신으로 치환되고 상품의 사용가치는 그 교환가치로 환원됨으로써 교환자들 자신이 역으로 상품의 운동에 의해 통제를 받게 되리라면서 이를 '물화(Versachlichung; reification)'로 개념화했다. 칼 마르크스. 1991. 『자본론 I』. 김수행 역 비봉출판사. 90-95쪽 참조; http://terms.naver.com/ entry.nhn?docId=1690903&cid=41908&categoryId=41930

이러한 욕망의 물화는 87년 체제가 경제 영역에 끼친 변화의 맥락에서 생각해볼 필요가 있다. 87년 체제를 특징짓는 '민주화'의 시대적 가치는 경제 영역에서 '자율화', '민간화', '시장화'를 초래했다.[09] 이는 사적 대기업을 통제하고 있던 국가가 경제 전선에서 뒤로 물러나게 됨을 의미했으며, 그 동안 사적 대기업이 지고 있던 사회적 책임과 부채를 사실상 면제해주는 결과를 낳았다.[10] 이러한 분위기 속에서, 민주화 프로젝트와 성장 프로젝트로 승화되어 표출되고 있었던 지위 상승의 집합적 희망은 약화되었고 과도한 사교육 등으로 표출되는 개인주의적 지위상승 프로젝트가 그 자리를 넘겨받게 되었다.[11]

이렇게 민간의 개인 주체들에게로 모든 성공의 부담이 떠넘겨지는 상황에서 한국사회는 '단군 이래 최대 호황'이라 불리던 이른바 '3저 호황' 시기(86-88년)를 거쳤다. 획기적인 임금 상승과 소득 안정성[12]은 내구 소비재를 중심으로 한 폭발적 대량소비, 대중소비사회의 시대를 열었다. 아울러 중산층은 육체 노동자에 대한 관심과 동조를 거두어들였으며 더 많은 육체 노동자들이 자신을 중산층으로 인식하기 시작했다.[13] 아파트, 가전제품, 자동차가 중산층 가정의 표준적 소비틀이 되고 [14] 상류층의 라이프스타일과 소비성향이 더욱 가시적으로 드러나게 되자, "현재 각자의 인생에 만족하지 않으며 자신의 능력이나 업적에 상응하는 성공을 이루기에는 아직도 요원하다고 믿"는 좌절감은 더욱 심

---

09 유철규. 「80년대 후반 이후 경제구조 변화의 의미」. 김종엽 편. 앞의 책. 245-46쪽.

10 위의 글. 251쪽.

11 김종엽. 앞의 글. 54쪽.

12 "노동운동은 1986~89년간 연평균 15~20%를 넘어서는 실질임금률의 급상승을 쟁취했다." 유철규. 앞의 글. 251쪽.

13 낸시 에이블먼. 2014. 『사회이동과 계급, 그 멜로드라마』. 강신표.박찬희 역. 일조각. 46쪽.

14 유철규. 앞의 글. 247쪽.

해졌다.[15] 이러한 모든 조건은 90년대를 "계급 불안과 계급 재배치의 시기"[16]로 만들었다. 그러므로 신자유주의적 시장권력의 강화로 요약되는 87년 체제 하의 시기는 노동자나 사회적 약자에게 더 큰 시련의 시기일 수 있었다.[17]

김동춘은 90년대를 "욕망의 천하통일"이 이루어진 시대라고 요약한다.[18] 청춘물 한국영화는 바로 이러한 시대 분위기 속에서 등장했다. 그러므로 이 영화들에서 자신의 개인주의적, 세속적 성공을 위해 목숨을 걸고 분투했던 우리의 주인공들은 90년대를 가장 90년대적인 방식으로 헤쳐 나오려 했던 인물들이라 할 수 있다. 그렇다면 그 결과는 성공적이었을까? 그들의 일확천금의 행운은 보존될 수 있었을까? 우리는 이미 그렇지 않았음을 알고 있다. 세상은 결코 그들에게 호락호락하지 않았다. 우리의 청춘들은 "앞뒤 모르는 무식한 놈"(〈게임의 법칙〉)이거나 "어린놈이 너무 욕심만 많"(〈비트〉)다고 취급되어 교활하게 이용만 당하고 버림받았을 뿐이다. 그렇다면 그들의 실패는 무엇을 의미하는가.

---

15 낸시 에이블먼. 앞의 책. 226쪽.

16 위의 책. 46쪽.

17 김동춘. 2006. 『1997년 이후 한국사회의 성찰: 기업사회로의 변환과 과제』. 도서출판 길. 227쪽.

18 위의 책, 228쪽. 그 결과 온 중산층의 부동산 투기꾼화, 400만 명의 신용불량자와 700만 명에 이르는 최저생계비 이하 빈곤층의 퇴적, 외환 위기 이후의 양극화로 인해 상위 5%는 막대한 이익을 취하지만 하위 20%는 과거보다 더 심각한 실업, 저임금, 무주택의 문제에 봉착하는 현실로 나타났다고 김동춘은 지적한다.

Ⅳ. 1990년대 청춘물 한국영화와 멜로드라마적 죄의식의 (비)윤리

애석하게도 90년대 청춘영화 주인공들의 상당수는 죽는다(〈게임의 법칙〉 〈젊은 남자〉 〈장미빛 인생〉 〈세상 밖으로〉 〈본투킬〉 〈돼지가 우물에 빠진 날〉 〈비트〉 〈초록 물고기〉 〈태양은 없다〉). 한 방의 성공을 노렸던 이들뿐만 아니라 "가늘고 길게" 사는 게 꿈이라던 인물(〈비트〉의 민[정우성 분])조차도 그 소박한 꿈을 이루지 못하고 죽어간다. 물론 갱스터 장르의 경우 이러한 죽음의 엔딩은 장르 고유의 관습에서 비롯된 것이다. 하지만 로맨틱 코미디의 급부상이 드러내듯 90년대 들어 대중의 정서가 '코믹'의 방향으로 전환하고 있었음을 감안하면[19] 청춘물 영화들이 공유했던 이러한 비극성의 대조적 효과는 두드러진다. 왜 90년대 한국의 대중 관객들은 이제 한창 피어나는 20대 청춘들의 죽음에 호응했던가.

그 이유는 무엇보다도 그들이 너무 많은 것을 노골적으로 욕망했기 때문이다. 〈젊은 남자〉에서 편의점 알바로 일하는 지동(강성진 분)이나 〈비트〉에서 포장마차를 하는 환규(임창정 분)처럼 적당히 하층계급의 일원으로 섞여 사는 인물들은 결코 죽지 않는다. 자신의 미래를 가로막는 기성세대의 벽을 뚫고 올라가기 위해 선수를 쳐 기성세대를 죽이기까지 하는(〈젊은 남자〉) "욕심 많은 어린놈들"만이 제도 안팎에서의 한계를 뚫지 못하고 죽임을 당한다. 그리하여 슬로 모션에 360도 회전 숏으로 화려하게 장식되었던 성공의 시네마토그래피는 죽음의 장면에 이르러 트랙 아웃 롱 숏이나 점점 더 거리를 두는 부감 숏으로 쓸쓸하

---

19 이 문제와 관련해서는 이 책에 실린 김소연, 「1990년대 이후 한국영화에서 '코믹 모드'의 문제: 로맨틱 코미디 장르의 이행기적 등장을 중심으로」 참조.

고 단출해진다.

성공을 위해서는 살인을 불사할 정도로 도덕이나 인륜을 고려하지 않는 인물이 결국 죽음에 이르게 된다는 서사는 일차적으로 사회적 단죄의 성격을 띠고 있다. 과도한 욕망의 무리한 실현은 공동체를 위협하기에 다수의 안녕을 위해서는 해로운 존재들을 살려둘 수 없다는 뜻이다. 그러나 여기서 우리는 2000년대로 넘어와 출현한 조폭 코미디에서는 조폭 세력이 제도권과 타협하면서 사회적 응징을 회피하고 승승장구하는 서사로 나아갔음을 떠올리지 않을 수 없다. 따라서 90년대 청춘영화 서사가 보여주었던 단죄의 엔딩은 단순히 장르 관습으로 환원할 수만은 없는 어떤 이유 때문인 것으로 보인다. 혹시 그것은 90년대 한국영화가 개인주의적, 속물적 욕망을 전경화하는 가운데서도 여전히 최종심급에서는 80년대적인 공동체성과 금욕주의의 가치를 유지하고자 했기 때문은 아니었을까? 혹은 더 근본적인 수준에서 말하자면 갑작스런 사회변동과 가치의 혼란 속에서도 90년대 대중들이 아직까지는 계급 상승의 욕망에 완전히 투항하기보다는 공동체를 위한 희생을 불사했던 80년대적 가치와 태도에 대해 일말의 부채의식 혹은 죄의식을 보존하고자 했기 때문은 아니었을까?

그러나 정신분석적으로 헤집어 보면 사태는 그리 간단하지 않다. 저 죽음의 서사의 무의식적 동기를 죄의식(혹은 죄책감)으로 파악할 때, 이는 초자아 및 자아 이상과의 관계 속에서 주체가 누리는 향유의 문제를 좀 더 심층적으로 해명할 필요성을 제기하기 때문이다. 다시 말해 죄의식의 메커니즘 속에 들어감으로써 주체가 어떤 종류의 만족을 추구하는가라는 질문에 대답할 것을 요청하기 때문이다. 프로이트에 따르면 죄의식은 "자아와 자아 이상 사이의 긴장이 표출된 것"[20]이다. 즉 자아

---

20 지그문트 프로이트. 1997.「집단심리학과 자아 분석」.『문명 속의 불만』. 김석희

이상이 부과하는 의무나 규칙들에 자아가 복종해야 하는 상황에서 양자 간에 괴리가 있을수록 죄의식이 발생한다.[21] 아울러 죄의식은 "(초자아의) 비판에 응수하는 자아 속의 지각"[22]이기도 하다. 즉 자아가 리비도를 도덕적으로 승화시킬수록 리비도는 중립적 에너지로 바뀌게 되고 리비도가 붙들고 있던 죽음충동을 초자아가 떠안게 되면 초자아는 자아를 공격하게 된다. 그 결과 자아 쪽에서는 점점 더 죄의식이 증가하게 된다.[23] 맹정현은 "자아 이상이 당근을 주는 심급이라면 초자아는 채찍을 주는 심급"[24]이라고 정리한다.

한편 라캉은 죄의식과 초자아의 관계를 "욕망과 법의 변증법적 관계"[25]로 번역한다. 즉 위반의 욕망은 금지의 법에 의해 생성된다는 점에서 서로를 지탱해주고 있으며 따라서 "오직 법 때문에 죄(sin)는 과도하고 과장된 성격을 띠게 된다"[26]는 것이다. 이것이 바로 초자아의 역설이고 법의 외설성이다. 공적인 법(금지)은 언제나 사적인 향유(위반의 욕망)로 더럽혀져 있다. 다시 말해 주체는 죄의식을 느끼는 한에서만 즐길 수 있으며 법적 응징 속에서조차도 향유를 발견할 수 있다.[27] 라캉은 '정신분석의 윤리'란 죄와 향유의 병리적 결합을 고수하는 것이 아니라 법 너머에서 사물(das Ding)과의 관계를 발견함을 통해서, 즉 법과의 병적 변증법에 매여 있지 않은 자신의 욕망에 궁극적으로 충실함

역. 열린책들. 153-54쪽.

21 맹정현. 2015. 『멜랑꼴리의 마술』. 책담. 130쪽.

22 지그문트 프로이트. 1997. 「자아와 이드」. 『쾌락원칙을 넘어서』. 박찬부 역. 열린책들. 148쪽.

23 이러한 주해는 맹정현. 앞의 책. 150-58쪽 참조.

24 위의 책. 259쪽.

25 Jacques Lacan. 1992. *The Seminar of Jacques Lacan Book VII: The Ethics of Psychoanalysis*. W.W.Norton & Company. p.83.

26 위의 책. p.84.

27 법과 욕망의 변증법에 대한 이러한 해제는 슬라보예 지젝. 앞의 책. 244쪽 참조.

을 통해서 실현될 수 있다고 주장한다. 지젝은 이를 "선악을 넘어서가 아니라 단순히 선善을 넘어서"[28] 나아가는 조처라고 설명한다. 이는 정신분석의 윤리가 상징적 규범으로서의 선악을 따지는 데 머무르는 것이 아니며 그 규범 너머에 있는 '무無' 혹은 '공백'으로 나아가는 것임을, 그 '무로부터의 창조'를 실현하는 것임을 의미한다.

그렇다면 저 야심만만한 "어린놈들"이 죽어가는 것을 환영했던, 혹은 적어도 동의했던 90년대 대중 관객의 죄의식에서 우리는 어떠한 향유를 추적할 수 있는가. 나는 앞에서 그 죄의식이 80년대적 도덕 감각으로부터 비롯된 것이라고 주장했다. 그런데 이 대목에서 우리는 90년대 청춘물이 야심만만한 청춘들을 죽임으로써 보여주었던 도덕 감각이 진정 '80년대적인 것'인지를 반문하지 않을 수 없다. 남의 것을 함부로 탐하지 말고 일확천금을 꿈꾸지도 말라는 교훈으로 요약되는 저 금욕주의와 안분자족의 메시지는 어쩌면 가장 反80년대적인 것이지 않을까? 적어도 '80년 5월의 광주'라는 상징적 시공간에서 비롯된 80년대성은 모든 상징적 법을 철폐할 정도로 자신의 (후일 '민주화'로 기표화된 어떤 X에 대한) 욕망을 긍정하는 것을 윤리적 의무의 수준에서 이행함으로써 생성된 것이기 때문이다. 또한 80년대성은 법과 욕망, 금지와 위반의 악순환에 갇혀 있지 않은, 따라서 초자아나 자아 이상 어느 쪽에도 종속되어 있지 않으며 어떠한 죄의식에도 사로잡혀 있지 않은 주체성을 실현함으로써 반복될 수 있을 것이기 때문이다.

그러나 90년대 청춘물이 보여준 것은 선善의 너머이기는커녕 멜로드라마적 권선징악의 논리로 단순화된 죄의식으로의 회귀였다. 이러한 죽음의 서사로 이루어진 청춘물 영화가 90년대 내내 이어진 것은 당시 관객들과의 무의식적 공모가 없었으면 불가능했을 것이다. 청춘물 영화들

---

28 위의 책, 622쪽.

을 접하면서 관객들이 동일시할 수 있는 위치는 단죄하는 초자아의 위치 아니면 단죄 당하는 인물의 위치밖에 없다. 어느 쪽이 됐든 이 위치들은 법과의 관계에 의존하는 위치다. 그러므로 관객들은 타인들을 단죄하면서, 혹은 스스로를 단죄하면서 어떤 식으로든 법의 테두리 안에서 즐기고 있었던 셈이다.

90년대 청춘물이 멜로드라마적 권선징악의 서사를 도입했다는 점은 90년대를 당대인들이 얼마나 혼란스런 시기로 받아들였던가를 반증한다. 기원적으로 멜로드라마는 근대 과도기의 도덕적, 문화적, 사회경제학적 불안정성과 불안을 표현하는 장르다. 즉 19세기 초, 복종과 온정주의에 기반한 전통 양식들이 쇠락해가고 있던 때의 불안정한 시장 문화에서 노동계급이 얼마나 삶의 불안정성과 취약성, 운명의 통제 불가능성을 느끼고 있었던가를 환기시켜주는 장르다.[29] 동시에 멜로드라마는 그러한 불안감을 미덕의 궁극적 승리로 해소함으로써, "더 고차원적인 도덕적 힘이 여전히 지상을 내려다보고 있으며 궁극적으로는 그 정의로운 손으로 세계를 다스린다는 것을 안심시킨"[30] 장르이기도 하다. 낸시 에이블먼은 한국이야말로 압축적 근대성을 경험하면서 지속적 혼란 속에 있었기 때문에, "정말 그럴 수도 있었을까? 이런저런 일들은 그녀의 잘못 때문에 일어났는가 아니면 때와 장소가 잘못되어서 생긴 일인가? 사적이라고 여겨진 세계가 정말로 사적인가? 선인과 악인을 누가 구분할 수 있는가? 올바로 산다는 것은 어떤 것인가?" 같은 "멜로드라마적 의문들"이 특히 효력을 발휘할 수 있는 곳이라고 주장한다.[31] 이처럼 멜로드라마 장르의 기원과 그 한국적 적용의 맥락을 종합해서 판단해보건대, 이른바 새로운 패러다임으로의 이행기였던 90년대가 한

---

29 벤 싱어. 2009. 『멜로드라마와 모더니티』. 이위정 역. 문학동네. 199-201쪽.
30 위의 책. 202쪽.
31 낸시 에이블먼. 앞의 책. 412쪽.

국인들에게는 서구인들이 겪었던 근대 초만큼이나 불안한 시기였음을, 따라서 대중들은 그 불안에 적극 방어하고자 명징한 권선징악의 도덕 감각에 의존했음을 알 수 있다.

이러한 방어의 방식은 90년대성의 성격을 규정하는 데서도 중요한 단서가 된다. 왜 90년대 대중들의 불안을 잠재우기 위해서 다름 아닌 청춘 세대가 죽어가야 했던가. 김정훈은 이 세대를 "문화혁명 세대"라고 명명하면서 이들이 서태지로 대변되는 대중문화의 극적 변화를 주도했다고 설명한다. 또한 이들은 기존의 권위주의적, 집단주의적 문화에 최초로 저항한 세대이며 이들의 저항은 정치적 권위가 아닌 일상의 권위에 대한 것이었다고 부연한다.[32] 실제로 90년대에 신세대 담론을 주도했던 책들을 보면 이들이 〈터미네이터〉와 68혁명, 서태지의 음악에 친근감을 표시했으며 80년대의 문화를 비롯해서 기성세대에 대한 다소 무차별적인 거부감을 표현했음을 알 수 있다.[33] 기성세대가 이룩한 것들을 모두 부인하면서 그 한계를 지적하는 새로운 세대의 존재는 당연히 기성세대에게는 거북하고도 불편하며 생경하고도 위협적이다. 그렇다면 허구적 서사에서나마 이들을 죽이고자 했던 (무)의식적 동기는 자명하지 않은가. 얼핏 90년대 청춘물 영화들은 이 새로운 세대의 폭발적 등장을 전경화하는 듯 보였다. 그러나 궁극적으로 그러한 세대를 기어이 죽이고야 만다는 것은 아직 상징적 질서 내에서 제대로 위치화되어 있지 않은 그들이 상징계 내에서 권력화되는 것에 대한 무자비한 차단이며, 더 나아가 90년대적으로 표현된 새로운 방식의 저항적 동력에 대한 가차 없는 단절을 의미하는 것이었다.

---

32 김정훈, 앞의 책, 502쪽.

33 송재희 외, 1993,『신세대: 네 멋대로 해라』, 현실문화연구; 김진송 외 기획, 1994,『신세대론: 혼돈과 질서』, 서동진 외 저, 1994, 현실문화연구.

V. 나가며

1990년대는 "1980년에 전국화되었던 광주가 호남으로 축소되는 과정"[34]이었다는 김정훈의 진단은 87년 체제의 한계를 단적으로 드러낸다. IMF 외환위기를 거친 이후 2000년대는 '광주'의 이러한 축소재생산이 더더욱 안정화된 시기였다. 그 사이에 낀 90년대는 그래서 80년대적인 것과 2000년대적인 것을 교묘하게 중재했다. 이러한 중재의 역할은 90년대 청춘물 한국영화에서도 그대로 확인된다. 이 영화들은 한계 없이 펼쳐지는 듯한 90년대의 물질주의 문화에 대한 금욕적 거부감을 통해 80년대에 대한 죄의식을 표현하면서도 그것을 권선징악적 도덕으로 환원시킴으로써 변화무쌍한 시대에 대한 불안을 다스리고자 했던 것으로 보인다.

다시금 규정하건대, 90년대는 80년대성에 대한 기억과 망각이 교차하는 시대, 즉 이행기였다. 이러한 이행기의 풍경은 한국사회의 새로운 세대를 이루는 하층계급 구성원들에게 결코 호의적이지 않았다. 변화의 한복판에 있던 청춘들이 잘 살아보겠다고 분투했음에도 불구하고 결국은 다치거나 죽임을 당함으로써 새롭게 도래한 상징 질서로부터 사라져야 한다는 서사적 결말은 이행기로서의 90년대가 외환위기 이전에도 이미 한국사회의 보수화를 지향하는 욕망을 누설하고 있었음을 잘 보여주는 현상이었다.

---

34 김정훈, 앞의 책, 39쪽.

1990년대의 증상들

1990년대 전향 담론의 성격과 한계

| 김정한

1990년대 전향 담론의 성격과 한계

—

김정한

1. 들어가며: 어떤 가상의 시작

1991년 여름 소련 영토에서 레닌 동상이 철거되는 장면은 현실 사회주의 국가의 종언을 상징적으로 보여주었다. 수많은 대중들이 운집해 반反공산당을 외치는 모습은 냉전의 상상력을 압도하는 것이었다. 고르바초프의 페레스트로이카가 더 나은 사회주의를 향해가고 있다는 대다수 진보 지식인들의 믿음은 허위의식으로 판명되었다. 사회주의와 공산주의 내지 맑스주의를 정치적 신념과 운동으로 지향했던, 그리고 소련이나 북한을 '새로운 세상'의 전형으로 삼으며 1980년대를 살아낸 지식인들과 활동가들은 커다란 충격에 휩싸였다. 그것은 한국 사회의 1980년대가 그저 연대기일 뿐이 아니라 하나의 상징계로서 무너진다는 것을 함의하는 사건이었다.

사회운동적 차원에서 1980년대가 5·18광주항쟁에서 시작해 1991년 5월 투쟁으로 종결한다면, 1990년대는 대내적으로 1991년 5월 투쟁에서 1980년대식 민중운동이 실추하고 대외적으로 현실 사회주의 국가들이 몰락하는 1991년부터 1997년 외환위기와 IMF관리체제까지로 시대를 구획해볼 수 있을 것이다.[01] 이 7년의 시공간은 1980년대가 해체되는 과정이면서 또한 이를 수용하거나 애도하거나 부정하는 다양한 의지들과 힘들의 교차로였다. 그 작은 조각들 가운데 하나가 전향이라는 문제이다. 여기서 '작은 조각'이라고 하는 이유는 전향이라는 용어 자체가 당대의 정치적, 사회적, 문화적인 큰 흐름과는 동떨어져 있었기 때문이다. 1987년 6월 항쟁 이후 문민정부로 계승된 제한적인 정치적 민주화, 1인당 국민소득 1만 달러로 대표되는 본격적인 소비사회 진입, 개인의 욕망을 표방하는 신세대 출현, 포스트모니즘, 포스트맑스주의, 포스트산업사회 등 '포스트 시리즈'의 유행 등으로 표상되는 1990년대에 전향은 뭔가 큰 흐름에 어울리지 않는 껄끄러운 기표였다.[02] 한편으로 전향이라는 것은 구시대의 유물이나 청산의 대상이었지만, 다른 한편으로는 전향과 비전향을 둘러싼 갈등 담론이 간헐적이지만 빈번하게 부상하고 가라앉는 과정이 지속되었던 것이다.

한국 사회에서 전향轉向의 사전적 정의는 "1) 신념이나 사상 따위를 다른 것으로 바꿈, 2) 어떤 일을 하던 방향을 다른 데로 돌림"이지만 (『고려대 한국어 사전』), 후자와 같은 단순한 '방향 전환'이 아니라 전자와 같이 정치적 신념, 이념, 사상 등을 바꾼다는 것을 가리키고, 특히 좌파에서 우파로 극적인 전환을 표명한다는 것을 뜻한다. 하지만 이와 같이 한 극에서 다른 한 극으로 순식간에 이동하게 되는 가교로서 전향을 강제하는 법적, 제도적 구조가 가로놓여 있다는 점에서, 전향

---

01 김정한. 2004.「대중운동과 민주화: 91년 5월 투쟁과 68년 5월 혁명」.『91년 5월 투쟁과 한국의 민주주의』. 민주화운동기념사업회. 161-162쪽; 김정한. 2013.『1980 대중 봉기의 민주주의』. 소명출판 참조. '1987년 체제'에서 '1997년 체제'로의 전환에 관해서는 손호철. 2009.「한국체제 논쟁을 다시 생각한다: 87년 체제, 97년 체제, 08년 체제론을 중심으로」.『한국과 국제정치』 통권 65호(여름호) 참조.

02 1990년대를 소비 문화의 만개와 개인의 탈정치적 욕망이라는 틀로만 파악하는 서사에 대한 비판으로는 장성규. 2015.「당신들의 90년대」.『실천문학』 118호(여름호). 291쪽.

은 또한 국가의 억압 장치에 대한 굴종이거나 주류 권력 집단의 일원으로 편입되는 통로라는 함의를 갖고 있다. 요컨대 정치적 신념, 이념, 사상을 바꾼다는 것만이 아니라, 이 바꿈 자체가 그 내용(좌에서 우로 가든 우에서 좌로 가든)과 무관하게 어떤 도덕적 경계선 또는 규범을 위반하는 행위인 것이다. 전향의 근접어가 '변절', '배신' 등인 이유도 여기에 있을 것이다.

이 글에서는 1990년대에 전향 문제가 어떻게 나타났으며 어떤 갈등 담론 속에서 표출되었는지를 살펴보고, 이를 통해 전향이라는 하나의 작은 조각이 1990년대 상징계의 구성에서 작용했던 기능과 위상을 성찰해보려 한다. 결과적으로 보자면, 1990년대 전향을 둘러싼 갈등 담론들은 정치적 신념, 이념, 사상과 무관할 뿐만 아니라 그것을 불가능하게 하는 성격을 갖고 있었으며, 따라서 사상으로서의 전향이 아니라 실용적인 정치적 편 가르기로 나타나거나, 이론이나 사상의 무의미성을 부각시킴으로써 대중들의 지식인 혐오 및 불신 그리고 반지성주의를 촉진하는 효과를 발휘했다. 이는 오늘날 보수와 진보, 또는 우파와 좌파의 갈등과 대립이 궁극적으로 불모의 지식인 문화와 토양 위에서 이루어지는 가상적인(fictive) 성격을 갖는 이유를 해명하는 데 하나의 실마리를 제공해줄 수 있으리라고 기대한다.

2. 1990년대의 세 가지 전향 담론

1990년대 전향 담론은 크게 세 가지 차원으로 구분해볼 수 있다. 첫째 사회주의 혁명 노선을 추구했던 비합법 전위조직의 노선 전환 논쟁,

둘째 진보 지식인들의 고백, 셋째 전향서 작성을 둘러싼 비전향 양심수의 문제가 그것이다. 1990년대는 한편으로 대규모적인 집단적 전향이 일어난 시대였지만, 다른 한편으로는 지식인들 사이에서 서로의 정치적, 사상적 성찰과 전환을 전향이라는 용어로 비판하는 시대였다.

1) 조직적 전향

1990년대 최초의 집단적, 조직적 노선 전환은 〈노동자정당추진위원회〉(노정추)에 의해 시도되었다. 노정추는 민중민주주의(PD) 계열 정파들의 통합 조직으로서 비합법 전위조직에서 합법적 대중정당으로 전환하는 이른바 '신노선'을 제시했다. 1980년대 비합법 전위조직인 〈인천지역민주노동자연맹〉(인민노련), 〈민족통일민중민주주의노동자동맹〉(삼민동맹), 〈노동계급〉 등 민중민주주의(PD) 계열의 정파들이 통합해 1991년 7월 〈한국사회주의노동당 창당준비위원회〉를 구성하는데, 이 조직이 현실 사회주의 국가들의 붕괴와 더불어 '신노선'을 채택하고, 12월 15일 전국 20여개 지역 노동자대표 214명과 함께 주대환을 대표로 선출한 후 1992년 1월 19일 〈한국노동당〉(가칭) 창당 발기인 대회를 개최한다.[03]

이와 같은 노정추의 '신노선'은 주로 합법과 비합법을 둘러싼 정치노선 논쟁으로 나타났지만, 그동안 대부분의 PD 정파들이 의회민주주의에 비판적이었고 전위조직이 주도하는 반反자본주의 혁명을 지향했

---

03 "창당준비위는 이날 발기 취지문에서 '경제 불안, 정치 불신, 민족자주권 침해 등 각종 문제는 민중의 힘에 의거해서만 해결할 수 있다며 대토지 국유화, 재벌해체, 군비축소와 복무연한 단축, 노동3권 완전보장, 농산물수입개방 저지 등 급진적 강령을 제시했다." 「민중당에 통합 제안키로」, 『한겨레』, 1992. 1. 21.

다는 점에서는 전향이라고 해도 무방할 것이다. 이는 주대환 위원장이 발기인 대회 직전에 국가보안법 위반으로 구속되지만, "사회주의혁명을 추구하며 한국노동당 창당준비위원회를 만든 사실은 인정되나 합법적인 공개 정당 활동을 표방한 점 등을 참작해 집행유예를 선고"한 것에서 알 수 있듯이, 사실상 '혁명 노선의 포기'를 공권력에 의해 인정받는 과정이었다.[04] 이 과정에 관해 주대환은 다음과 같이 밝히고 있다.

> 우리는 1991년 가을 오랜 토론 끝에 600명의 지하 혁명 정당으로 설정된 한국사회주의노동당 창당준비위원회를 자진 해산하였습니다. 그리고 선거에 참여할 합법 정당으로 한국노동당 창당에 나섰습니다. 이러한 새로운 노선을 우리는 '신노선'이라 이름 붙였습니다. 그러나 대한민국 공안 당국은 이러한 행동을 진짜 빨갱이들만이 할 수 있는 위장 전술로 받아들였습니다. 그리고 저와 민영창, 이용선, 전성을 잡아갔습니다. 저는 며칠 동안 조사를 받으면서 그들의 의심을 풀어주어야 할 필요를 느끼고 '나의 정치 소신'이라는 메모를 제출하였습니다. 저는 그 메모에서

04 「노동당 준비위장 집행유예」. 『한겨레』. 1992. 7. 4. 2008년에 주대환은 민주노동당의 분당 과정에서 노동당 노선을 폐기하고 사회민주주의를 명시적으로 주창하는 「민주노동당의 분당 사태와 좌파의 진로」라는 글을 뉴라이트 계열의 『시대정신』에 기고해 진보 진영에서 '전향'이라고 비판을 받는데, 이에 대해 그는 '전향'이라면 1992년에 이미 했다고 언급한다. "'전향'이라면 나는 1992년에 이미 했다. 16년 전이다. 이번에 내가 한 것은 민주화 과도기 20년 동안 대립해온 두 입장, 비판적 지지파와 독자후보(정당)파의 경계를 허물어 버린 것이며, 노동조합을 근거로 '노동당'을 만들어서 '자유당'을 넘어서겠다는 전략의 폐기다." 「구좌파와 전쟁 각오, 동지들에 미안. '대한민국 좌파'하자, 야권재편 필연」. 『레디앙』. 2008. 9. 15. 주대환은 현재 사회민주주의연대 공동대표이며, 한때 영국 노동당 노선을 추구했다가 지금은 미국 민주당을 지향해야 한다고 주장하고 있다. 「인터뷰: '사민주의자' 주대환을 만나다」. 『미디어스』. 2013. 3. 27.

> '프롤레타리아 독재 노선, 폭력 혁명 노선, 전위 정당 노선을 폐기한다'고 선언했습니다. 신노선에서 한 걸음 더 나아간 것이며 신노선의 정치철학적 배경을 밝힌 것입니다. 제 동지들인 민영창, 이용선, 전성과 미리 의논하지 않았지만, 나중에 그들은 전폭적인 지지를 보내주었습니다. 이로써 1992년 봄, 우리는 공산주의자가 아니었습니다.[05]

그는 조사 과정에서 '프롤레타리아 독재 노선, 폭력 혁명 노선, 전위 정당 노선을 폐기한다'고 하는 '나의 정치 소신'이라는 메모를 제출했으며, 또한 공안 당국이 나머지 수배자들에게도 탄원서를 제출할 경우 체포하지 않겠다고 제안하여 이를 받아들이고 탄원서를 제출하도록 종용했다고 한다. 이것은 노선 전환과는 별개로 또 다른 논란을 야기했다. "그러나 '탄원서'라는 형식은 당시 우리가 그 권위와 정당성을 인정할 수 없었을 뿐 아니라 군부독재의 하수인에 불과하다고 보았던 검찰과 경찰 등 공안당국에 대한 굴욕이기도 하였습니다. 그래서 내용에 대한 찬반과 형식에 대한 찬반이 얽혀 조직 내의 논의는 복잡했던 것 같습니다."[06] 이와 같은 메모나 탄원서는 사실상 전향서에 준하는 것이었으며, 주대환도 "공안 당국에 대한 굴욕"이라고 표현하고 있듯이 사회주의 혁명이나 프롤레타리아 독재를 폐기하는 것과는 또 다른 차원에서 '신노선'에 대한 비판을 불러왔다.

현실 사회주의 국가들의 몰락으로 인해 '신노선'의 불가피성이 인정될 수 있다고 하더라도, 합법적 정당 활동이 억압적 국가권력에 대한

---

05 주대환. 2008.『대한민국을 사색하다』. 산책자. 171-172쪽.

06 같은 책. 172쪽.

굴복을 전제로 하는 것이라면 진보 진영에서 쉽게 받아들여질 수 없는 것이었다. 한편에서 조직적 노선 전환과 다른 한편에서 국가에 의해 강제된 전향이라는 문제가 한데 얽혀버린 것이다. 예컨대 1930년대 일본에서 방향 전환의 축어로 사용된 전향이라는 용어의 "주요한 의미는 국가권력 아래에서 일어난 사상의 변화"이며, 여기에는 첫째 "국가가 강제력을 사용한다는 것", 둘째 "개인 혹은 집단이 압력에 대해 스스로의 선택에 따라서 반응한다는 것"이라는 두 가지 측면이 있다. 즉 전향은 "국가에 의해 강제된 사상 변화"라는 강제력과 그에 대응하는 자발성이 있는 것이다.[07] 이를 기준으로 삼는다면, '신노선'으로의 방향 전환은 현실 사회주의의 몰락이라는 대외적 배경이자 혁명적 모델의 상실이 주요 요인으로 작용하고 있었다는 점에서 정세 변화에 대한 자발적인 조직적 대응이라고 할 수 있지만, 동시에 당시 엄존하는 국가권력의 법적, 제도적 제약과 압력으로 인해 '신노선'에는 국가의 강제력에 의한 전향이라는 형식이 덧붙여질 수밖에 없었다.

당시 '신노선'에 대해 비판적 맑스주의자들은 맑스주의와 사회주의를 포기하고 부르주아 정치에 투항하는 것이라는 취지의 비판을 제기했고, 이는 조직적 전향에 대한 전형적인 부정적 평가에 해당한다. 이를 대리한 것이 이른바 '포스트맑스주의' 논쟁이다. 노정추 결성과 유사한 시점에 이병천은 포스트맑스주의를 내세워 맑스의 역사유물론을 전면적으로 비판하면서 계급투쟁, 프롤레타리아독재 등 그 핵심 개념들을 폐기하고 새로운 사회운동으로 전환해야 한다고 주장했다. 그러나 이병천이 제시한 '포스트맑스주의'가 본래 라클라우와 무프가 맑스주의와 포스트구조주의를 결합해 구성한 포스트맑스주의와 이론적으로 연관성

07 쓰루미 쑨스케. 2005. 『전향: 전시기 일본정신사 강의 1931-1945』. 최영호 옮김. 논형. 33-34쪽.

이 없을 뿐만 아니라, 실천적인 차원에서도 라클라우와 무프가 새로운 사회운동으로서 사회주의를 지향하는 여성운동과 생태운동 등을 중시했다면, 이병천의 새로운 사회운동은 자유주의 친화적인 시민운동이었다는 점에서, 이 논쟁은 이병천이 반反맑스주의를 개진하기 위해 일시적으로 착용한 가면과 같은 것이었다.[08] 이와 같이 가면을 쓴 논쟁은, 당시 전향을 둘러싼 논쟁이 이론적, 사상적 차원에서 당면한 쟁점들을 해결해나가는 계기를 만드는 것이 아니라 포스트맑스주의라는 허수아비를 세워놓고 각자의 원칙과 입장을 밝히는 것으로 형해화하는 데 일조했다.[09] 대리 논쟁에 가려진 보다 중요한 쟁점은 현실 사회주의가 몰락한 가운데 '신노선'이 아니라면 어떤 노선을 구상할 수 있는가 하는 데 있었다. 그것을 맑스주의 내지 본래의 PD노선에서 이탈한 것이라고 비판하는 것은 가능하지만('포스트맑스주의'는 이탈이 아니라고 했지만), 당시 실제로 또 다른 실천적 대안은 제출되지 못했다. 전향한 쪽에서는 전향이 아니라고 하고, 전향이라고 비판하는 쪽에서는 전향 자체에 대한 도덕적 비판을 능가하지 못했던 것이다.

게다가 '신노선'으로의 전향이 실패로 귀결하는 과정은 이후 이와 관련된 일체의 비판적 토론 자체를 무의미하게 만들었다. 〈한국노동당〉(가칭)은 1990년에 결성된 〈민중당〉과 통합해 〈통합 민중당〉으로 1992년 3월 14대 총선에 참여하지만, 2퍼센트 득표율을 얻지 못해 해산·재창당의 과정을 밟아야 하는 상황에 처한다. 하지만 구 〈민중당〉 당권파는 진보정당의 가능성에 회의적인 태도를 보이며 재창당을 포기하고, 나머지 구 〈한국노동당〉 세력은 〈진보정치추진위원회〉를 구성해

---

08 자세한 내용은 김정한. 2012. 「한국에서 포스트맑스주의의 수용 과정과 쟁점들」. 『민족문화연구』 제57호 참조.

09 '포스트맑스주의'에 비판적인 맑스주의자들은 『이론』 동인으로 결집했다가 나중에 『진보평론』으로 재편한다.

진보정당운동을 전개하지만, 2000년 〈민주노동당〉 창당과 2004년 원내 진출까지 거의 10여 년이 소요되었다.

더구나 구 〈민중당〉 당권파는 문민정부 수립 이후 개별적으로 또 다른 전향을 시도하는데, 당시 이우재 상임대표, 이재오 사무총장, 김문수 노동위원장 등이 민자당에 입당한 것이다. 이 과정에서는 실제로 전향이라는 용어가 민자당 인사들과 언론에서도 사용되었다.

> "우리 당이 빨갱이를 영입하고 있다." "그 자(김문수)가 주동이 된 데모(5.3인천사태)때 대통령도 나도 죽을 고비를 넘겼다." 민자당 민주계 중진으로 부실원외지구당 개편 대상에 오른 박용만 고문이 지난 3일 고문회의에서 쏟아낸 말이다. … 강삼재 기조실장도 "김대통령 임기중 계속될 개혁에 활기를 불어넣기 위해서는 합리적 진보세력의 수혈이 필요하다"고 박고문의 말을 반박했다. 그러나 한 민정계 의원은 "박고문이 용기 있게 본질적인 부분을 짚었다"면서 "재야인사를 영입할 경우 최소한 전향서는 받아야 한다는 게 많은 의원들의 생각"이라고 말했다.[10]

> 11일 서울시 구로부녀복지회관에서 전 민중당 대표 이우재(58)씨의 '변신'이 공개됐다. 이날 민자당 서울 구로을구지구당 위원장으로 뽑힌 이씨는 "집권 여당인 민자당과 정치적 입장을 달리했던 민중당 대표였던 사람"으로 자신을 소개한 뒤 "그랬던 사람이 이제

10 「짜집기 정당의 숙명」. 『한겨레』. 1994. 5. 5.

> 는 여러분을 당원 동지라고 부르고 있다"며 '전향'을 솔직하게 털어놨다. 그는 "이 시대에 할 수 있는 최대의 진보는 김영삼 대통령이 추진하는 개혁"이라며 김 대통령을 '진보의 화신'으로 추켜세웠다.[11]

이와 같은 전향의 논리는 첫째 한국 정치 지형에서 진보정당의 성공 가능성이 희박하다는 것, 둘째 문민정부의 개혁에 힘을 실어줘야 한다는 것이었다.[12] 여기서 두 번째 논점은 자기 정당화에 가깝지만 첫 번째 논점은 구 〈한국노동당〉 계열의 실패로 확인할 수 있는 상황적 요인이다. 다시 말해서 '신노선'의 전환이 현실 사회주의의 몰락이라는 상황 요인에 대한 판단이라고 할 때, 진보정당의 성공 가능성이 없다는 것도 상황 요인에 근거한 것이다. 이처럼 부인할 수 없는 외적인 상황적 사실이 전향의 주요 근거였는데, 이는 "외부를 향한 행위"는 있어도 "내부를 향한 반성", 즉 자기 지양과 같은 자기비판과 반성이 부재하다는 것을 시사한다.[13] 요컨대 현실 사회주의의 몰락과 진보정당운동의 좌절에 의한 전향은 정세 변화나 상황의 불가피성을 이유로 삼는 불모의 논쟁이거나 내부를 향한 반성의 결여로 나타났다.

2) 지식인들의 고백

---

11 「이우재씨 재빠른 '말'의 변신」. 『한겨레』. 1994. 11. 12.

12 김문수는 1994년 3월 8일 민자당에 입당하는 기자회견에서 이렇게 밝혔다. "재야에서 현정부의 개혁을 질타하고 비판하는 것도 중요하지만 직접 참여하여 책임있게 개혁을 완수하는 일이야말로 더욱 절실한 시대적 책무라고 확신했다. 내가 민자당에 입당하는 것이 집권여당의 도덕성과 개혁적 열정을 높이고 선진조국 창조라는 역사적 과업 수행에 조금이라도 도움이 된다면 더 없는 보람이라고 생각한다." 「노동운동가 출신 김문수씨, 개혁 완수 위해 민자 입당」. 『동아일보』. 1994. 3. 9.

13 후지다 쇼조. 2007. 『전향의 사상사적 연구』. 최종길 옮김. 논형. 14-15쪽.

집단적인 조직적 전향 외에도 1990년대에는 소련의 붕괴를 바라보는 지식인들의 변화된 입장 표명이 일종의 고백의 형식으로 다수 등장했다. 특히 진보적이라고 여겨진 지식인들의 고백은 시대적 유행이나 증후로 인식될 정도였다. 예컨대 이재현은 김동길, 백낙청, 김지하, 리영희 등을 거론하며 다음과 같이 지적하고 있다.

> 아마도 이런 맥락에서 이 우울한 시대에 고백이 유행하는 것을 이해할 수 있다. '정보부 지하실에서도 여자만 생각했다'는 김동길 씨, '역시 뭐니 뭐니 해도 소시민적 민족문학론뿐'이라는 백낙청 선생, '정신병을 앓았지만 이젠 완전히 치유되었다(?)'는 김지하 선생, '세계가 30%의 타락과 60%의 도덕성, 인간성을 유지하면 성공이라'는 리영희 선생 등의 진술은 비록 장소나 형식은 다를지라도, 일종의 고백이라는 점에서 이 시대의 증후를 드러낸다. 더욱이 이런 일련의 고백이 우리를 더욱 놀라게 만드는 것은 이 분들이 적어도 과거의 어느 한때에는 진보적 지식인의 대표 선수였거나 혹은 아직까지는 그러하다는 점일 것이다.[14]

물론 이와 같은 지식인들의 고백이 모두 전향의 내용을 담고 있는 것은 아니었다. 대표적으로 1970-80년대 진보 지식인들의 '스승'으로 존경을 받아온 리영희의 경우가 여기에 해당한다고 볼 수 있다. 그는

14 이재현. 1991.「사람은 무엇으로 사는가」.『시대와 철학』2권 1호. 339쪽.

1991년 1월 "변혁 시대 한국 지식인의 사상적 좌표"라는 주제의 강연에서 "결과론적으로서는 사회주의적 생산조직과 정치조직의 실패에 대한 지적은 수긍"할 수 있으며, "공산주의, 사회주의의 역사적 패배"라고 밝혀 파장을 일으켰다. 하지만 리영희는 전기 맑스주의와 후기 맑스주의를 구분하고, 전자는 여전히 유효할 것이라고 평가하고 있다.

> 마르크스주의 이론 사상 가운데 후기 마르크스주의로 불리는 경제 이론의 결함과 전기 마르크스주의로서의 인간학은 분리되어야 할 것이다. 후기 마르크스주의는 자본주의 자체의 자기 수정 능력으로 말미암아 19세기 중엽을 기준으로 이론 정책의 실효성이 상실되었지만, 전기 마르크스주의는 환경, 공해, 정화, 반전, 인간 가치, 평등, 소외, 시민운동, 저항 등 제도와 체제 내의 이의제기의 요소로서 사상적 효용을 유지할 것이다. 특히 아직도 계급의 해소 내지는 계급적 융화가 이루어지지 않은 많은 제3세계 지역국가, 사회에서는 마르크스 인간학의 사상적 설득력은 큰 것이다. 전기 마르크스주의는 수정, 발전(지양의 과정)을 겪어 계속될 것이며 이것은 또한 마르크스주의의 풍부화로 이어지기도 한다. 이 모든 것이 인류 전체의 행복으로 승화되는 것이라 생각하면 사회주의의 패배를 마르크스주의의 후퇴라고 너무 서러워할 것은 없다.[15]

---

15 이영희. 1991. 「이영희 교수와 전환 시대의 고뇌」. 『말』 3월호. 177쪽.

리영희는 소련과 동구 사회에 대한 우리들의 성찰이 충분하지 못했으며, 인간을 도덕적으로 개조하려는 사회주의적인 이상주의적 인간학의 한계를 인정하고, 자본주의가 인간의 생물학적인 이기심과 소유욕을 소유 및 사유재산(시장경제)으로 조정하는 데 성공한 측면을 수긍해야 한다고 지적한다. "우리는 세계가 30% 정도의 타락과 60%의 도덕성, 인간성을 유지하면 성공이라고 보아야 하며, 이러한 타협을 이루어 내는 것을 목표로 삼아야 할지도 모른다. 이것은 현실과 이상이 조화되는 안정된 사회이며 '존재를 위한 체념'이라고 부를 수도 있다."[16] 요컨대 사회주의 체제가 도덕적 인간을 만든다는 구조결정론을 벗어나 인간이란 어떤 존재인가를 다시 돌아봐야 한다는 것이다.

이와 같이 리영희는 초기 맑스의 인간학과 후기 맑스의 정치경제학(비판)을 구분하고, 현대 자본주의 사회의 여러 문제들을 해결하기 위해 초기 맑스의 인간학이 여전히 유효하다는 관점에서 자본주의와 사회주의를 배합하는 일종의 사회민주주의를 대안적인 좌표로 제시하고 있다. 물론 이는 그 자체로 이론적, 사상적 논쟁의 대상이 되어야 하는 쟁점들이지만, 어디까지나 리영희 자신의 일반적인 사상을 표명한 것으로서 이것을 전향의 일종으로 비판하는 것은 강연 내용의 맥락을 벗어나는 것이었다.[17] 이 강연을 회고하면서 리영희는 "자기만이 소유해야

16 이영희. 같은 글. 178쪽.

17 "굳이 신생님의 말씀이 아니더라도 지금 무너져가는 지식인들의 모습을 적잖이 발견할 수 있습니다. 많은 사람들이 사상의 혼돈, 아니 사상의 위기를 말히고 있습니다. 불과 1-2년 사이의 일이었습니다. 역사의 진보를 향한 숭고한 열정으로 가득했던 많은 지식인들의 가슴에 회의와 체념과 절망의 독버섯이 피어나고 있음을 보게 됩니다. … 체념과 절망은 마침내 방관과 냉소로 이어집니다. 그리하여 이런 말이 생겨납니다. '세상이 바뀌었으니 우리의 생각도 바뀌어야 한다'라고 말입니다. 세상이 바뀌면 생각도 바뀌어야 한다, 물론 옳은 말입니다. 그러나 문제는 우리에게는 '세상'이 바뀌지 않고 있다는 점입니다." 유창선. 1991. 「이영희 선생님께 드리는 편지」. 『말』 3월호. 179-180쪽. 반면에 이재현은 리영희의 문제제기가 "개종적 고백"으로 끝났다고 하면서도 "자기 비판과 자기 정정의 기회"로 여겨야 한다고 촉구한다. 이재현. 앞의 글. 376쪽.

한다는 욕심, 배타적 소유욕, 그리고 이기심이 원초적 인간 그 자체"라는 점을 제기한 것이며, "사회주의가 없는 자본주의는 부패, 불법, 부정, 타락, 빈부격차, 폭력, 범죄, 잔인, 인간소외 등을 낳게 마련"이고 "사회주의의 인간 중시적 가치관만이 그러한 자본주의의 반인간적 측면을 방지하고 보완하는 기능을 수행"할 수 있기 때문에 "상대적으로 바람직한 것이 자본주의와 사회주의의 적절한 배합이라고 생각"한다고 설명한다.[18]

하지만 오늘날 당연하게 받아들여지는 사회주의의 실패를 언명했다는 자체가 당시에 논란을 일으켰다는 것은 소련의 페레스트로이카를 둘러싼 지식사회의 혼란이 컸다는 사실을 반증한다. 이 때문에 리영희가 제시한 초기 맑스의 인간학의 유효성을 발전시켜야 한다는 이론적, 사상적 논점은 충분히 주목되지 못하는 분위기였다. 예컨대 페레스트로이카가 사회주의의 강화라는 주장을 신랄하게 비판했던 정운영은 이렇게 지적하고 있다.

> 잊어서는 안 되는 교훈이 하나 있다. 그것은 사회주의는--소비에트 사회주의뿐만 아니라 모든 사회주의는--패배할 수도 있다는 사실의 확인이다. 별로 새삼스러울 것도 없는 이 평범한 상식을 인정하기까지 우리는 너무 먼 길을 돌아왔다. 발터 벤야민(Walter Benjamin)이 우화적으로 설명하듯, 역사적 유물론은 요술거울을 통해 상대의 카드를 들여다보면서 벌이는 트럼프 놀이가 아니다. 항상 이기도록 '예정된' 경기가 결코 아니라는 말이다. … 따라서 요술거울을

---

18 리영희. 2005.『대화: 한 지식인의 삶과 사상』. 임헌영 대담. 한길사. 684-685쪽.

> 의심하고 음험한 베일을 거부하는 사람들을 마구 패배주의자로, 마구 청산분자로, 마구 배반자로 몰아세운 이제까지의 오류는 한시바삐 청산되어야 한다.[19]

물론 현실 사회주의의 붕괴가 일부 지식인들로 하여금 기존의 정치적, 사상적 신념을 제고하고 나아가 전향하게 만든 것이 사실이다.[20] 그러나 이는 또한 그 역편향으로 사회주의의 패배를 인정하는 진지한 반성과 성찰조차 "패배주의자", "청산분자", "배반자"로 몰아세우는 상황을 빚어내고 있었던 것이다. 이 과정에서 스스로는 전향하지 않았지만, 타인들이 전향자라고 낙인을 찍고 비난하는 세태가 지식사회의 혼란과 갈등을 더 증폭시켰다.

3) 양심수의 전향과 비전향

비전향 장기수 문제는 1990년대에 국한되는 것이 아니라 한국전쟁 시기까지 거슬러 올라가는 남북 분단과, 한국 사회의 강력한 반공 체제 및 이데올로기로 인한 비극적 역사의 산물이다. 1956년 이승만 정권이 도입한 보호감호제도는 1975년 박정희 유신 정권의 사회안전법 제정으로 이어졌고, 1987년 6월 항쟁 이후 민주화 과정에서 1989년 사회안전법이 폐지되어 보안감호제도가 사라졌지만 그 대신 보안관찰법으로

---

19 정운영. 「당신의 민족과 당신의 민중이」. 『한겨레』. 1991. 12. 31; 정운영. 1993. 『시지프의 언어』. 까치. 237쪽에서 재인용.

20 대표적으로 1980년대 주사파의 대부로 알려진 김영환. 2012. 『시대 정신을 말하다』. 시대정신 참조. 김영환의 전향에 대한 비평으로는 김원. 2015. 「80년대에 대한 '기억'과 '장기 80년대: 지식인들의 80년대 해석을 중심으로」. 『한국학연구』 36집. 인하대 한국학연구소 참조.

대체되어 1990년대까지 지속되고 있는 상황이었다.[21] 1991년 4월에 대전교도소의 장기수 55명이 단식농성을 하며 사상전향제도 폐지를 요구했고, 김영삼 문민정부 시기인 1993년 8월에 전국 34개 교도소에서 장기수 포함 2백여 명의 전원 석방, 국가보안법 폐지를 요구하며 단식 농성을 전개했으며, 1993년 비전향 장기수 리인모의 송환 논란, 1995년 세계 최장 기간 복역으로 기네스북에 오른 비전향 장기수 김선명의 44년 10개월 만의 출소 등을 계기로 간헐적이지만 꾸준히 사회적 의제로 부상했고, 노벨상 수상자인 김대중 '인권 대통령'의 당선으로 국민정부가 출범한 1998년에는 사상전향제도를 폐지하는 대신 특별 사면의 조건으로 준법서약서 제도를 도입해 그 성격을 둘러싸고 또 다시 사회적 논란이 일어났다. 준법서약서는 사실상 사상전향제도의 폐지가 아니라 변형이라는 것이 논란의 핵심이었다.

비전향 장기수 문제는 한국 사회에서 허용하는 사상의 자유의 범위가 협소하다는 데 있으며, 국가가 강제적으로 개인의 신념이나 사상을 변화시키는 제도에서 연유한다. 한국의 헌법에 사상의 자유가 명시되어 있지 않다는 점은 여러 차례 지적되어왔다. "헌법 제19조 모든 국민은 양심의 자유를 가진다"라는 조항에서 '양심의 자유'에 '사상의 자유'가 귀속된다고 해석할 뿐이다.[22]

---

21 박지현. 2009.「보호감호처분」.『논쟁으로 읽는 한국사 2』. 역사비평편집위원회 엮음. 역사비평사. 456-463쪽.

22 "남한에서의 '사상의 자유'에 대한 금압 상태는 최고 법률인 헌법에 반영되어 있다. 제헌 헌법 이래 대한민국 헌법은 8차례의 개헌을 거치면서도 한 번도 사상의 자유를 규정조차 한 적이 없으며, 추상적인 '양심의 자유'만을 규정하고 있을 따름이다. 그리고 많은 학자들도 사상의 자유는 양심의 자유, 기타 정신적 자유에 포함돼 있다는 '축소해석론'을 펴왔다. 사상의 자유는 명문 규정의 존재 유무를 떠나 민주 헌법의 핵심적 요소라는 점에서 볼 때, 이 규정이 존재하지 않는 것은 우리 헌법이 스스로 자유민주주의 헌법이 아님을 선언하는 것이나 마찬가지다. 우리 정부가 이러한 오명을 쓰고 싶지 않다면, 지금 당장 헌법에 '사상의 자유'의 전면적 보장, 곧 사상 소지, 사상 표현, 사상 실천의 자유를 명문화해야 하며, 이에 반하는 모든 법률과 제도, 관행을 제거해야 한다." 조국.「사상의 자유 없는 민주주의」.『한겨레』.

하지만 비전향 장기수는 어떤 면에서는 사상의 방향 전환 자체를 거부한 비전향자가 아니다. 전향을 거부하고 '장기수'를 선택하는 데에는 신념과 사상에 대한 국가의 강제는 폭력이고 그와 같은 폭력에 굴복하지 않겠다는 점이 강하게 작용했기 때문이다. 비전향은 국가의 강제와 억압에 대항해 개인의 인권과 존엄성을 지키는 입장과 태도이다. 예컨대 김선명은 "내가 타협할 수 없었던 것은 이데올로기가 아닙니다. 폭력에 굴복하면 그 폭력을 휘두른 자들과 공범이 됩니다. 이데올로기 그 자체는 잣대가 아닙니다. 스스로 인간임을 포기하지 않기 위해서 모든 것을 참고 견뎠습니다"라고 말한바 있다.[23]

그리고 이는 사실상 전향서 자체가 갖고 있는 특징이기도 하다. 반드시 사상을 문제 삼는 것이 아니라, 국가권력에 대한 완전한 정신적, 신체적 굴복을 요구하는 것이다. 1980년대 민주화운동에 관여하다가 과거 일본 유학 시절에 재일 조선일과 접촉했다는 간첩 혐의로 1987년 9월에 체포되어 고문을 겪은 장의균의 경우가 이를 잘 보여준다.

> 2심이 끝나자마자 대전으로 이감되었습니다. … 그런데 아직 미결수니까 3심까지 끝나야 전향도 하고 일도 나갈 수 있다는 것이었습니다. 그래서 저는, "전향? 그런 걸 저두 해야 합니까? 하고 물었습니다. 그랬더니, "일을 나갈려면 전향을 해야지요. 어쨌든 간첩죄가 붙었으니까" "그래도 전향이야 무슨 공산주의자나 이북에서 내려온 사람이 하는 거겠지. 나는 여기 사람이고 그저 일본에 가서 조총련 사람 만난

1992. 5. 9.

23 정운영. 「누가 이 사람을」. 『한겨레』. 1998. 3. 4.

거밖에 없는데 …"

"글쎄, 그렇지만 일단 간첩죄가 붙으면 누구든지 전향해야지요. 물론 8년짜리니까 억울할 거라는 건 짐작이 되지만, 그래도 2년짜리 불고지죄도 전향해야 나가는데요. 아무튼 간첩죄가 전향 안 하면 형기를 다 마쳐도 또 청송 보호감호소라는 데를 가서 또 살아야 합니다. 전향할 때까지.[24]

이 때문에, 오히려 자발적인 내적인 반성 속에서 정치적, 사상적으로 전향했음에도 불구하고 전향서 작성을 거부하는 경우도 있었다. 1989년 〈남한사회주의노동자동맹〉(사노맹)을 결성해 7년의 수배 끝에 1991년에 구속된 박노해가 여기에 해당한다. 그는 『노동의 새벽』이라는 시집과 사노맹 활동으로 1980년대 사회주의 혁명운동의 상징적 인물이 되었지만, 감옥에서 소련과 동구의 몰락을 지켜보며 내적인 자기반성으로서 실질적인 전향을 하기에 이르렀다. 그는 "'사회주의 붕괴'는 목숨 걸고 지켜온 내 신념의 바탕을 붕괴시키는 충격"이었다고 하면서,[25] "교조주의를 비판하면서도 전형적인 교조주의자에 다름 아니었던 나, 스탈린주의를 비난하면서도 실상 그 손바닥 안을 기고 있었던 나, 노동자계급의 분노와 과학을 구분 못한 나, 혁명적 열정과 지성을 구분 못한 나, 세계와 혁명과 현실과 시와 삶과 사람 그 자체에 대하여 겨우 절반도 깨우치지 못했으면서도 전부를 아는 것처럼 착각했던 나, 부끄럽고 죄 많은 나 자칭 사회주의 혁명가인 나는 나는 …."이라고 고백하며 징역살이를 하는 내내 깊은 반성의 시간을 갖는다.[26]

---

24 『장의균 동문 헌법소원소견서 2차』(1994년 7월). 44-45쪽.

25 박노해. 1999. 「살아 있으라, 살아 있으라」. 『오늘은 다르게』. 해냄. 70-71쪽.

26 박노해. 1993. 「징역에서들 보면」. 『참된 시작』. 창작과비평사. 85-86쪽.

어쩌면 박노해는 1990년대에 전향다운 전향, 사상으로서의 전향에 도달한 대표적인 사례일 것이다. 그는 사회주의의 붕괴와 관련해 처음에는 즉자적 반응으로 사회주의 이념의 실패가 아니며 진정한 사회주의를 실현할 기회라고 변명해보지만,[27] 결국에는 이념 자체에 의문을 갖는다. 인간의 본성은 본연本然과 당연當然 두 차원으로 이루어져 있으며, 한편으로 "인간의 본연은 몸이라는 욕망의 그릇이 가지는 동물성, 이기성"이고, 다른 한편으로 "이 본연의 몸에 깃들여 있는 공동체성, 우주적 영성, 공동선에 대한 지향은 당연의 영역에 속하는 것"이기 때문에, 본연과 당연의 갈등과 조화가 인간의 본성이라고 지적하면서 "사회주의가 무너지기 전에 이미 그 안의 인간이 무너져 있었다. 먼저 인간이 서야 한다"라는 결론을 내린다.[28] 사회주의는 체제, 이념, 가치로 구별할 수 있는데, 체제나 이념이 아니라 오직 가치로서의 사회주의(노동 중시, 평등, 공동선, 돈보다 사람 우선, 사회적 약자 옹호 등)만을 간직하겠다는 것이다. 따라서 '나는 여전히 사회주의자인가'라는 자문에 대해 '예'이면서 동시에 '아니오'라고 자답한다.[29] 이와 같은 결론은 다음의 시에 잘 나타나 있다.

> 사람들은 '아직도' 이렇게 묻습니다 / "아직 사회주의자입니까?" / 나는 정직하게 대답합니다 / "예!"

---

27 "사회주의가 무너진 건 민중을 주인으로 자각시키지 못한 '대중성'의 실패, '주체성'의 결여 때문이 아니냐, 사회주의 이념 자체의 문제가 아니지 않느냐 하면서 처음에는 현실 사회주의와 사회주의 이념을 갈라냈다. 마르크스에게서 스탈린을 잘라내고 다시 레닌을 잘라내고, 다시 초기 마르크스에게서 후기 마르크스를 잘라내고, 일당 독재, 국유화, 폭력 혁명론을 잘라냈다. 그러면서 강변해 보았다. 이제부터 정말 과학적 사회주의의 시작이라고!" 박노해. 1999.「살아 있으라, 살아 있으라」. 같은 책. 81쪽.

28 박노해. 1999.「살아 있으라, 살아 있으라」. 같은 책. 81-82쪽, 83쪽.

29 박노해. 1999.「흑과 백 사이에서」.『오늘은 다르게』. 해냄. 162-163.

> "아니오!" / 당신은 쉽게 물을지 몰라도 나는 지금 온 목숨으로 대답하는 겁니다 // 나에게 예스냐 노냐, 둘 중 하나, 유일 사상을 찍으라고 / 언젯적 흑백 시험지 한 장 들이대지만 / 흑과 백 사이가 하늘과 땅만큼 광대무변하여 / (중략) / 굳이 당신이 요구하는 '…주의'의 사고틀로 말하라면 나는 / 비사회주의 탈자본주의 친생태주의 친여성주의라고 해두지요 / 그래서 나의 대답은 "예" "아니오"인 것입니다.[30]

박노해는 사회주의자인가 아닌가라는 질문이 모든 것을 흑과 백으로만 나누고 획일적으로 그 가운데 하나만을 강요하는 것이라고 비판하고, "비사회주의 탈자본주의 친생태주의 친여성주의"를 새로운 가치로 제시함으로써 '전향=악, 비전향=선'이라는 등식에 저항하는 대답으로 "예"와 "아니오"를 동시에 말하고 있다. 이 시의 제목이 '세 발 까마귀'인 것도 마찬가지로 새로운 발, "다시 시작하는 발, 또 하나의 발, 우리 희망의 발"을 하나 더 내디디겠다는 의지의 표현이다. 이는 "이념 따로 생활 따로 노는 사람들 / 정치의식과 주장은 분명 진보인데 / 감성과 생활문화와 인격은 보수투성이인 사람들 / 생각은 모난데 행동은 둥근 사람들 / 그런 사람들을 나는 믿지 않습니다"라고 하여, 이념과 의식이 아니라 생활과 인격에서의 진보가 필요하고 "생각은 둥그나 행동은 모난" 사람을 지향해야 한다는 다짐으로 나아간다.[31]

이와 같은 실질적인 전향에도 불구하고 국가권력이 요구하는 전향서는 받아들일 수 없는 것이었다. 그는 "감옥에서 손발이 묶인 채 강요된

30 박노해. 2011. 「세 발 까마귀」. 『사람만이 희망이다』(개정판). 느린걸음. 111-113쪽.

31 박노해. 2011. 「사는 데 도움이 안 된다면」. 『사람만이 희망이다』. 149쪽.

'전향'은 결코 받아들일 수 없다. 그것은 내게 반성을 요구한 사람조차 포함하는 인간 전체에 대한 모독이다. 사상과 표현의 자유를 법으로 보장하는 자유민주주의 체제를 수호한다는 법무부 장관이 '전향서'(반성문)를 거론하는 것은 부끄러운 일이다"며 전향서 작성을 거부했다.[32] 하지만 1998년 7월 전향서를 준법서약서로 대체한다는 법무부의 방침이 정해지자 법무부 장관에게 반성의 뜻을 담은 옥중서신을 보내 사실상 준법서약서를 수용하고 1998년 8월 15일에 특별사면으로 풀려났다.

준법서약서는 기존의 전향서를 완화시킨 것임이 분명하지만, 전향서와 다를바 없다는 논란 속에서 비전향 장기수들은 준법서약서 작성을 거부해 사면 대상에서 제외되었다. 국민정부에서 형식적인 준법서약서라도 받아야 한다는 방침을 고수했던 것은 1990년대 한국사회에서 여전히 냉전적 보수세력의 권력과 반공이데올로기가 강력히 작용하고 있었다는 것을 시사하는 것이지만, 또한 이와 관련한 전향 담론은 진정한 사상적 반성과 성찰을 가로막고 모든 사회적 판단이 반성문의 작성 여부 문제로 귀결하는 한계를 드러낼 수밖에 없었다.

3. 결론을 대신하여: 1990년대 전향 담론의 사후 효과

준법서약서의 수용 여부에 대해서는 당시 진보 지식인들 사이에서도 찬반이 엇갈렸다. 대표적으로 서준식과 신영복을 살펴볼 수 있다.

---

32 박노해(부인 김진주 대필). 「'반성' 실천하며 변화된 삶을 살 기회 달라」. 『한겨레』. 1998. 3. 19.

1978년 간첩 혐의로 7년형을 선고받았다가 사회안전법 때문에 전향서를 쓰지 않았다는 이유로 10년을 더 복역하고 1988년에 비전향자로 출소한 서준식은 서약서가 필연적으로 "항복 문서"이며 이를 두고 "'항복'이 아님을 주장하는 것은 부정직이요 자기 기만이요 '변절의 논리' 일 뿐"이라고 비판했다. "그까짓 종이 한 장이 뭐가 문제냐, 쓰고 나가서 활동하겠다 하고 쉽게 생각할 수도 있지요. 그러나 종이 한 장의 문제라면 사상전향제도가 생겨났을 리가 없지요. … 전향제는 국가권력이 정치범들을 정치적, 정신적으로 병신을 만들기 위해 만든 제도입니다. 그런데도 '나는 전향서 썼지만 병신 안됐다' 하고 말한다면 강변이지요."[33] 그는 더 나아가 해방 이후 운동세력의 한계는 자기 세력을 종파주의적으로 확대하기 위해 전향한 자들을 모두 받아들이면서 전향 문제를 덮어버린 데 있다고 지적한다.

반면에 1968년에 통일혁명당 사건으로 수감되었다가 전향서를 작성하고도 20년을 복역하고 1988년에 특별 가석방으로 출소한 신영복은 "낮은 단계의 준법서약도 기본적으로는 사상과 양심의 자유를 규제하는 전향제와 맥을 같이 하는 것"이라고 비판하면서도 당시 정치적 상황을 고려해 개인적 판단에 맡길 수밖에 없다고 언급했다. 전향서를 썼느냐 여부가 중요한 것이 아니며, 형식에 얽매이는 순교자적 입장이 아니라 내용에 집중하는 실천적 자세가 필요하다는 것이다. "실천의 내용이 사후에 자기의 형식에 명분을 세워준다고 생각합니다. 나는 이념 지향적인 운동 방식에 대한 반성이 필요하다고 봐요. 우리는 이상적 모델로부터 실천적 과제를 받아오는데 익숙해 있습니다. 따라서 이상적 모델이 사라지면 자기 실천도 포기하게 됩니다. 이러한 역구조는 실천을 통

---

33 김경환. 1998.「신영복과 서준식의 '전향에 대하여'」.『말』8월호. 44-45쪽.

해 이상을 세우는 방식으로 바로잡아야 합니다."[34] 다시 말해서 이상적 이념이나 순수한 사상에 집착하는 운동 방식이 달라져야 한다는 것이다. 이는 예를 들어 일본의 비전향 공산당원들이 전향하지 않았다는 이유로 전쟁에 대한 책임을 회피하고 공산당의 현실 인식과 조직적 체질에 대한 반성으로 나아가지 못했다는 가라타니 고진의 비판과 상통하는 논리라고 볼 수 있다. 비전향의 담론이 전쟁 책임에 면죄부를 주게 되어 전후 일본의 정치와 사상을 왜곡시켰다는 것이다.[35] 전향 자체가 아니라 정치적 실천과 책임이 더 중요하다는 논법이다.[36]

전향서 내지 준법서약서 제출이 정신적 굴복으로 인해 변절의 계기가 될 수 있다는 서준식의 비판이나, 전향의 형식 자체가 아니라 그 이후의 정치적 실천이 중요하다는 신영복의 주장은 모두 일리가 있다. 하지만 이를 1990년대의 전향 담론들에 대입해보면, 어느 쪽도 적절하게 구현되지 못했다는 것을 알 수 있다. 1990년대에 전향 담론은, 첫째 현실 사회주의권의 붕괴라는 외적 상황의 변화에 따른 조직적 노선의 방향 전환이 억압적 국가장치에 대한 굴복과 일정하게 결합되어 왜곡되거나, 아니면 내적인 사상적 반성 없이 그때그때의 상황에 맞추는 개인의 실용적인 정치적 선택으로 나아갔고, 둘째 현실 사회주의와 사회주의 이념에 대한 지식인들의 실질적인 청산과 전향 이외에도, 그에 대한 대부분의 해석과 입장 표명이 전향으로 매도되면서 이론적, 사상적 쟁점들이 적절하게 토론될 수 있는 기회를 상실했으며, 셋째 사상전향제도에 저

---

34 김경환. 같은 글. 42-43쪽.

35 가라타니 고진. 2001.「비전향 공산당원의 '정치적 책임'」『윤리 21』. 송대욱 옮김. 사회평론. 158쪽.

36 서준식 또한 "완전한 비전향은 현실 정세를 무시한, 미래의 승리라는 관념의 세계에 틀어박혀 내중과 유리된 채 사고 활동을 정지한 상태에서도 가능"하며 "이것이 완전한 비전향자들이 때때로 빠질 수 있는 함성"이리고 그 한계를 지적한바 있다. 서준식. 1993.「전향, 무엇이 문제인가: 영광과 오욕의 날카로운 대치점」.『역사비평』 통권 24호. 역사비평사. 27쪽.

항하고 비판하는 과정에서도 사상 문제는 오히려 주변화되고, 진지한 사상으로서의 전향조차 자기변명으로 인식될 수밖에 없는 제도적 환경에서 완화된 전향서 성격을 가진 준법서약서 수용 여부는 사상과 무관한 개인적 선택으로 귀결했다. 이는 1930년대 식민지 조선과 해방 이후 한국사회에서 전향의 유형이 첫째, 억압과 고문에 의한 굴복(은둔주의, 실존주의로 나아가거나 자기비판을 통해 자신의 주의와 당으로 복귀), 둘째 상황주의(외적 상황의 변화에 따른 적응, 집단의 결정에 따르는 집단주의, 또는 정치적 출세주의나 기회주의), 셋째 가족주의(고립, 고난의 상황에서 혈연의 미화 및 이상화) 등으로 나타났던 것과 큰 차별성을 보이면서도,[37] 이런 유형들의 주요 요소들이 1990년대에 더 악화된 형태로 얽히고 섞여 조직적 전향, 정치적 선택, 지식인들의 사상적 개입과 실험 등이 결과적으로 모두 무력해지는 효과를 빚어냈다.

이와 같은 전향과 사상의 분리 효과는, 일체의 이론적, 사상적 논쟁만이 아니라 전향 자체까지도 정치적으로 무의미한 것으로 인식하게 만들었으며, 따라서 1990년대의 전향 담론들은 보수와 진보의 사상적 경계, 우파와 좌파의 사상적 정체성을 더욱 뚜렷하게 형성하는 데 전혀 기여하지 못했다. 오히려 1990년대를 통과하면서 혁명적 실천의 참여 여부나, 반성과 성찰을 통한 전향 여부와 무관하게 이념, 이론, 사상이란 것에 대한 대중들의 환멸과 반지성주의를 촉진했고, 아울러 지식인 집단과 문화에 대한 대중들의 혐오와 불신을 강화시켰다. 더구나 지식인들 사이에서도 서로간의 '연대'에 대한 고민보다 서로를 비난하고 매도하는 '비판을 위한 비판'의 성향이 더 만연해졌다. 남은 것은 1990년대 전향이 일어나기 이전에 존재하던 다양한 조직적 집단들의 정치적 계보를 계승하는 학맥, 인맥 중심주의와 편 가르기일 뿐이었다. 이것은 물

37 서준식, 같은 글, 26쪽.

론 한국사회의 법적, 제도적, 이념적 구속과 한계를 반영하는 것이지만, 외적인 상황 논리에 실용적으로 끌려가거나 진지한 사상적 재검토와 성찰에 매진하지 못한 1990년대의 지식인들에게 큰 책임을 돌려야 한다.

1990년대의 증상들

'1990년대' 사라진 장소와 구로공단

| 김 원

'1990년대' 사라진 장소와 구로공단

—

김 원

1. 서론 : '90년대'와 구로공단

90년대는 2016년 한국 사회에게 어떤 의미일까? '응답하라' 시리즈, '토토가' 등 대중문화 차원에서 '복고열풍'이 불고 있지만, 2016년 90년대가 어떤 의미인지 질문하는 것은 어려운 문제다. 3당 합당(90년), 전노협 결성과 민주노총 결성(90, 95년), 91년 5월 투쟁의 패배와 현실 사회주의권 붕괴(91년), 문민정부 등장과 부르주아 민주주의 가능성(93년), 연세대 사건과 사회운동의 퇴조(96년), 노동계 총파업 투쟁과 IMF경제위기(97~98년), 여야간 정권교체(98년), 삼풍백화점 붕괴(1995년)와 성수대교 붕괴(1994년) 등 잇달은 재난 사고 그리고 고용불안, 불안정노동 등으로 특징 지워지는 신자유주의의 전면화 등을 떠올릴 수 있다.

90년대 대중문화 복고 현상에 대한 논의들은 90년대를 '자기 서사가 부재'한 시기로 규정하곤 한다.[01] 386 세대가 80년 광주 이후 '자기 서사'를 통해 80년대를 소환하는 데 비해, 90년대는 아직 그렇지 못하다.

** 본 연구는 〈한국학논집〉 59(계명대학교 한국학연구원, 2015)에 실린 것을 수정한 것이다. 이 글에 실린 사진, 도판사용을 허락해주신 구로구청, 서울역사박물관, 국정홍보처에 감사드린나. 끝으로 이 글을 쓰는 데 많은 도움을 준 〈가리베가스〉 등 구로공단의 역사화에 힘쓰신 얼마전 작고하신 이선진 감독님을 추모하고자 한다.

01 장성규. 2015. 「당신들의 90년대」. 『실천문학』 여름호.

'80년대의 잔여'로 90년대를 이해하는 방식도 적지 않은 데, 80년대 못지않은 급격한 정치사회적 변동이 90년대에 일어났지만 '서태지와 아이들' '대중소비사회의 도래' '사회주의권의 붕괴와 탈이념/전향' 등은 개인, 세대의 체험을 중심으로 90년대는 현재까지 이해되고 있다. 90년대는 80년대 '억압된 것의 귀환'이란 의미도 있지만, 현재까지 80년대에 대한 '결핍/결여'로 이해되는 면도 공존한다. 하지만 2017년 시점에서 90년대라는 '10년을 주기로 하는 시기'에 대한 독자적인 서사의 결핍에 대한 과도한 의식도 경계할 것이다. 어떠한 시기 구분에 있어서도 해당 시기의 고유성은 '이전 시기'와 차이/부정을 통해 도출되기 때문이다.[02]

이처럼 시기 구분을 포함한 역사상에 대한 전체적인 모습이 그려지지 않은 조건에서 90년대를 본격적으로 탐구하는 것은 쉽지 않은 문제다.[03] 이런 난점을 염두에 두고 이 글은 '구로공단'이란 장소에 주목하고자 한다. 구로공단을 다루는 이유는 90년대 당시 연구에 대한 반성적 성찰 때문이다. 당시 '90년대적인 장소'로 압구정동, 신촌, 돈암동 등에서 대중소비문화가 집중적으로 조명되었다.[04] 1988년 서울올림픽 이후 본격적으로 대중소비문화가 확산되었다. 겉으로 보기에 소비, 대중, 개인, 개성, 문화-욕망이 90년대를 규정하는 키워드처럼 여겨졌지만 공간적인 불균

---

02 현재 다양하게 규정되는 80년대에 대한 서사도 이전 시기 운동, 정치, 문화 등에 대한 반정립 속에서 현재까지 구축되어 온 점을 잊어서는 안될 것이다.

03 90년대에 관한 기존 연구들은 남은영. 2007.「1990년대 한국의 소비문화」.『사회와 역사』 76; 서동진. 2009.『자유의 의지 자기계발의 의지』. 돌베개; 주은우. 2010.「자유와 소비의 시대, 그리고 냉소주의의 시작 : 대한민국, 1990년대 일상생활의 조건」.『사회와 역사』 88; 강준만. 2008.『한국현대사 산책 90년대 편 1, 2, 3』. 인물과 사상; 김형민. 2015.『접속 1990-우리가 열광했던 것들』. 한겨레출판사 참조.

04 90년대 구로공단에 대한 연구가 희귀한 것은 새로운 대중소비문화의 징후를 상징하는 공간과 비교, 첨단화 이후 산업구조에 초점을 맞춰온 연구사에서도 확인할 수 있다. 최근 가리봉동과 구로공단에 대한 재발굴 작업도 대부분 70-80년대 구로공단이 지닌 장소성에 기초해 90년대는 '애매한 시기'로 처리되곤 한다. 90년대에 공단에 대한 희귀한 접근은 황동일. 1994.「구로공단 읽기」.『문화과학』 5. 66쪽 참조.

등성을 띤 것이었다. 이 점에서 90년대 구로공단이란 장소는 대중소비, 신세대, 개인, 욕망 등 당대 키워드와 '부조응'했던 장소이기도 하다. 하지만 동시에 90년대 구로공단은 자본-소비문화의 불균등성에 의해 공동화되거나, 대중소비문화와 노동문화가 공존하는 장소였다.

구로공단은 5.16군사 쿠데타 이후 본격화된 국가주도 산업화 과정에서 정부주도로 만들어졌다. 〈표 1〉에서 보이듯이 구로공단은 애초 외국자본의 유치로 노동집약적 단순조립제품 수출에 의한 경제성장을 목표로 한 지배/권력에 의해 구축된 '잉여 구축의 장소'였다. 구로공단은 노동집약적 제조업이 배치된 1, 2, 3공단과 주거 공간인 벌집/기숙사 그리고 미혼 여성노동자들이 일상을 영유했던 시장/거리로 이뤄졌다. 하지만 국가의 수출/성장을 위한 초과착취라는 '의도'가 그대로 구로공단에서 관철되지는 않았다. 80년대 들어서 공단이란 장소에 부여된 초과잉여 추출이란 의미에 대항하는 흐름이 만들어 졌다. 그것은 '인간다운 권리'나 '최소한의 자유시간'에 대한 요구였다. 법으로 보장된 권리를 보장하라는 노동자의 요구는 지배의 언어를 통해 저항과 운동의 장소를 점유하려는 흐름이었다.

〈표 1〉 구로공단의 역사

1964	수출산업단지개발 조성법에 따라 1단지 조성, 15개 업체 입주
1967	2단지 조성
1969	3단지 조성
1974	공단 부지 조성 완료
1978	고용 규모 11만 4천명으로 성장, 전성기
1980	총 수출액 18억 7천만 달러
1985	구로동맹 파업 지역 정치적 노동운동 확산
1995	공장이전, 해외 이전 등으로 침체기

1997	첨단화 계획 수립, 산업구도화 방안 논의
2000	서울디지탈산업단지로 명칭 변경

2015년 서울역사박물관에서 〈가리봉오거리〉라는 특별전을 열 정도로 구로공단은 역사적 의미가 있는 공간이다. 구로공단은 1964년 구축된 노동집약적 산업을 중심으로 조성된 국내 최초 산업 공단이다. 1973년 말 181개 사업체가 입주해 가동 중이었고 1982년에는 212개 사업체로 증가하였다. 고용규모도 1967년 2,000여명에서 1978년 11만 4천명으로 늘었다. 60~70년대 구로공단 주요 수출 상품은 섬유·의류·봉제 업종을 중심으로 전기·전자 조립 제품, 그리고 가발 및 잡화였다. 1968년에는 경제성장을 널리 알리기 위해 처음으로 '산업박람회'를 열기도 했다.[05] 공단 조성 과정에서 재일조선인 자본이 유치되는 과정에서 주민들의 저항과 소송이 이어졌지만, 조국근대화를 지상목표로 했던 박정희 정부는 주민들의 목소리를 무시했다.[06] 1964년 공단이 착공되던 때 공단일대는 사람이 거의 살지 않았다. 토박이들과 구 종점 부근에 사람들만이 거주하고 있었다. 그러나 공단이 만들어진 이후 노동자, 입주기업 직원과 가족이 대거 이주해 1975년에는 서울에서 인구가 가장 많은 동네가 되 버렸다. 이는 국가에 의한 영토화/원주민 이출과 초과수탈을 위한 생산의 장소를 구축하는 '이중적 과정'이었다.

50여년이란 긴 역사를 지닌 구로공단에 대한 기존 연구들은 주로 70~80년대 그리고 최근 중국이주민을 중심으로 재편된 구로디지탈단지를 중심으로 한 연구들로 구분된다. 먼저 70~80년대를 대상으로

---

05 서동석. 2011.6.3. 「가슴으로 가보는 내 나라: 구로공단 (2)」. 『노동자역사 한내 뉴스레터』 31호.

06 장세훈. 2014. 「구로 수출산업공단 조성의 재해석」. 『대한지리학회지』 제49권 제2호 160-177쪽 참조.

하는 텍스트들은 신경숙의 외딴방으로 상징화된 여성노동자의 삶과 구로동맹파업(이하 구동파)와 그 이후 전개된 정치적 노동운동에 초점이 맞춰져 있다.[07] 반면 최근 연구들의 경우, 2000년대 이후 구로공단이 디지털단지로 재구성되고 이주민에 의해 새롭게 채워지는 양상들을 분석하고 있다. 특히 성공회대 노동사연구소는 구로공단이 디지탈단지로 변화되어 가는 과정에서 초기 공단 형성, 산업구조 전환, 주변부 서비스업 성장, 산업클러스터 변화, 노사관계와 노동시장 변화, 새로운 재중동포의 이주에 관한 경험적 연구를 진행했다.[08] 공단에 관한 경험적 연구가 드문 한국 노동사 연구에서 노동사연구소는 여러 차원의 변화를 구체적이고 역동적으로 다루었다. 다만 '90년대 구로공단'이란 시기가 공단 첨단화와 구조조정이라는 국가정책과 노동시장의 구조적 변화 속에서 독자적으로 다뤄지지 않은 한계가 존재한다. 애초 초과착취를 위해 영토화된 구로공단이 80년대 어떠한 과정을 통해 국가/자본을 넘어선 장소성을 획득했고 80년대 획득한 공단의 장소성을 둘러싼 저항적인 의미가 90년대에 어떻게 사라져갔는지에 대한 문제의식은 취약하다.

그 외에도 금천구에서 만든 "구로공단 노동자생활체험관"은 서울시 금천구가 60-80년대 구로공단 여성노동자의 삶과 일상을 재현한 전시공간이다.[09] 벌집 재현관, 순이의 방, 희망의 방, 공동세면장 그리고 영상전시실 등으로 체험관은 구성되어 있다. 체험관은 그간 잊혀 진 구로공딘과 여성노동자의 역사에 대해 알리기 시작한 중요한 작업이다. 다

07 구로동맹파업과 이후 정치적 노동운동에 관해서는 유경순. 2007. 『아름다운 연대 - 들불처럼 타오른 1985년 구로동맹파업』. 메이데이; 유경순. 2015. 『1980년대, 변혁의 시간 전환의 기록 1 - 학출활동가와 변혁운동』. 봄날의 박씨 참조.

08 성공회대 노동사연구소. 2012. 『디지털시대의 구로공단』. 한국학술정보; 성공회대 노동사연구소. 2013. 『디지탈시대의 노동자들』. 한국학술정보 참조.

09 자세한 전시관의 소개는 홈페이지(http://laborhouse.geumcheon.go.kr/main/index/index041.jsp) 참조.

만 벌집체험을 중심으로 여성노동자들의 80년대까지 체험 가운데 '고통스러움'이나 '희생'에 초점이 맞추어진 면이 아쉽다. 더불어 현재 전시를 통해 구로공단이 현재 어떤 의미인지 환기시켜주는 데도 한계가 있다.

이처럼 주로 공단형성기와 전성기인 70~80년대를 중심으로 조망되어 온 구로공단의 역사에서 흥미로운 시기가 있다. 그 시기가 '90년대'다. 70년대와 80년대 구로공단의 주인공은 여성노동자들이었다. 이들은 섬유,의류, 가발 등 노동집약적 업종에서 장시간 노동에도 인간다운 대우를 요구했던 '구로공단의 주인공'이었다. 이들은 1985년 구로동맹파업, 87년 노동자대투쟁 이후 민주노조건설 등을 통해 구로공단에 '정치/운동의 장소'를 만들어낸 주체들이기도 하다.

하지만 90년대 초중반을 거치며 구로공단은 '공동화' '쇄락한 장소'로 알려져 있다. 2000년대 구로공단을 그린 김선민 감독의 "가리베가스"(2005)를 보면, "그 많던 여공들은 어디로 갔지?"란 대사가 말미에 등장한다. 2000년대 디지털단지와 첨단산업을 중심으로 변화한 공단의 현실을 우회적으로 지적한 것이기도 하지만, 동시에 구로공단의 다양한 장소/주체들이 지닌 의미가 사라지는 것을 뜻하는 것으로 해석될 수도 있다. 90년대 후반 공단 첨단화 계획이 전개되며 아파트공장의 청결함, 가오리 패션단지의 화려함이나 쾌적한 신시가지로 '대변신' 등이 강조되곤 한다. 이처럼 구로공단이란 장소는 서로 상반된 의미가 공존하고 있다.

이 글에서는 90년대 구로공단에서 진행된 '주체들의 사라짐'과 함께 '사라진 장소'에 주목하고자 한다. 70~80년대 구로공단을 특징짓던 장소들은 90년대 대부분 사라져버렸다. 구로공단에 존재했던 공장, 기숙사, 시위, 야학과 학습 써클, 노동운동 단체, 시위를 하던 거리, 상징물 등은 90년대를 경과하며 사라지거나 흔적만 남거나 혹은 과거와 다른 의미를 부여받고 있다.

여기서 '장소' '장소성'이란 물리적인 장소만을 의미하진 않는다. 구로 공단은 공장, 거리, 주거, 여가라는 국가주도 자본주의적 기획 속에 배치된 것이기도 했지만, 70년대 이후, 특히 80년대 들어서 그 안을 살아가던 주체들이 국가/자본의 의도를 넘어서는 '의미'를 만들어낸 장소이기도 하다. 이런 맥락에서 구로공단을 둘러싼 장소의 '사라짐'은 3가지 차원으로 조망해 볼 수 있다. 첫 번째는 건물, 공장, 주거 등 물리적인 장소가 사라지는 것을 뜻한다. 두 번째는 노동조합, 여가 등 특정한 장소가 지녔던 의미가 사라지는 것을 의미한다. 마지막은 장소를 점유하는 주체의 변화와 사라짐을 의미한다. 여기서 주의해야할 문제는 90년대 공단에서 '사라진 장소' 혹은 사라짐의 정도를 해석하는 것은 '과거'로부터 유추된다는 점이다. 단적인 예로 공단에서 여성노동자들의 일상의 장소인 다방, 고고장, 극장, 먹자골목 등의 사라짐은 3가지 맥락에서 해석할 수 있다. 물리적인 장소는 일부 흔적으로 남아있지만 80년대와 90년대 초반 여성들이 향유하던 자유시간이나 연대를 위한 의미는 축소된 것이다. 또한 과거 이들 장소를 점유하던 주체들도 90년대 이후 여성노동자들이 사라지고 90년대 후반에는 점차 중국동포들로 채워지고 있다.[10] 가리봉오거리(이하 가오리)와 가리봉 시장 주변의 공장/노조, 노동단체 그리고 술집이 사라진 것은 '정치/운동의 장소'로서 의미가 약화됐기 때문이며 90년대부터 들어서기 시작한 아파트공장의 등장은 연대와 공동체의 공간으로서 장소성이 약화된다는 것을 의미하기도 한다.[11]

---

10 토론 및 논의 과정에서 '사라짐', '장소의 변화'에 대한 분석적 함의를 제시할 필요성이 제기됐다. 장소에 대한 분석적 논의가 필요하지만 이 글에서는 물리적 장소, 주체, 의미라는 세 가지 차원에서 세시히고자 한다. 이는 향후 연구에서 보완하고자 한다.

11 아파트 공장은 법적으로 "동일 건축물 안에 다수의 공장이 동시에 입주할 수 있는

이 글에서는 1964년 구로공단이 만들어진 이후 80년대까지 구성된 구로공단의 장소들이 90년대 들어서면서 사라지고 일부 흔적만 남거나 혹은 장소의 의미가 변화한 사례들을 추적해보고자 한다. 특히 80년대 들어서 애초 구로공단을 형성한 국가-자본의 권력을 넘어선 장소성을 획득했던 흔적과 기억을 끊임없이 지워내고자 한 90년대 본격화된 국가-자본의 '재영토화'를 환기시키고자 한다. 특히 국가/자본을 넘어선 80년대 구로공단이란 장소의 흔적이라는 입각점 속에서 사라진 장소, 흔적 그리고 변화한 장소를 사진 텍스트를 중심으로 시각적으로 분석하는 데 집중하고자 한다.

구로공단의 장소성을 분석하기 위해 3가지 텍스트를 분석하는데, 첫 번째는 공간의 변화에 대한 시각적 분석이므로 사라짐, 흔적 그리고 변화한 장소에 대한 사진 텍스트를 분석하고자 한다.[12] 두 번째로, 장소의 소멸과 변화 등이 나타난 맥락을 해당 시기 신문기사, 르포, 구술자료 등을 통해 해석할 것이다. 끝으로 90년대 구로공단을 재현한 문학 텍스트를 통해 이들의 기억 속에 위치 지워진 90년대 구로공단이란 장소를 해석 할 것이다.[13]

다층형 집합건축물로 대통령령이 정하는 것"으로 정의하고 있다. 아파트형 공장 건설의 가장 큰 목적은 토지이용의 고도화를 통해서 대도시의 공업용지난을 해소하기 위한 것이다(구양미. 2002. 「구로공단(서울디지털산업단지) 산업구조개편에 관한 연구」. 『地理學論叢』 39. 17쪽).

12 최근 만들어진 대표적인 도상학 텍스트는 서울역사박물관 편. 2013. 『가리봉동 : 구로공단 배후지에서 다문화의 공간으로』; 김선민 외 지음. 2013. 『구로공단 19662013-노동, 생산, 이주 그리고 꿈』; 서울역사박물관 편. 2015. 『가리봉오거리』 등이 있다.

13 구로공단을 다룬 문학 텍스트는 소설로는 황석영. 「잃어버린 순이」. 1974년, 이문열. 「구로아리랑」. 1987년, 공지영. 「동트는 새벽」. 1988년, 신경숙. 『외딴방』. 1995년, 이인휘. 『내 생의 적들』. 2004년, 박찬순. 「가리봉 양꼬치」, 2006년, 공선옥, 『수수밭으로 오세요』, 「가리봉연가」, 2005년 등이 있다. 또한 시로는 박노해. 「가리봉시장」. 『노동의 새벽』. 1984년, 조기조. 「구로동 아리랑」. 『낡은 기계』. 1997년, 임성용. 『하늘공장』. 2007년, 김사이. 『반성하다 그만 둔 날』. 2008년, 송경동. 『사소한 물음들에 답함』. 2009년 등이 있다.

2. 90년대 구로공단 : 사라진 장소, 흔적 그리고 변화한 장소

1) 사라진 장소들

80년대 한국 사회는 민주화, 노동해방 등 급격한 변화를 맞이했다. 80년 5.18 이후 사회운동은 운동의 주체로 민중을 발견했고, 특히 그 가운데 '노동자'라는 계급에 주목했다. 하지만 현재 1985년 구로동맹 파업의 시발점이 된 공단 사거리는 크게 변화됐다. 90년대 이후 이곳은 오렌지아울렛, 마리오아울렛과 같은 패션타운이 됐다. 또한 갑을전자가 있던 장소에는 아파트형 공장이 세워져 흔적을 찾기 어렵다.[14] 그러나 사라진 장소는 운동/정치의 장소 뿐만은 아니었으며 산업화/수출/성장이란 의미도 동시에 사라졌다.

(1) 사라진 산업화의 장소들

먼저 지적할 수 있는 사라진 장소는 1공단에 있던 수출의 여인상이다. 1974년 구로공단 탄생 10주년을 기념하여 섬유, 봉제 산업을 이끌었던 여성 노동자들을 상징하는 '수출의 여인' 동상을 만들었다.[15] 전사인양 횃불을 든 모습이 당시 여성노동자의 현실과 거리가 존재했지만, 그만큼 정부도 경제성장을 위하여 헌신한 여성들을 재현하는 전시물이 필요했음을 드러낸다. 하지만 '수출의 여인상'은 비즈니스센터가 들어서면서 화단 위로 밀려났고 〈사진 1〉처럼 디딤돌만 남았다.[16]

---

14 화려해진 옛 구로공단…노동자 삶은 되레 후퇴, 『한겨레』 2012.1.8

15 김선민 외 지음. 2013. 『구로공단 19662013-노동, 생산, 이주 그리고 꿈』. 68쪽 (이하 『구로공단 19662013』으로 간략 표기).

16 2014년 공단 50주년을 맞이해 여인상은 복원되어 세워져 있다.

〈사진1〉 수출의 여인상과 동상터

* 출처: 김선민 외 지음. 2013. 『구로공단 19662013-노동, 생산, 이주 그리고 꿈』. 68쪽

다음으로 사라진 장소는 새마을연수원이다. 〈사진 2〉 연수원 강의 모습에서 확인할 수 있듯이 현재 1공단 이마트 자리에 1975년 만들어진 새마을연수원이 있었다. 연수원은 고용주와 노동자들을 새마을운동의 정신으로 무장시키기 위해 세워졌다. 〈사진 2〉 대한뉴스에서 보이듯이 교육은 지도자반과 부녀지도자반 과정이 있었다. 6박 7일간 교육기간 동안 신문, 방송은 물론 외부 출입도 금지됐다. 참가자들은 연수복과 운동화를 신고 점호시간에는 청소상태와 애국가, 국기에 대한 맹세 등 각종 암기 사항을 점검받았다. 15년간 운영되던 건물이 헐리며 연수원도 공단에서 사라졌다.[17]

17 『구로공단 19662013』, 70쪽

〈사진2〉 과거 새마을 연수원 강의모습과 전경

* 출처: 「푸른마음 밝은정신」. 대한뉴스. 1980.9.10

(2) 사라진 정치/운동의 장소들

90년대 구로공단에서 가장 극적인 변화를 겪은 것은 '운동/정치'의 장소들이다. 1985년 구로동맹파업을 전후로 지역소모임, 공단 서점, 주요 사업장들이 조직됐고 87년 노동자대투쟁이후 운동의 장소로서 구로공단의 의미를 강화시켰다. 1992년 민주노조가 만들어진 삼경복장 서준임은 당시를, "...노동조합 활동했을 때 내 삶에서 다른 삶을 산 것 같아요. 내가 노동운동을 하지 않았으면 어떻게 살았을까. 우리 사회, 세상이 돌아가는 것에 관심을 갖는 게 나 노조 때문이죠. 앞으로도 나는 노동자니까, 당당한 노동자로 살아야죠..."라고 당시에 대해 의미를 부여한다.[18]

1987년 8월부터 1989년 말까지 구로공단에서 95개의 신규 노조가

---

18 박수정. 2003.「다시 꿈꾸기 위해 : 노동조합이 사라진 자리, 비정규·여성·노동가로 홀로 선 사람들」.『진보평론』17. 7쪽.

결성되었고, 14,011명이 조합원으로 가입했으며 46개 업체에서 노동쟁의가 일어났다. 특히 1988년 초부터 노동조합 결성과 어용노조의 민주화 요구가 급격히 확산됐다. 갑을전자, 대한광학 노조 결성 과정에서 노조들이 연대하면서 1989년 2월에 22개 노조가 서울지역노동조합협의회 구로지구위원회를 결성하였다. 비슷한 업종이 지역적으로 밀집된 구로공단의 특성으로 지역을 중심으로 노동조합간의 공동 활동이 필요했기 때문이었다. 공동 선전전, 가두행진, 공동 임단협 그리고 지역 노동조합 활동을 소개하는 기관지 발간을 통해 지역 차원의 연대 활동을 전개했다.[19]

이처럼 80년대 구로공단은 노동운동의 '메카'로 변해갔다. 그곳에는 시대가 변해도 '변화하지 않은 공단'이란 현실이 자리 잡고 있었다. 70년대 후반 오일쇼크, 중화학 공업 과잉 투자 때문에 구로공단도 예전 같지 못했다. 360개 사업체중 15개가 1979년 상반기 조업을 완전 중단했다. 특히 공단 주력 사업체였던 섬유, 가발 업종은 원자재 값 상승과 임금 인상으로 심각한 경영난에 직면해 80%가 조업을 단축했다. 70년대 말 11만 명이던 노동자수도 1982년 5만 8천여 명으로 급격히 줄었다. 하지만 1986년 3저 호황을 전후로 1985년까지 270개 사업체, 7만여 명 수준으로 원상회복했다.

겉으로 보기에 80년대 구로공단은 커다란 변화는 없는 듯이 보였다. 전체 수출액의 90% 정도를 섬유 봉제업종과 조립금속이 차지했다. 1985년 섬유, 봉제업종은 44.5%로 비율이 떨어진 반면 조립금속업종이 46.2%로 성장하였다.[20] 하지만 구로공단의 노동조건은 1970년대에

19 안재섭. 1995.「九老工團의 産業構造와 工團周邊地域의 人口 및 住宅 變化에 關한 硏究」. 서울대학교 사회교육학과 석사논문. 7쪽; 서울역사박물관 편. 2013.『가리봉동 : 구로공단 배후지에서 다문화의 공간으로』. 88-89쪽.

20 구양미, 앞의 글, 12쪽

비해 그리 나아지지 않았다. 구로공단 노동자의 임금은 2,500원(부흥사), 3,780원(가리봉전자) 등으로 동종 업체 평균임금을 밑돌았다. 뿐만 아니라 노동시간역시 8~10시간 기본노동과 4~5시간 연장근로, 철야, 특근 등이 강요됐다. 관리자의 여성 노동자에 대한 욕설, 폭행, 성폭행 및 관리/사무직과 차별대우도 여전히 횡행했다. 열악한 기숙사 상황도 엄격한 규율, 인권 침해, 통풍과 화장실 불비 등의 모습으로 지속됐다.[21] 3저 호황에 따른 생산물량 증가를 잔업, 특근 등의 장시간 노동으로 소화하면서, "지난 7개월 동안 단 하루도 쉬어본 적이 없다."는 노동자들의 말은 사실이었다.[22] 얼굴 없는 노동자 시인 박노해는 장시간노동으로 지문이 지워져 버린 구로공단 노동자의 현실을, "지문을 부른다"(1984년)에서, "지문 없는 우리들은 얼어붙은 침묵으로 똑같은 국민임을 되뇌이며 파편으로 내리꽂히는 진눈깨비 속을 헤쳐 공단 속으로 묻혀져 간다 선명하게 되살아날 지문을 부르며"라고 표현했다.

이런 열악한 현실에 맞서는 흐름이 일어난 장소가 가리봉오거리와 2공단 사거리였다. 가리봉오거리에서 공단으로 가는 길에는 공단서점이 있었고, 현재 마리오사거리는 1985년의 구로동맹파업(이하 구동파)이 일어났던 곳으로 '구로동맹파업사거리'라고 불린다.[23] 〈그림 1〉에서처럼 구동파를 적극적으로 준비했던 사업장들은 노동집약적 여성사업장이 다수였던 섬유, 조립금속, 전자 업종이었고 그 가운데 4개 사업장은 대규모였다.[24] 1985년 임금인상투쟁을 준비하며 구로공단 노동자들은 물가조사, 임금조건 등을 조사하고 임금이 특정 회사만 인상되면 노동자

21 유경순. 2000. 「1985년 구로동맹파업의 발생과 노동운동사적 위치」. 가톨릭대학교 국사학과 석사학위 논문. 21-24쪽.

22 김대곤. 1986. 「박영진 분신의 현장」, 『신동아』 여름호.

23 서울역사박물관 편. 앞의책, 82쪽

24 유경순, 앞의 글, 19쪽

들의 조건이 좋아질 수 없다고 생각했다. "잡초가 자라나는 데 어떤 잡초만 우뚝 솟으면 그잡초는 꺾이게 되어 있다"며 공동교섭을 추진했던 것이다.[25]

〈그림 1〉에서 보이듯이 대부분 이제 전혀 새로운 장소로 변모했지만 효성물산(가오리), 대우어패럴(가오리), 부흥사, 남성전기(3공단) 등은 구로동맹파업의 중심적 장소였고, 목소리 없던 노동자들은 운동/정치의 장소로 구로공단을 변화시켰다. 신군부에게 각개격파 당했던 70년대 민주노조의 실패를 거울삼아 개별 사업장을 넘어서 노조현판식, 단체교섭, 대의원대회 뒤풀이, 공동 교육, 공동 임금인상 요구와 준비 등이 진행됐다. 대우어패럴 김준희는 구로공단 다른 사업장 노동자와 지역소모임을 하며 어머니, YH노동조합사. 소외된 삶의 뿌리를 찾아서, 어느 돌맹이의 외침, 서울로 가는 길등을 읽고 토론했으며 수련회 등을 같이 갔다고 당시 구로공단의 지역소모임을 기억한다.[26] 그리고 그 중심에는 '대학생' 출신 노동자가 있었다. 80년 대 광주민주화 운동이후 노동운동에는 새로운 바람이 불었다. 그것은 "대학생출신노동자" "위장취업자"(이하 '학출')란 이름으로 불렸던 존재였다. 1985년 6월 22일 대우어패럴 위원장이 구속되자, 이를 신군부의 민주노조운동에 대한 전면적 탄압의 신호라고 활동가들은 판단했다. 이에 6월 24일 대우어패럴, 효성물산, 선일섬유, 가리봉전자, 부흥사 등 노조들이 연대해 지역동맹파업이 일어났다. 구로동맹파업은 "노조간부 석방하라, 민주노조 탄압마라, 노동악법 개정하라, 집시법·언론기본법 폐지하라, 노동부장관 물러나라" 등 한국전쟁 이후 최초로 정치적 요구를 내세운 지역동

---

25 윤혜련, 앞의 글, 163쪽

26 김준희. 2007.「나는 노동자, 노동자 세상을 만들기 위해 · 김준희」.『같은 시대, 다른이야기 : 구로동맹파업의 주역들, 삶을 말하다』. 유경순 엮음. 메이데이. 82쪽; 서혜경 · 서혜경. 2007.「정말 중요한 것은 무엇일까?」.『같은 시대, 다른이야기 : 구로동맹파업의 주역들, 삶을 말하다』. 유경순 엮음. 메이데이. 211쪽.

맹파업이었다. 6월 24일 이후 6일 동안 전개됐던 구동파는 파업이 시작된 대우어패럴 노동자들이 강제 해산돼 종결됐다. 전체 5개 사업장에서 약 1,400명의 노동자가 동맹 파업에 참여했고 5개 사업장 약 2,500여 명이 지지 연대 투쟁에 참여하였다. 하지만 구로동맹파업의 투쟁 과정에서 구속자 43명, 불구속 38명, 구류 47명을 비롯해 해고자는 1,500여 명에 이르렀고, 해당 사업장 출신 노동자들은 '블랙리스트'에 올라 재취업이 어려워졌다.

〈그림 1〉 1공단의 변화 : 1984년 전후/2012년

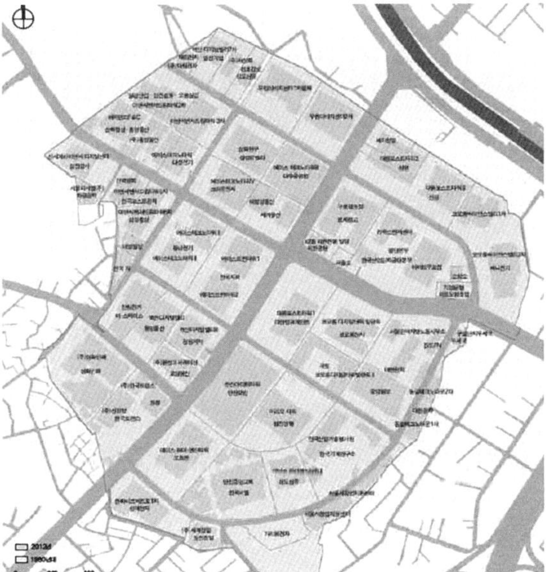

* 출처: 서울역사박물관 편. 2013.
『가리봉동 : 구로공단 배후지에서 다문화의 공간으로』. 97쪽.
** 지명 상단은 2012년 현재 장소명, 하단은 1984년 전후 공장 명

〈사진 3, 4〉는 1공단에 있던 90년대 대표적인 민주노조 싸니전자, 삼경복장, 대한광학이 폐업으로 사라지고 다른 건물이 들어선 장소의 의미가 사라진 모습을 보여준다. 87년 노동자대투쟁 이후 90년대 접어들면서 구로공단은 폐업과 해외 이전 그리고 소사장제라는 새로운 노동통제가 시작된다. 싸니 전기는 1966년 공단이 만들어지면서 입주한 수정진동자 생산 업체였다. 다른 사업장과 마찬가지로 열악한 노동조건을 개선하려고 1989년 3월에 노동조합을 설립했다. 하지만 노조 설립 후 회사는 경영상의 어려움을 이유로 1992년에 소사장제를 일방적으로 도입했다.[27] 싸니전기는 관리자들이 부서별로 소사장을 관리하도록 했다. 소사장 하에서 고용, 복지, 4대 보험, 임금 등은 소사장이 책임져야 했기에 고용불안이 가시화됐다. 이에 노조는 소사장제 도입을 두고 고용 보장을 요구하며 투쟁했지만 결국 소사장제를 원하는 사람들을 중심으로 기업이 재편되었다. 소사장제에 반대하는 조합원은 한 부서로 몰아 놓았으며, 소사장제가 시행되는 생산현장에는 출입을 막아서 노동조합의 활동을 봉쇄했다. 1992년 말에는 85명의 조합원만 남게 된다.[28]

---

27 산업단위 분리 뒤 하청 맡겨/생산성향상·인력난해결'소사장제' 확산 『한겨레』 1992.5.9.; 중기 「소사장제」 확산/불황타개 신경영기법 인기 『경향신문』 1992.10.28.

28 『구로공단 19662013』, 72-73쪽.

〈사진 3〉 싸니 전기 자리에 위치한 코오롱 사이언스밸리 (2013)

* 출처: 김선민 외 지음. 2013.
구로공단 19662013-노동, 생산, 이주 그리고 꿈. 72쪽

〈사진 4〉 대한광학이 위치했던 G+코오롱디지탈타워 (2013)

* 출처: 김선민 외 지음. 2013.
구로공단 19662013-노동, 생산, 이주 그리고 꿈. 80쪽.

같은 1공단에 위치했던 삼경복장도 3,000명이 넘는 대규모 사업체로 코트와 재킷을 생산해 수출했다. 민주노조 결성 전에 어용노조는 있었지만, 조합원들보다 사측을 대변했다. 1991년 하반기 87%라는 압도적 지지로 장석희가 민주노조 위원장에 당선됐다. 그러나 노동조합이 활성화되자 사측은 폐업을 단행했다. 그런데 폐업 직후 2공단에 다시 공장을 차렸다. 민주노조가 사라진 자리는 어용노조 간부를 했던 사람들과 민주 노조에 적극적이지 않은 사람들로 채워졌다. 결국 조합원들은 폐업으로 불안정노동자가 됐으며 2014년 현재 코오롱빌란트 건물이 자리 잡고 있다.[29]

1공단 대학광학역시 공장 이전에 맞서 싸웠으나, 1993년 경영적자를 이유로 폐업하여 사라졌다. 대한광학은 쌍안경, 포대경 등 군수물자를 생산하는 광학기기업체였다. 사측이 1988년 창원으로 공장 이전을 어용노조와 합의하자, 노동자들은 비상대책위원회를 구성하여 68일간 파업 투쟁을 전개해 공장이전을 막아냈다. 하지만 1989년 사측이 다시 공장을 지방으로 이전하면 세제혜택 등을 준다는 정부 정책에 따라 공장 이전을 추진했으며 이듬해 1990년 2월 1일, 일방적으로 노동자들에게 창원공장으로 출근하라고 통보했다. 노조는 이를 거부하며 150여 명의 노동자들은 230여 일동안 투쟁을 벌였다. 이 과정에서 반대 농성과 연행 등이 반복됐다.[30] 긴 투쟁 끝에 노사가 합의하여 노동자 100여 명은 창원에 내려가기로 하였고, 회사는 창원으로 내려가지 못하는 노동자들에 대해서 위로금을 지급하고 투쟁기간 동안 임금을 지급하고, 민주노조를 인정하기로 했다.[31]

---

29 박수정, 앞의 글, 3쪽 ; 『구로공단 19662013』, 74-75쪽

30 공장 창원이전 반대 농성/대한광학 92명 연행 『동아일보』 1990.2.2; 공장이전 철회 요구/대한광학 노조원 농성 『한겨레』 1990.3.24.

31 『구로공단 19662013』, 80-81쪽

〈사진 5〉는 90년대 구로공단 대표적인 민주노조 나우정밀이 1998년 폐업 이후 사라진 뒤 공장이 있던 자리에 세워진 IT 프리미어 모습이다. 나우정밀은 3공단에 1공장과 2공장이 있었던 무선전화기 전문생산업체로 1,000여 명이 일했다. 나우정밀 노조는 87년 노동자대투쟁이후 민주노조가 결성되어, 모범적인 일상 활동으로 널리 알려졌다. 하지만 나우정밀도 1996년~1997년 해태전자로 인수합병 및 해태의 부도 위기 모면을 위한 매각으로 구로공단에서 자취를 감추고 말았다.[32] 이상에서 본 것처럼 노동자에게 공장이전이라는 삶의 터전을 옮긴다는 선택은 쉬운 일이 아니기에 노조를 없애는 방법으로 매각과 합병 등이 구로공단에서 사용됐다.[33]

〈사진 5〉 나우정밀이 위치한 장소에 있는 IT 프리미어 (2013)

* 출처: 김선민 외 지음. 2013.
구로공단 19662013-노동, 생산, 이주 그리고 꿈. 112쪽

---

32 노조는 공장이전반대투쟁을 전개하고 사측과 협의를 했지만 이전 자체를 막지는 못했다(김덕종, 앞의 책, 485~7쪽, 488쪽; 『구로공단 19662013』, 113쪽).

33 박수정, 앞의 글, 4쪽

잇따른 폐업, 해고, 공장 이전으로 1978년 11만 명을 넘었던 공단 노동자 수는 3저 호황이 본격화된 1986년조차 71,000여명, 1987년 73,195명 그리고 1992년에 55,840명으로 점차 감소했다.[34] 제조업 노동자 감소는 1990년대에도 계속 됐다. 1990년에는, "(89년) 4월보다 1만1천32명이나 호황이었던 87년 말과 비교하면 2만 명이상 크게 감소한 것으로 공단본부는 집계"했다.[35]

1987년 노동자대투쟁 이후 172개 노조 결성(52건 파업, 1991년)으로 임금상승, 3저 호황이후 거시경제 불균형과 부동산 가격 상승과 재개발 압력 등을 이유로 공단 사업체들은 지방이나 해외로 사업장의 이전하거나 폐업, 사업체의 하청화로 손실을 중소하청업체에 떠넘기거나, 소사장제를 도입해구조조정 압력을 노동자에게 전가했다.[36] 1982년에는 해외 분공장을 가진 경우가 없었는데, 〈표 2〉에서 보이듯이 1994년에는 총 38개 해외진출업체를 발견할 수 있다. 1991년에도 합판·봉제 의류·신발류 노동집약적인 경공업분야에서 인력난을 극복키 위한 탈출구로 해외진출이 가시화됐다.[37] 1992년에는 20개, 1995년까지 49개, 1996년 60여개 공장이 해외로 진출했다. 서울 외곽 지가가 평당 400만원 내외인데 비해, 동남아 인근 지가는 평당 100달러라는 조건이 해외 이전을 더욱 가속화시킨 원인 가운데 하나였다.[38]

---

34 조명래. 1995.「도시산업구조의 변화와 새로운 도시빈곤의 등장」.『도시연구』제1권. 104-105쪽.

35 구로공단 "찬바람"/업체종업원 작년보다 대폭 줄어『동아일보』1990.5.29.

36 1994년 설문조사를 보면 공단내 평균 하청률은 18.9%였지만, 의류업을 중심으로 가내하청 비율이 높았다. 손정순,「서울디지털 산업단지 지역의 산업구조 분기와 주변부 서비스업의 확산",『산업노동연구』제18권 제1호 2012, 281~283쪽; 정성훈,「공업생산조직 및 노동력 구성의 변화에 관한 연구 : 구로공단을 사례로」, 동국대학교 지리학과 석사학위 논문, 1994, 42-43쪽

37 88이후 급증…인니에만 백97곳(동남아의 한국기업들:상)『경향신문』1991.10.14

38 회생 불투명' 한국경제 축소판(무너지는 구로공단:하)『한국일보』1997.03.21; 구로공단 공장 해외설립 급증『동아일보』1997.04.07; 구양미, 앞의 글, 13쪽

〈표 2〉 1990년대 초 공단 지역의 해외 진출 및 지방 분공장 현황

해외진출업체수(1994)					국내분공장 사업체수	
	중국	미국	인도네시아	기타	1982	1992
33(38)	18	1	5	14	39	64

* 출처: 손정순. 2012.「서울디지털 산업단지 지역의 산업구조 분기와 주변부 서비스업의 확산」.『산업노동연구』 제18권 제1호. 283쪽

이런 일련의 변화는 구조조정이란 모습으로 나타났다. 공단 다국적 기업은 수출지역에서 철수하고, 수출침체로 국내기업도 수출시장보다 내수시장 중심으로 구로공단은 변화했다.[39] 그 결과로 대표적인 내수대체 산업으로 인쇄업이 부상했다. 인쇄업체는 90년대 초 10여개사에 불과했으나 1996년 하반기 88개로 늘어나 397개 전체입주업체중 22%를 차지하게 되어 섬유업체(20.7%)보다 늘어났다.[40]

이미 1990년부터 공단의 침체, 수출 감소, 위기 등이 가시화됐다. 당시 신문 기사 가운데 일부를 보면, "수출 21년 만에 처음으로 전년보다 수출액이 감소하는 마이너스성장을 기록 ... 89년도 수출액은 55억1천2백여만달러로 88년의 56억3천6백여만달러보다 1억2천여만달러가 줄어들었다",[41] 90년 외국인 회사는 약 2천개로 이 가운데 일본인 투자업체가 58%를 차지해 가장 많고 미국이 26%인 상황에서' 노조활동이 강화되면 한국을 떠나겠다'는 식으로 강경자세로 일관해 노조측과의 협상 자체가 불가능,[42] 수출부진, 구인난, 고임금이란 "3중고"로 구

39 1992년 자료에 따르면 수출공단에 외국자본 투자가 1989년 이래 끊겼고, 현재 가동 중 업체도 합작투자 지분율을 낮추고 있다고 보도되었다(구로·부평등 경인지역 수출공단/외국사진출 3년째 "전무"『한국일보』1992.4.9.

40 "수출제고 처분" 쇼윈도 즐비(무너지는 구로공단:중)『한국일보』1997.03.18

41 서울「구로공단」활력잃었다/수출 21년만에 감소… "최악의 해"『한국일보』1990.01.17

42 외국인 업체/노사분규 몸살/악성 장기화추세『동아일보』1990.10.14

로공단을 진단,[43] 92년 들어서는 "의류 섬유 신발 등 경공업 제품을 취급하는 부서는 될 수 있으면 일을 하지 말아라는 지시, 즉 수출해봤자 손해만 보기 때문에 아예 당분간 쉬라는 주문" 등 휴업 바람[44] 등이 대표적이었다. 공단 내 만성적인 경기 침체는 공장경매를 가속화시키기도 했다. 구로공단을 관장하는 서울지법 남부지원에 따르면 1996년 상반기 10건에서 하반기 32건으로 경매가 급증했고 1995년부터는 공장경매가 매년 40%이상씩 증가했다.[45]

이에 정부는 1993년 10월 '업종전문화' 계획을 발표하였고, 이는 재벌이 핵심적인 산업분야에서 전 세계적인 시장 경쟁력을 제고시키기 위한 것이었다. 동시에 중소기업은 재벌이 전략산업으로 지정하지 않은 부문을 선택하도록 강제했다.[46] 이전·폐업이 아니더라도 공단 사업체의 생산과정의 외주화 양상은 고용불안으로 나타났다. 노동조합은 사업체의 구조조정에 대해 적극적으로 저항하였다. 1990년 2공단 봉제업체 동국실업의 33명 집단해고에 대한 고소장을 내며, "회사 측은 지난해 노조가 설립되자 이를 와해시키기 위해 독산동 성우실업 등 5개 하청계열사로 기계와 근로자들을 빼돌려 3백40명에 달하는 사원이 30여명으로 줄어드는 등 경영축소를 유도"해 왔다고 주장했다.[47] 1공단 카스테레오 업체 크라운전자도 적자를 이유로 휴업조치 및 (주)남성으로 이직을 강요한 것에 맞서 300일이 넘게 복직투쟁을 전개했다.[48] 뿐만 아니

43 수출첨병 구로공단 "3중고"/수출부진·구인난·고임금에 몸살 『경향신문』 1990.10.25

44 "수출하면 손해"휴업바람/경기긴급진단(「불황」인가「안정」인가:3) 『동아일보』 1992.06.20

45 공장 경매물건 쏟아진다 『한국일보』 1997.02.25

46 구양미, 앞의 글, 13쪽

47 근로자 33명 집단해고/동국실업/경영합리화 들어… 노조측 반발 『경향신문』 1990.08.17

48 "우리에겐 추석이 없어요"/복직투쟁 3백3일 맞은 크라운전자노조원 『한겨레』

라 위장 폐업 사례도 존재했다.[49]

이 와중에 90년대 들어 운동/정치의 장소라는 의미는 서서히 지워져 갔다. 노동 상담소, 연구소, 노동문학회 등은 90년대를 기점으로 사라져 갔다. 1986년 노학연대를 외치며 신흥정밀 박영진이 죽어간 가오리와 구로동맹파업이 일어났던 공단사거리 등 노동자들이 연대와 권리를 나누던 장소, 그들을 지원하던 장소의 의미가 사라져간 것이다.

가장 눈에 띄는 변화가 가리봉오거리 변화다. 80년대 불어든 공단 호경기에 가리봉오거리에서 불꽃이 타오른다. 그 불꽃은 노동자계급과 학생운동의 연대, 이른바 '노학연대'였다. 가리봉오거리는 주요한 길들이 만나는 교차점으로 구로공단의 중심이었다. 가리봉오거리에서 시위가 많았던 이유는 오거리를 막으면 공단이 마비되어 시위대의 공간으로 이용할 수 있기 때문이었다. 가오리에서 데모는 고가도로 위, 철탑 위에서 이뤄졌다. 뿐만 아니라 가오리와 주변 가리봉시장은 음식냄새가 있는 노동자들의 일상의 장소인 동시에 파업과 노동쟁의 주요 집결지였다. 1986년 신흥정밀 박영진 분신과 그 직후 해고당한 학출 노동운동가들이 모세미용실을 점거해 생활임금 쟁취를 가오리에서 외치기도 했다.[50]

노동운동 과정에서 희생한 박영진, 김종수 열사의 뜻을 기려 가리봉오거리를 박영진, 김종수 열사의 거리라고 불렀다. 최근 쌍용자동차 노동자의 22번째 죽음을 추모하는 대한문까지 행진도 가리봉오거리에서 시작되기도 했다.[51]

1990.09.28

49 시울역사바뭄관 편, 앞의책, 93-94쪽

50 차명진·서명희. 2013.「구로공단에서 만닌 부부」.『구로공단에서 지벨리로』. 한스콘텐츠. 218쪽;『구로공단 19662013』. 23, 173쪽.

51 『구로공단 19662013』, 23쪽, 173쪽

두 번째로 사라진 정치의 장소는 2공단 사거리다. 2공단사거리였던 현재 마리오사거리에는 대우어패럴, 효성물산, 구로봉제협동조합, 제일봉제협동조합과 같은 봉제공장이 모여 있었다. 2공단사거리는 '봉제의 거리', '구로아리랑의 거리', '구로동맹파업의 거리', '무역박람회의 거리'와 같은 다양한 이름으로 불렸다. 90년대 들어서 1990년 나우정밀 노조는 70일 파업 당시 구사대에 맞서 새벽에 기혼여성조합원에 비상을 걸어 500여명의 조합원이 밤이슬을 맞으며 2공단에서 시위를 전개하기도 했다.[52] 이 장소는 영화 〈구로아리랑〉의 배경인 가상의 봉제공장인 아세아 패션이 위치한 곳이기도 하다. 하지만 90년대 마리오사거리로 변한 이곳은 섬유, 봉제 산업이 패션 단지로 변한 대표적인 공간이다. 2공단에는 진도패션, 세계물산, 삼성물산, 서광모드 등 각종 할인매장이 6곳이 생겼고 저가 재고 상품의 소비처로 각광을 받았다. 90년대 후반 들어서도 국내에서 생산되는 거의 모든 브랜드가 모인 상설할인매장이 됐다.[53]

세 번째 사라진 정치/운동의 장소는 공단서점이다. 가리봉오거리를 중심으로 노동자들의 의식화를 위한 책과 자료를 팔던 책방이 있었다. 특히 80년대 노조 활동이 활발해지며 작은 서점이 하나 둘씩 생겨나 1983년에는 30여개로 늘었다.[54] 가오리에 위치한 공단 서점은 방배동 방직공장 조합원의 출자로 만들어 졌다. 이곳에서는 근로기준법 등 도서만이 아니라, 노동조합 소식지를 비치하고 다른 사업장의 정보를 교류하는 장소로 활용되었다. 노조들은 공단서점에 나우정밀 노조의 〈횃불〉 등 노조 소식지를 비치해두고 다른 사업장들과 교류하였다. 특별

---

52 김덕종, 앞의 책, 492-493쪽

53 구로공단 의류 할인매장 6곳/알뜰쇼핑 명소로 각광 『동아일보』 1994.10.28; "구로공단서 옷을 사세요"/의류업체 공장에 상설할인매장 『동아일보』 1996.12.16; 구로공단 의류 상설할인매장-최저가에 최고패션 '더블 만족' 『경향신문』 1999.6.18.

54 구로공단에 독서열풍 『경향신문』 1981.10.20.

한 사안이 있을 땐 공단 서점 앞에서 유인물을 배포하기도 했다. 구로공단에 노동운동이 활발해지면서 구로공단에는 노동운동을 하는 사람들을 감시하는 형사가 상주하기 시작했다.[55] 노동운동을 하다가 블랙리스트에 이름이 오르지 않기 위해 서점 출입도 조심해야 했다. 90년대 마지막으로 남아있던 공단 서점은 문을 닫고 〈사진 6〉처럼 그 자리에 미용실이 자리 잡고 있다.[56]

〈사진 6〉 공단서점이 있던 현재 미용실 (2013)

* 출처: 김선민 외 지음. 2013.
『구로공단 19662013–노동, 생산, 이주 그리고 꿈』. 143쪽.

다음으로 사라진 정치/운동의 장소는 가오리에 있던 구로노동상담소, 구로노동자문학회 등 노동운동 단체다. 가오리에는 각종 노동운동 관련 지원단체, 상담소들이 빼곡히 자리잡고 있었다. 가오리에서 2공단

55 이념서적 수색영장 한때 기각, 『동아일보』 1985. 6. 17; 특정후보 비방 책 배포, 구로노동연 대표 영장, 『동아일보』 1992. 12. 5

56 『구로공단 19662013』, 85쪽, 143쪽

으로 가는 길목에 '구로노동상담소'가 있었다(〈사진 7〉). 상담소는 87년 이후 "전태일기념사업회 부설 구로노동상담소"로 문을 열어 노조 지원, 상담, 교육 등 중요한 역할을 했다. 활발한 활동만큼 정부는 강력하게 이들을 탄압했다. 90년에는 노동영화 "파업전야" 상영으로 서울지법 남부지원으로 부터 압수수색영장을 발부받아 수색을 받기도 했다.[57] 1990년대에 들어서면서 차별성 없이 구로지역에서 생겨나는 단체들에 대한 우려 때문에 구로노동상담소는 1992년에 통합해 구로노동연구소(공동대표 최규엽 이봉우)로 활동하게 된다. 서울노동운동연구소와 통합하면서 기존의 상담및 교육 활동에 대한 전문성을 높이고 적극적인 정책연구를 하고자 하였다.[58] 또한 박영진열사 추모사업회에서 실시하던 상담 및 교육 활동도 구로노동연구소로 이관하고 추모사업 및 노동자 자료 연구실을 공동운영하였다. 주된 상담 내용은 임금, 퇴직금, 기타 각종 상여금, 수당계산이나 체불임금 청구, 부당해고, 산재보상 등 대부분 '법적으로 보장된 범위'의 문제였다.[59] 90년대 들어 구로청년회, 구로노동자문학회, 남부금속노조와 사무실을 함께 사용하다가 1997년 역사 속으로 사라졌다.[60]

또한 1988년 6월 구종점에서 문을 열었던 구로노동자문학회는 노동자들이 자신의 삶을 소재로 하는 글쓰기를 시도했다. "평등세상 갈구하는 날 것의 미학/떠난 사람들 있어도 문학회는 건재하다/소외된 현실은 변치 않았기 때문이다"로 이들은 자신들의 문학을 표현했다. 문학회의 구성은 일용직, 공장노동자, 학원 강사, 출판사 직원, 지하철 정비사, 철도기관사, 휴학생, 백수 등 다양했다. 조기조, 송경동, 손상열,

57 '파업 전야'상영/노동상담소 수색 『한겨레』 1990.6.8
58 구로노동상담소서울노동연구소 통합/침체늪 공단에 활력소 『한겨레』 1992.11.18
59 서울역사박물관 편, 앞의책, 157쪽
60 『구로공단 19662013』, 87쪽.

임종호 등 초창기 멤버를 중심으로 문학회는 노동해방을 지향하는 당대 노동운동과 연관 속에서 활동을 전개했다. 비록 여러 부류의 사람이 모였지만 노동과 문학을 같이 고민하고 실천을 중요시하는 것은 변함없는 지향이었다.[61] 당시 문학회를 주도했던 조기조는 당시를, " ... 문학회 활동이 단순히 글을 쓰는 것만이 아니라 지역 노동현장과 결합된 노력을 기울인다는 측면에서 집회나 파업현장에 찾아가서 시를 낭송하고 유인물을 만들고 하다보니 자연스럽게 시를 쓰게 된 것이지요"라고 기억한다.[62]

〈사진 7〉 구로노동상담소 노동교실과 당시 남은 건물

* 출처: 김선민 외 지음. 2013.
『구로공단 19662013-노동, 생산, 이주 그리고 꿈』. 87쪽.

구로노동문학회는 90년대 후반까지 연대 사업, 편집부, 창작 1,2부, 조직부, 회장으로 이뤄졌다. 대외 활동은 시낭송, 공동창작, 시화전 회

---

61 김사이. 2013. 「우리는 자기 나름대로 지난 시간을 견뎌왔다」. 『실천문학』 111. 128, 130-131쪽.

62 조기조(윤석정 인터뷰). 2008. 「인터뷰 - 기계와 연애하는 남자의 리듬」. 『실천문학』 91. 201쪽; 구로노동자 문학회(더불어사는 삶) 『한겨레』 1997.8.30.

지를 내고 발표작품들을 계간지 〈삶글〉(1988년~2000년 총 37호)에 담아 지역 노동조합에 배포하고 노조 소식지 편집 지원, 책대여, 노동조합사 정리, 노동자문학의 밤, 구로지역민주단체협의회 연대단위 등의 일을 돕기도 했다.[63] 1997년까지 300여명이 문학회를 거쳐 갔으며 창작연습교실도 차례를 넘겼다 그러나 90년대 후반 이후 노동자문학의 존재 근거약화, 주도적 멤버 이탈, 90년대 빠른 사회적 변화에 조응하지 못했던 문학회의 흐름과 회원 감소 등으로 2006년에 해산한다.[64]

다섯 번째로 가리봉 시장에 있던 산돌노동문화원 등 야학을 들 수 있다. 70년대 서울로 올라와 공장을 다니며 산업체 특수학교를 다니던 여성들의 모습은 낯설은 풍경이 아니었다. 가부장제 아래에서 교육의 기회를 박탈당했던 여성들은 교육의 꿈을 버리지 않았다. 구로공단 삼경복장에 다니던 윤혜련은, "박정희 군사 정권에 딱 한 가지 고마운 것은 그 시절 산업체 특별 학교라는 제도를 만들었다는 것이다. 입사 3년 경력과 일에 대한 심사 등을 거쳐 많은 지원자 가운데 몇 안 되는 중학생으로 내가 선택됐다. 비록 8시간 일하고 난 다음에야 갈 수 있는 학교였지만 산업체 특별 학생으로서의 생활은 내 삶에 새로운 전환점이 됐다"고 당시를 회고한다. 공단이 만들어진 후 많은 야학이 생겨났다. 검정고시를 준비하는 검시야학도 있었지만 노동운동을 위한 노동야학이 많았다. 구로3동성당은 대표적인 야학으로 한얼야학이 있었다. 1966년 개교한 정희고등공민학교에서는 검정고시 야학이 있었으며 1977년 정부에서 주관한 산업체특별학급이 만들어졌다. 물론 산돌노동문화원처럼 1980년대 후반부터 합법적인 단체들이 생겨났다. 하지만 야학은 노조간부를 길러내는 불순단체, 일자리를 잃은 노동자들의 합

63 『구로공단 19662013』, 153쪽; 김사이, 앞의 글, 131쪽. 문학회는 2006년 가리봉 시장 사무실을 마지막으로 해산했다.

64 김사이, 앞의 글, 137-139쪽

숙소로 여겨져 경찰의 감시가 끊이질 않았다. 야학은 늘 집주인의 이전 요구를 받다가 1992년 가리봉시장 지상 건물에 자리를 옮겼다.

문화원은 70년대 '한국기독교학생연맹'에서 활동하던 대학생들이 지역노동자들을 위한 문화교육프로그램을 중심으로 운영되다가 1986년 봄 정식으로 출발했다. 노동자에게 휴식 문화공간을 제공하고 다양한 교육강좌 마련 등 산돌은 공개적으로 노동자들의 문화적 욕구를 채워주는 방식으로 야학을 운영했다. 교양강좌, 노동조합교실, 노동자정치교실, 노래교실, 연극교실 등을 운영하는 한편 주말에는 시사문제를 중심으로 하는 토요강좌를 열었다. 노동자 극회 아침은 최초의 노동자 극단으로 활발한 공연활동을 벌이기도 했다.[65]

하지만 아래 신문기사처럼 90년대 들어서 야학도 점차 사라지기 시작한다. "…최근 변화의 바람은 인력난 및 고임금 등을 이유로 중국이나 동남아 등 해외로 진출하는 업체들이 늘어나는 데서 비롯되고 있다. 지난 92, 93년 두 해 동안 구로공단에서 중국이나 동남아 등 해외로 생산 공장을 옮긴 업체는 42개나 된다… 1980년대 민주화 바람을 타고 늘어났던 노동 관련 단체와 '야학'이 문을 닫고 있는 것도 빼놓을 수 없는 변화이다. 산돌문화원도 활동가들이 진로를 고민하다 떠나가고 94년 이후 대외적 문화 프로그램이 모두 중지됐다. '노동자대학', '노동종합학교' 등 노동자 교육 프로그램이 폐쇄되고 50여 명 이상이 참여했던 각 야학도 참가 학생이 없어 속속 문을 닫고 있다."[66] 아래 〈사진 8〉에서 보이듯이 산돌노동문화원도 다른 야학처럼 90년대 사라진 채 건물만 남아있다.

---

65 산돌노동문화원(NGO:끝)『한겨레』1998.5.27; 서울역사박물관 편, 앞의책, 82쪽

66 「호황 누리던 '벌집' 빈방 수두룩-유흥업소 폐업 속출, 야학도 시들」.『경향신문』1994. 3.25; 산돌노동문화원(NGO:끝)『한겨레』1998.5.27.

〈사진 8〉 산돌문화원건물

*출처: 김선민 외 지음. 2013.
『구로공단 19662013–노동, 생산, 이주 그리고 꿈』. 159쪽.

(3) 사라진 일상의 장소들

십 년 전 거리를 메운 아이들은 온데간데없고
십 년 전 벌집은 그 자리에 있고
출렁거리는 술집은 여전하다
구로공단 한구석 조선족 거리를 걷다가
가을 한낮 햇살이 따가워
눈을 크게 치켜떴을 때
문득 구로공단이 달라져 있었다
어릴 적에는 하얀 스카프에 푸른 작업복 무리가 수상했고
스무 살에는 거리를 배회하는 가출 아이들이 낯설었고
지금은 이곳에 있는 내가 낯설다
언제부터인가

이방인들 틈에 내가 이방인같이 보이는 이곳
어느 사이에
국적도 피부색도 방해가 되지 않는
낯선 것을 느끼는 동시에 낯익어 있는
정체 모를 이 끈적함
이국 채소가 식당이 간판이 언어가 내 얼굴을 덮고
공단 울타리를 에워싼 노동자 연대의식이
연례행사처럼 마음속을 드나들고
쿠르드 필리핀 방글라데시 네팔 몽골 연변 구로
그래도 이 거리가 한국이 좋다고 하는 그이들과
삼삼오오 비켜서서 무관하게 밥을 먹고
아파트형 공장 굴뚝에서 연기가 나는,
십 년 전 꽃무늬 치마 팔랑거리며 저만치 걸어가는
내가 중심에 있었다고 생각하는 순간 아무것도 보이
지 않는
찰나
(김사이, 『이방인의 도시』)

시인 김사이가 "이방인 도시"의 도시에서 묘사하듯이 사라진 것은 '정치/운동의 장소'만은 아니었다. 국가에 의해 구축된 공업단지였지만 구로공단은 '사람이 사는 장소'였다. 장시간 노동을 통해 지친 심신을 노동자들은 음악다방, 고고장, 극장, 가리봉시장의 먹거리, 비단길에서 구입한 새옷 등으로 달랬다. 80년대, 90년대 그리고 현재까지 구로공단은 각각 다른 의미에서 '우범 지역이었다'. 80년대는 불순한 위장취업자들의 선동에 의한 노동운동, 90년대는 가출 청소년 그리고 지금은 재중동포의 범죄라는 서로 다른 범죄의 장소라는 의미가 이어졌다. 구로공단을 한국 산업화의 성지처럼 보는 시각에 비해 이것은 일종의 역사의 아니러니이다. 공선옥의 소설 "가리봉 연가"의 한 대목은 이를 상징적으로 보여주는데, " ... 형. 여긴 우범지대예요. 사건사고 다발지역. 옛날에 여기 공장 많을 때 노동자들이 데모 많이 했잖아요 그때 여기. 경찰들이 데모 막느라 고생하다가 그 다음에는 또 여기가 가출 청소년 아지트가 됐잖아요. 그 청소년들 선도하느라 고생하다가 지금은 또…".

2017년 구로공단에 대해 질문해야 할 것은 여성노동자, 가출한 아이들 그리고 중국동포들을 왜 한국 사회가 수상하게 생각하고 있는가에 대한 것이다. 앞서 인용했던 김사이의 「이방인의 도시」(2008)는 2017년 오늘 우리가 생각해 봐야할 구로공단의 과거, 현재 그리고 미래를 보여준다. 우리는 꽤 오래 전부터 시작되었던 구로공단의 변화는 알지 못한 채 그 안에 사는 "푸른 작업복 무리", "가출 청소년", "재중동포"를 낯설고 수상하게 여겨왔다. 하지만 정작 수상한 존재는 "이국채소", "조선족 거리"와 그 안에 살고 있는 사람들이 아니었다. 구로공단과 그 안에 사는 사람들을 위험하다고 생각하는 시선이 오히려 문제다. 구로공단이란 장소를 바라보는 시각에서 잊어선 안 될 점은 아직도 "연례행사"처럼 치뤄지는 연대투쟁도, "십 년 전 꽃무늬 치마"도 아닌, 지금 구로공단에서 일하고 먹고 사는 '사람들'을 중심에 두고 그들의 일상과 즐거움이다.

특히 90년대 '주변/경계으로서 공간'인 구로공단에 대한 탁월한 성찰이 녹아있는 텍스트는 김홍준 감독의 영화 장미빛 인생(1994)이다. 지금도 가리봉동에 남아있는 지하 만화방 안에서 깡패, 만화방 주인, 다방 레지, 일용노동자들은 산업화, 노동운동과 민주화, 세계화와 신자유주의 시기에도 그 시절을 묵묵히 지켜왔다. 만화방 주인인 주인공 신필순은 이곳에 드나드는 무식하고 야비하며 추잡스러운 사람들을 혐오하고 가리봉동 만화방과 옥탑방을 떠나고 싶어한다. 하지만 실은 이곳은 '그녀/그' 자신의 공간이었다. 깡패 동팔을 보내며 그녀가 말한, "이 동네를 떠나고 싶었어요. 하지만 이제 알았어요. 내가 바로 그 사람들이라는 것을"이란 대사는 구로공단이란 공간이 고통, 슬픔, 착취로 가득 찬 것이 아닌, 일상의 즐거움이 존재한다는 것을 드러내 주었다.[67] 이처럼 구로공단은 그 안에서 일하고 먹고 꿈을 꾸던 주체들의 즐거움이 공존했던 장소였다. 하지만 90년대 들어서며 일상의 장소들도 하나둘씩 사라지거나 줄어들었다.

〈사진 9〉 나포리 커피숍 (2013)

* 출처: 김선민 외 지음. 2013.
『구로공단 19662013-노동, 생산, 이주 그리고 꿈』. 86쪽.

---

67 신혜란. 1998. 「영화로 도시 읽기 : 80년대 구로의 회색빛 삶과 장밋빛 희망-'장미빛 인생'과 '구로 아리랑'」. 『국토』 제197호. 80-81쪽.

첫 번째 사라진 장소는 가오리에 있던 나포리 다방이다. 가리봉오거리는 세 가지가 많았다. 고고장, 음악다방, 시위대가 그것이었다. 현재 가리봉오거리에 위치한 가리봉 호프 커피는 80년대를 주름잡았던 DJ가 있던 음악다방이었다.[68] 당시 음악다방은 장시간 노동이후 여가시설이 부재한 상황에서 값싸게 음악을 들을 수 있던 여성노동자들의 장소였다. 아래 〈사진 9〉 나포리커피숍은 공단에서 제일 유명한 일상의 장소로 음악다방이 있던 자리다.[69] 구로공단 대우어패럴에 다니던 강명자는 디제이에게 쪽지를 써서 주면 음악을 틀어주고 즐거워했다고 음악다방을 기억한다.

두 번째 사라진 장소는 수요일과 주말이면 노동자들이 밤을 빛냈던 고고장이다. 여성노동자들의 고고장 출입을 이야기하려면 구로공단 주택란과 기숙사에 대해 이야기해야 한다. 시기별 기숙사 수용률을 보면, 1978년 19%, 1980년 28%, 1984년 37%로 증가하다 1988년에는 25%로 감소했다. 1978년 구로공단 7만4백여 종업원들의 주거실태를 보면, 자가自家 38,691명, 기숙사 수용 13,633명, 자취 12,274명, 하숙 1,495명, 기타 4,375명 등이었다. 이처럼 기숙사에 사는 노동자는 전체의 19%로 기숙사 부족현상이 심각했다.[70]

여성노동자들에게 70~80년대 기숙사는 자는 장소일 뿐만 아니라 주휴週休와 외출 금지를 통해 높은 노동생산성과 장시간 노동을 강제하는 도구였다. 사감에 의해 기숙사 밖으로 외출은 엄격하게 통제됐으며 "독재", "규율부 세상", "감옥" 등으로 기숙사는 기억되고 있다. 대우어패럴에서는 "외출외박 자유, 소등시간 자유"라는 노래가 있을 정도였다.[71]

---

68 『구로공단 19662013』, 22쪽

69 『구로공단 19662013』, 86쪽

70 동아일보, 1978. 4. 11.

71 강명자. 2005.「소작농의 딸, 구로공단 미싱사로 28년을 살다」.『굽은 어깨, 거칠

〈사진 10〉 고고장 마부가 있던 자리

* 출처: 김선민 외 지음. 2013.
『구로공단 19662013-노동, 생산, 이주 그리고 꿈』. 169쪽.

저임금·장시간 노동 그리고 감옥 같은 기숙사 생활을 참을 수밖에 없던 노동자들에게 고단한 삶에서 잠시 벗어날 수 있다는 희망을 가질 수 있게 해줬던 '일시적 해방구'가 고고장이었다. 〈사진 10〉처럼 이제는 남아있진 않으나 수요일이나 주말, 월급날이면 가리봉 시장 주변에는 1,000원이면 들어갈 수 있는 '마부나이트', '팽대팽대나이트', '88메들리 디스코장'이란 이름을 지닌 나이트클럽, 고고장 등은 불야성이었다. 월급날인 5일과 10일에는 24시간 영업을 해야 할 정도였다.[72] 대우어패럴 강명자는 빨간 바지에 하얀 배꼽티를 입고 천 원짜리 음료수를 마시며 신나게 땀 흘리며 디스코를 추었고 본인이 "날라리"라고 불렸다고 당시를 기억하고 있다.[73] 노동운동이 활성화된 80년대에는 노조를 소식하기 위해 생전가보지 않던 디스코 장에 갔다는 기억도 있을 정도로 보편

은 손-20세기 민중의 구술자서전4』 소화. 273-274쪽.

72 서울역사박물관 편, 앞의 책, 171~172쪽

73 강명자, 앞의 글, 275쪽, 280쪽

적인 여가 공간이었다.[74]

반면 남자기숙사는 사내에 있는 여자기숙사처럼 점호시간이나 외출, 외박 제한 같은 규율은 따로 없었다. 남성들도 주말이면 여가를 즐기기 위해 기숙사에서 뛰쳐나왔지만, 구로공단 일대에는 노동자들이 문화를 향유할만 한 장소는 고고장, 음악다방, 술집 같은 유흥업소가 대부분이었다. 입장료 천원이면 밤새 놀 수 있는 고고장이 가리봉시장 안에만 9개가 있었다.[75] 당시 대우어패럴에 근무하던 서태원은 당시를 다음과 같이 기억한다

> " ... 남자 기숙사는 토요일이 되면 텅텅 비었다. 모두들 한창 유행이던 가리봉시장 안에 있는 고고장에 갔다. 고고장은 시장 안에 9개가 있었다. 그래도 저녁에는 고고장마다 발 디딜 틈이 없을 정도로 북적거렸다. 그때 노동자들에게 특별한 문화가 없었기에 고고장이 인기였다. 나 역시 친구를 사귀기 위해서 고고장에 다녔다. 토요일 저녁에는 1차로 가리봉 튀김 골목에서 술 한 잔 했는데, 술집마다 손님 유치를 위해 대형 멀티비전을 설치하여 영업시간 종료까지 볼 수 있게 했다. 그러나 1시간 30분마다 새로운 프로그램을 시작해서 손님 물갈이가 정확했고, 주로 공단 안에 근무하는 사람들 위주로 외상도 많이 주었다. 월급날에는 술집 사장들이 회사 앞에 장사진을 치기도 했다. 2차로는 7시 즈음 고고장에 자리를 잡고 밤새

---

74 김현옥. 2007. 「우리가 행복했던 시간」. 『같은 시대, 다른 이야기 : 구로동맹파업의 주역들, 삶을 말하다』. 유경순 엮음. 메이데이. 23쪽.

75 『구로공단 19662013』, 169쪽

'발바닥에 땀 날' 정도로 열나게 비벼대다가, 새벽 4시 즈음 나와 새벽다방에서 첫 버스가 올 때까지 앉아 있었다 ..."[76]

세 번째 사라진 장소는 극장이다. 가리봉시장과 가리봉오거리 주변에는 동시상영관이나 성인전용극장을 비롯하여 음악다방, 나이트클럽, 고고장, 오락실이 모여 있었다. 천일극장, 태양극장, 해성극장, 가리봉극장 등 여러 극장이 있었다.[77] 특히 70-80년대는 '쇼', 혹은 '쇼 문화'의 전성기였다. 당시 톱 가수였던 남진 쇼, 이미자 쇼, 김상희 쇼, 나훈아 쇼 등이 열리면 공단의 여성 노동자들이 이를 즐기기 위해 몰려들었다. 여성 노동자들에게 가장 인기가 있었던 대표적인 가수는 남진과 나훈아였다. 서동석은 당시를 다음과 같이 기억한다.

" ... 예전에는 공장이 쉬는 날은 첫째, 셋째 일요일이었습니다. 이때에는 기숙사에 있던 노동자들이 주로 구로시장 쪽으로 옵니다. 구로동엔 극장이 두 군데 있기 때문입니다. 지금 조계종복지재단이 운영하는 구로시립청소년수련관 자리에는 국일극장이, 구로시장 극동아파트 부근에는 한도극장이 있었지요. 극장은 노동자들이 쉬는 날 맞춰 '쇼'를 했습니다. 말할 것도 없이 라훈아, 남진, 김상진이 떴고요 우리의 노동자들은 그들에게 한풀이를 했습니다..."[78]

---

76 유경순, 『같은 시대, 다른 이야기』, 메이데이, 110쪽

77 서울역사박물관 편, 앞의책, 171쪽

78 서동석, 앞의 글.

이들 둘은 라이벌이자 1970년대를 풍미했던 대중 가수들이었다. '남진 쇼 온다, 나훈아 쇼 온다' 는 소문이 돌면 여성 노동자들 사이에서는 한바탕 난리가 났을 정도였다. 여성 노동자들은 유행하던 나팔바지를 입고 자기 전에 머리맡에서 춤을 추는 것도 흔하게 볼 수 있었다. 십대에서 이십대 초반이었던 여성 노동자들에게 남진과 나훈아는 문화적 상징이었으며, 이는 1990년대 이후 아이돌 팬클럽에 못지 않았다.

다음으로 80년대 구로공단의 랜드마크였던 파노라마쇼핑센터는 가리봉 상권의 중심지로 1층은 떡볶이, 라면, 만두, 김밥, 순대, 쫄면 등을 파는 분식집이 절반을 차지했다. 2층에는 의류전문상가와 신발류 가게가 있었으며, 증축한 뒤 옷, 가방, 신발 가게가, 가정집은 3층에, 지하에는 큰 슈퍼가 들어섰다.[79] 1997년 만들어진 영화 초록물고기(이창동 감독)에서도 파노라마센터는 등장했다. 배태곤(문성근 분)이 막동이(한석규 분)에게 "꿈이 뭐냐?"고 묻는 장면이 여기서 촬영되었다. 〈사진 11〉 광고의 "황금상권"이란 문구에서 알 수 있듯이, 쇼핑센타는 구로공단의 대표적 인 패션종합상가로 명절과 월급날이면 노동자들이 찾았던 장소이다.

〈사진11〉 당시 파노라마 센터 임대 신문 기사

* 출처: 서울역사박물관 편. 2013.『가리봉동: 구로공단 배후지에서 다문화의 공간으로』. 176쪽(초출: 매일경제 1985.1.10).

---

79 『구로공단 19662013』, 30-31쪽

하지만 90년대 들어 파노라마쇼핑센터는 재개발 여부를 둘러싸고 논란을 겪게 된다. 작고한 이신행 의원을 중심으로 파노라마 쇼핑센터의 철거와 지하 4층, 지상 11층 대형 주상복합건물로의 재건축이 추진된다. 몇 차례 발생한 화재로 폐허와 같았던 건물은 건설사를 중심으로 철거가 진행되었다. 그러나 100여명의 소유권이 얽혀있는 건물의 재개발을 상당수 상인들이 반대하면서 결국 개발은 무산되었다. 그 이후 20여년 가까이 쇼핑센터 현재 건물의 터는 주차장으로 이용되고 있으며 주차장 한쪽에는 파노라마 쇼핑센타의 한 쪽 벽면이 남아 전진고물상의 일부로 사용되고 있다.[80]

다섯 번째 장소는 가리봉 시장의 먹자골목이다. 가리봉시장의 대표적 장소들로는 곱창거리, 먹자골목, 다방과 술집 등을 들 수 있다. 지붕과 벽체를 간이로 만든 곱창가게는 당시 10여개에서 현재 2개만이 남아있다.[81] 대한광학에서 민주노조 결성을 주도하던 장성환은, 1988년 공장이전 반대 투쟁 중에 경찰 조사를 받게 되었다. 이때 남부경찰서정보과 형사가 "너는 왜 곱창만 먹냐?"라고 물었다. 1987년 이후 만들어진 민주노조들은 경험이 없었기 때문에 정기적으로 노조 간부들이 모임을 가지고 있었다. 모임이 끝나면 노조 간부들은 가리봉시장 곱창 집에 자주 갔는데 그 사실을 경찰이 알고 있었던 것이다.[82] 사라진 가리봉 시장 골목은 '운동이자 정치의 장소'였던 것이다.

여섯 번째 장소는 구로시장 비단길을 들 수 있다. 남대문 시장, 동대문 시장 다음으로 구로시장이란 말이 있을 정도로 구로시장 포목점은 호황을 누렸다. 비단길 포목점은 동대문만큼 많았는데 50개가 넘었다고 한다. 구로시장 포목점은 공단에서 근무하는 노동자들 때문에 생겨

80 『구로공단 19662013』, 167쪽 ; 서울역사박물관 편, 앞의책, 177쪽
81 서울역사박물관 편, 앞의책, 169쪽
82 『구로공단 19662013』, 81쪽

났다. 여성 노동자들이 명절 때 사가는 선물로 한복을 주문하거나 결혼 때 혼수를 이곳에서 구입했다. 90년대 공단이 재편되면서 포목점도 사양길에 접어들었다. 포목점이 하나 둘 문을 닫으면서 이제 비단길은 〈사진 12〉처럼 되었다.[83]

〈사진 12〉 쇄락한 비단길

* 출처: 김선민 외 지음. 2013.
『구로공단 19662013-노동, 생산, 이주 그리고 꿈』. 47쪽.

2) 장소의 흔적들

구로공단의 장소들이 지녔던 의미들이 90년대 들어서면서 하나둘씩 사라져 갔지만 산업화와 일상의 흔적들도 공존하고 있다. 대표적인 예로 벌집, 근로자아파트, 만화방 등은 아직 그 장소에 남아있다. 또한 복지관, 공단운동장 등도 남아 있지만 현재 그 기능은 바뀌었다.

90년대 공단 재구조화 과정에서 노동자들이 빠져나가고 국가는 구로공단을 첨단디지털단지로 재영토화하며 정치/운동의 장소가 아닌 범

83 『구로공단 19662013』, 46-47쪽

죄의 장소이자 주변부로서 구로공단의 의미를 탈색시키고자 했다. '구로단지 첨단화 계획'(1997), 한국산업단지공단 본사의 1공단으로 이전(2000), 정식 명칭을 '서울 디지털 산업단지'(2000)로 변경 등 움직임은 국가/자본을 넘어서려던 80년대 구로공단의 흔적을 지우려는 시도였다.

사라진 장소에는 패션 아울렛, 대형판매장 등이 90년대 후반 이후 들어섰지만, 장소가 지녔던 의미를 완전히 지우지는 못했다. 장소의 이름이었던 '간판'의 일부에는 감추어진 흔적들이 아직 남겨져 있다. 더불어 첨단산업단지로 재편이란 자본/국가의 재영토화는 또 다른 서발턴인 기혼여성과 불안정 노동자를 양산했다. 그들은 노동집약적 생산의 장소가 아닌 다른 장소성을 배태하고 있다. 우선 성장과 개발의 흔적부터 살펴보도록 하자.

(1) 산업화의 흔적들

경제성장기 성장과 동원을 위한 여러 장소들이 사라졌지만 아직 남겨진 장소의 흔적은 수출의 다리다. 1970년 2공단과 3공단을 연결하는 수출의 다리를 통해 공단에서 생산된 제품들이 수출되었고 수송이 원활해 졌다. 또한 노동자들의 출퇴근길로 사용되는 육교로도 이용됐다. 뿐만 아니라 1990년 전노협이 건설된 직후 가리봉오거리와 더불어 수출의 다리 주변은 선전전, 가두행진 등 노조 활동의 주요 장소였다.[84]

90년대 외국계전자업체 AMK 노조활동을 하던 서혜진은 당시 수출의 다리와 현재를 비교하며, " ... 가끔 가다 생각해요. 아직도 공장들에는 조합이 있죠? 이제는 텔레비전에서 집회하는 거 외에는 볼 기회가 없는데. KDK나 프라코 그 앞쪽에 여자들 많이 다녔던 데가 어디더라 돼지띠 모

84 87년 이후 구로지역에서 노동쟁의와 단체에 관해서는 박철, 2015. 「1980년대 구로지역 민중교회 연구 : 기독교적 가치와 노동운동의 관계를 중심으로」. 성공회대 사회학과 대학원 석사논문; 유경순 외. 2013. 『전노협 1990-1995』. 한내 참조.

임하고, 갑을 전자였던가요? 파업하면 땡볕에 지지 방문도 많이 다녔는데 지금도 그런 게 있나요? 수출의 다리, 그 다리 하나만 지나면 느껴지던 그 황폐함, 지금도 그런가요? 아직도 그렇게 단체가 유지되고 그럴까 그런 생각이 가끔 들어요. 그래도 조합이 있으니 그런 활동을 참 많이 했던 것 같긴 해요 ..."라고 기억한다.[85] 하지만 현재는 패션단지를 방문하는 차량증가로 수출의 다리는 교통 체증의 원인으로 지목받고 있다.[86]

(2) 일상의 흔적들과 변화

구로공단에 남은 대표적 흔적은 아마도 '벌집/쪽방'일 것이다. 가리봉동에 처음 온 사람들은 세 번을 놀란다. 처음에는 집이 커서 다음에는 큰 집에 방이 많아서 마지막으로 작은 방에 너무 많은 사람이 살아서 놀란다고 한다. 공단 조성 이후 농촌에서 급격한 인구이동으로 무질서하게 만들어진 '벌집'("임대형주택")은 1공단과 2, 3공간 사이와 주변에 주거와 공장이 혼재된 모습이었다.[87] 벌집으로 불렸던 주거 형태의 특징은 방 하나, 부엌 하나, 공동화장실 사용 등으로 특징 지워졌다. 벌집은 벌통집, 닭장집, 토끼장, 비둘기장이라고 불리기도 했는데, (ㄷ)자, (ㄱ)자 형태가 일반적 이었다. 벌집은 수많은 작은 방들이 모여 하나의 주거 단위를 형성했다. 벌집에는 공동화장실 사용으로 아침마다 진풍경이 벌어지거나, 부엌을 목욕시설로 사용해 어려움이 많았는데, 시인 김사이는 「가리봉 1동에 살아요」(2008)에서 당시를, " ... 일어서지 못하고 잔뜩 웅크린 채 가만가만 물을 끼얹어야 하는 부엌 여름엔 그렇게라도 하지만 따

---

85 박수정, 앞의 글, 14쪽.

86 『구로공단 19662013』, 108쪽

87 초기 기존 주거지(구로동 일대)의 설계변경, 증축과 개축으로 월세방을 만들다가, 수요가 늘자 신개발주거지인 가리봉동 일대로 본격적 임대주택이 신축된다(안재섭, 앞의 글, 4쪽, 19쪽)

뜻한 물 나오다 말다 하는데 텔레비전 소리 바람 소리 그짓 하는 소리까지 사방팔방 문 하나 사이에 두고 한겨울 한밤중엔, 슬쩍 도망가버릴 수도 없으니 내 몸뚱이 씻어내는 것조차 내 맘대로 못하는 ..."라고 묘사했다.[88] 신경숙도, "담장 안의 미로 같은 작은 방들 ... 드나드는 사람들이 많아 잠글 수 없는 대문들"로 가득 찬 벌집을 '간이숙박소 같은 삶이라고 그렸다.[89] 1970년대 후반 구로지역에 살던 신경숙은 단짝 친구였던 희재 언니의 방안의 구조를 아래와 같이 상세히 기억하고 있다.[90]

> "우리와 같은 두 사람이 나란히 서면 돌아보지도 못할 부엌문을 열면 바로 선반이 보인다. 그 위에 놓여 있던 자주색 하이힐. 그 힐은 학교에 입학하기 전에 신고 다녔으리라. 그녀의 방에 들어갈 때마다 나는 자주색 하이힐이 놓여있던 그 선반에 내 머리를 찧곤 한다. … 하지만, 그 선반은 키와 상관없다. 나보다 한 뼘이나 작은 희재 언니도 이따금 선반 모서리에 찧곤 했으니까. … 창틀은 그녀의 화장대. 그 창이 가지고 있는 풍경은 바로 옆집 붉은 벽돌담. 그녀는 창을 열지 않는다. … 우리 방은 창을 열면 공터가 보이고 118번 종점도 보이고 공장 굴뚝도 보이고 전철역도 보이는데, 희재 언니 방은 창 밖이 곧 담이다. … 바다가 그려져 있던 비키니 옷장, 나무상, 작은 라디오, 벽에 걸려 있는 작은 조개 목걸이, 각각

---

88 그밖에도 연탄가스 중독으로 사망하는 경우도 잦았는데, 기록에 따르면 1985년 1,573명, 1986년 1,469명이 연탄가스로 사망했다고 한다(『한겨레』 1988.11.19).

89 신경숙, 『외딴방』 문학동네, 22쪽

90 신경숙, 앞의 책, 232~234쪽

한 개씩. 교복 칼라를 다리려고 샀다던 상자 곽도 새 것이었던 다리미."

벌집임대로 돈을 많이 벌 수 있다고 소문이 나자 임대를 목적으로 한 '벌집'이 생겨났다. 단층이었던 집들은 1970년대 후반부터 2층이 됐고 1984년 다세대 주택 제도가 도입되면서 벌집은 더욱 확산된다. 1982년 구로구청의 자체 조사를 보면, 가리봉동 전체 벌집 64%에 달하는 1,779개동이 집중돼 있었다. 놀라운 사실은 다세대 주택 수요가 많던 가리봉동 지역의 당시 땅값이 서울의 1급 주택지 강남 지역과 시세가 같았다는 것이다. 입사 3년차 숙련공의 48시간 잔업과 2일의 철야를 포함한 월급이 5만 9천원이었고, 방세는 5만원이었다. 따라서 노동자의 월급으로는 방 하나를 혼자 사용할 수도 없었고, 여러 명이 한 방을 나누어 사용해 방세를 낼 수 있었다. 혹은 오전반과 오후반으로 나누어서 방을 사용하기도 했다.[91] 심지어 90년대 중원전자, 남성전기, 서울엔진베어링, 천지산업노조 등은 임금협상에서 20% 전후의 임금인상 요구 외에 2만~3만원 선의 주택수당을 지급해줄 것을 요구했고, ㈜상미노조는 부족한 전세금마련을 위해 회사 측에서 조합원 퇴직금 범위에서 무이자로 융자해줄 것을 요구하는 등 노사 간의 쟁점으로 부각되기도 했다.[92]

한편 80년대 들어 벌집은 노동자에게 민주노조를 만들기 위한 준비공간이기도 했다. 이를 통해 지역노조간 연대, 구로동맹파업 등이 조직되었다.[93] 하지만 1994년을 즈음해 벌집, 노동단체-야학이 '동시적 쇠

91 서울역사박물관 편. 앞의 책. 111-113, 119쪽.

92 주택문제 노사 새쟁점 부각/노조쪽 수당신설·융자 등 협상조건제시 『한겨레』 1990.3.22

93 『구로공단 19662013』. 149쪽.

되'가 본격화되었다. 먼저 인구변동에서 구로3동은 1981년 34,917명에서 1993년 27,637명으로, 가리봉 1동은 1981년 21,627명에서 1994년 15,843명으로 26%가 감소했다. 구로공단 인구의 급감은 공단 노동자수의 감소와 궤를 같이 하고 있다. 이런 변화는 공단 전입자 수에서도 확인할 수 있다. 1993년 여성 노동자가 12,013명인데 비해, 전출자는 13,677명으로 전체 인구 감소의 95%를 차지했다. 뿐만 아니라 거주자 연령 분포를 보더라도, 1공단과 2, 3공단 15-24세 여성연령은 1985년에는 각각 34.9%와 48.4%였는데, 1990년에는 29.8%, 41.7%로 감소했다.[94] 특히 1992년 들어 2천5백만~3천만원에도 구입할 수 없던 2.4~4평크기의 방도 빈방이 점차 늘기 시작해서, 부동산중개업소마다 5~6개의 전세매물을 갖고 있으나 임대자를 찾기 어려웠다.[95]

〈사진 13〉 90년대 다세대주택: 구로 3동 (1995)

* 출처: 안재섭. 1995.「九老工團의 産業構造와 工團周邊地域의 人口 및 住宅 變化에 關한 硏究」. 서울대학교 사회교육학과 석사논문.

이처럼 주택란이 심했던 공단은 〈그림 2〉 1981년과 1994년 사이의

94 안재섭, 앞의 글, 15~17쪽

95 구로동 공단문화 변화/업체 해외진출로 근로자 격감『경향신문』1994.3.25

벌집수 변화에서 읽을 수 있듯이, 90년대 들어 벌집 실공간을 넓히고 위생시설을 갖추는 등 개축되어 재개발되거나 분양이 가능한 다세대 주택으로 변화했다(〈사진 13〉 참조). 1990년대 이르러서는 공동 화장실을 쓰며 2.5평의 좁은 집에서 사는 사람들은 그리 많지 않았다. 이런 변화의 배후에는 90년대 구로구청에서 용적률을 80%까지 인정해 줬고, 구로3동 지역은 다세대 주택 재개발이 성행했기 때문이었다.[96] 하지만 50-100만원 보증금과 6-12만원 월세에도 다세대주택도 미분양되었는데 이는 〈그림2〉에서 보이듯이 90년대 들어서 벌집(임대형 주택)의 해체가 진행된 징후라고 해석할 수 있다.)

〈그림 2〉 구로공단 벌집의 변화(1981년과 1994년)

* 출처: 안재섭. 1995.「九老工團의 産業構造와 工團周邊地域의 人口 및 住宅 變化에 關한 硏究」. 서울대학교 사회교육학과 석사논문.

96 디지털구로문화대전(http://guro.grandculture.net/Contents?local=guro&data Type=01검색일. 2015.4.30); 안재섭. 앞의 글. 20쪽.

두 번째로 공단에 남은 일상의 흔적도 노동자 주거지와 관련된 것이다. 바로 가오리에 있는 근로자아파트다. 노동자 주거 문제가 지속적으로 문제가 되자 1988년 근로복지공사는 공단입주업체 미혼 여성노동자들을 위한 기숙사를 아파트로 제공하기 위해 대우어패럴 기숙사 옆에 아파트 100세대를 건설했다. 한 가구당 5명씩 거주할 수 있는 아파트가 세워졌고, 500명의 여성노동자가 이곳에 입주했다. 근로자아파트는 2공단 내에 있었기 때문에 공장과 접근도 용이했다. 하지만 90년대 공단의 변화와 함께 입주자의 구성도 바뀌었다. 현재는 서울디지털산업단지 근무자와 서울에 연고가 없는 학생이나 직장인들이 거주하고 있다.[97]

〈사진 14〉 공단복지관 보존 건물 (2013)

김선민 외 지음. 2013.
『구로공단 19662013-노동, 생산, 이주 그리고 꿈』. 111쪽.

세 번째 흔적은 공단복지관이다(〈사진 14〉 참조). 현존하는 공단복지관 건물은 1977년에 만들어 졌다. 한국수출산업공단은 노동자들에게 휴식공간과 정서교육장소 제공을 위해 복지관을 만들었다. 복지관

97 『구로공단 19662013』, 103쪽

은 공단 내 만들어진 시설중 짧은 시간 안에 계획대로 추진된 유일한 것으로 1977년 3공단에 만들어 졌다. 하지만 1977년은 이미 1공단이 준공된 지 10년이 넘은 시기였다.[98]

다음으로 남겨진 흔적은 3공단에 있는 공단 운동장이다. 현재 디지털단지운동장으로 사용되는 공단운동장은 공연이나 체육대회 혹은 〈사진 15〉에서 보이듯이 수출전진대회나 노동쟁의를 중재하기 위한 한마음 전진대회, 공장 새마을운동과 같은 집체교육의 장소, 정식으로 결혼하기 어려웠던 노동자들은 합동결혼식, 귀향버스터미널 등으로 사용되었다.[99]

〈사진 15〉 70년대 공단운동장에서 귀성버스 정류소 (1979)

* 출처: 「생산업체의 종업원 후생복지」, 『대한뉴스』 1979.1.29

끝으로 남겨진 일상의 흔적들로 간판과 건물들이 있다. 〈사진 16〉에 보이는 바뀐 가게 간판 사이에 무지개 패션, 천일극장 등 이미 사라진

98 서울역사박물관 편. 앞의 책. 107쪽.

99 『구로공단 19662013』, 118쪽

일상의 공간의 흔적을 발견할 수 있다. 천일극장이 있었던 오거리 아울렛 건물에는 천일극장과 극장 간판 구조물 이 남아있고, 중국집에는 무지개패션 간판이 남겨져 있다.[100] 그 외에도 〈사진 17〉는 90년대 후반~2000년대 초반 세워진 벤처 빌딩과 80년대 공장이 공존하는 모습이다. 90년대 가리봉오거리에도 의류, 신발 악세서리, 체인점, 커피, 피자전문점, 편의점 등이 입주했다. 이는 노동자의 소비와 생활패턴의 변화를 반영하는 현상이었다. 사라진 장소와 부상하는 장소의 혼재, 경합, 공존이란 현상은 90년대 등장했던 소비자본의 영향으로부터 공단이 자유롭지 못함을 드러내 준다. 즉 쇠락과 슬럼화의 위기와 공단이라는 장소의 재구성 사이의 어느 지점에 90년대 구로공단이 위치해 있던 것이다.[101]

〈사진 16〉 무지개 패션 간판 (2013)

* 출처: 김선민 외 지음. 2013.
『구로공단 19662013-노동, 생산, 이주 그리고 꿈』. 27쪽

100 『구로공단 19662013』, 27쪽
101 황동일, 앞의 글, 78~79

〈사진 17〉 벤쳐빌딩과 공장의 공존 (2013)

* 출처: 서울역사박물관 편. 2013.
『가리봉동 : 구로공단 배후지에서 다문화의 공간으로』. 96쪽.

3) 90년대 이후, 변화된 장소들

구로공단에서 노동운동을 했던 소설가 이인휘는 자신의 작품 『내 생의 적들』을 쓰게 된 계기를 90년대 공단의 현실에서 찾고 있다. 그는, "어느 비 오는 날 가산동 수출의 다리 넘어가던 때였어요. 아직 무너지지 않은 공장을 바라보면서 생각했어요. 그 옛날 저기서 일하던 친구들은 다들 어디로 가서 어떻게 하고 있을까. 그 슬픔이 『내 생의 적들』을 쓸 때 튀어나온 거라고 봐야겠지요. 수출의 다리에는 많은 지나간 시간들이 있습니다."라고 말한다.[102] 이인휘의 기억처럼 수출을 하기 위한 트럭, 공단을 누비며 민주노조 건설을 외치던 행렬, 육교를 통한 출퇴근 모습 등이 수출의 다리라는 흔적 안에 새겨져 있다. 그 점에서 90년대

102 이인휘. "인터뷰". 2013. 『구로공단에서 지벨리로』. 한스콘텐츠. 142쪽.

는 구로공단이란 장소를 둘러싼 많은 의미가 변해갔던 시기였다.

90년대 구로공단은 이질적이고 복합적인 장소들이 공존하고 경합했던 시기다. 전술했던 것처럼 국가/자본은 공장이전, (위장)폐업, 소사장제 등으로 구로공단이란 장소에 내재해 있는 기존 의미를 지우고 그 안에 있던 주체들을 소거消去하려고 했다. 노동자들은 위장폐업 철회, 공장 이전 반대 등으로 기존에 점유했던 구로공단이란 장소를 유지하기 위해 농성, 시위, 연대를 했으나 결국 실패했다. 실제 1993년을 전후로 고용불안 문제가 신문 '사설'에 등장할 정도로 심각해져, 휴폐업 속출, 생산방식 전환에 따른 집단해고와 고용불안정이 확대되었다.[103] 결국 80년대 만들어진 공단의 장소들은 해체되거나 사라지고 그 안에 거주하던 사람들은 '이산'하게 된다. 이는 장소/장소의 의미가 사라지는 주체의 사라짐을 의미하는 동시에, 그들이 점유했던 정치와 운동/자유시간의 장소가 폐색閉塞됨을 뜻하기도 했다.

대신 90년대 후반에 들어서며 국가/자본은 구로공단을 '재영토화'하기 시작한다. 이는 구로공단이란 장소에 새로운 의미를 부여하는 작업이었다. 새로운 의미란 다름 아닌 '첨단산업', '디지털 단지'였다. 새로운 의미가 공단이란 장소에 부여되는 과정을 보면 다음과 같다.

1994년 상공자원부의 산업경쟁력 강화론과 건설부의 국토균형개발론 간 논란이 된 "공업배 및 공장설립에 관한 법률시행령개정안"은 수노권내 대기업공장의 증설 및 이전을 허용하는 방향으로 논의가 시작되었고, 곧 이어 서울시립대 "구로공업단지 첨단산업기지화를 위한 타당성 연구"보고서에 근거해 공단 2, 3단지에는 첨단산업제품·하이패션제품을 생산·전시·판매하는 기능, 1단지엔 2, 3단지를 지원하기 위한 연구소·정보은행·텔레포트 등이 배치될 것으로 알려진다. 1995년에는 오

103 고용문제가 심각하다(사설) 『한겨레』 1993.1.20

염이 적은 첨단 업종에 한해 대기업 입주 및 공장 신설과 증설 허가 추진이 검토됐다. 하지만 최종 결론은 구로공단의 첨단 단지화를 추진하되 중소기업만이 기존 공장을 인수해 첨단 단지화를 추진할 수 있도록 결정됐다. 이른바 '벤처기업의 요람'으로 90년대 후반에 명명된 디지털 단지는 구로공단역 인근 1단지에 지하 3층, 지상 15층, 연건평 8,198평 규모의 벤처센터를 구축하고, 동양 최대 규모인 벤처센터에 벤처기업 80여개가 입주하고, 신기술 보육센터, 입지정보센터, 공장설립대행센터, 창업투자사, 생산기술연구원, 기술신용보증, 시제품개발실, 첨단시험계측센터 등 지원기관과 시설도 함께 들어서도록 기획됐다. 2, 3공단도 이미 들어선 의류와 패션산업을 고도화시켜 패션디자인산업단지로 변화시키고 빈 공장 터를 이용해 물류/고도기술 산업단지로 발전시킬 장소에 대한 새로운 '의미 지도'를 구상했다.[104]

1996년에는 '수도권 공장 총량제' 대상에 아파트형 공장을 제외함으로 써, 아파트형 공장을 확산시키는 제도적 기반이 마련됐다.[105] 1997년 '공업 배치 및 공장 설립에 관한 법률'을 개정하여 비제조업 부문의 R&D 업종 등 IT 관련 업종의 공단 입주가 가능하도록 법제적 기반이 만들어 졌다. 더 나아가 1997년 '구로단지 첨단화 계획'을 세워 기존 생산중심적인 하드웨어적 산업단지 개념을 생산·업무·연구·교육 등 을 포함하는 신 산업 창출 공간, 혁신 창출 공간, 환경친화적인 공간, 미래 지향적인 공간으로 변화시키는 것을 목표로 삼았다.[106]

---

104 자세한 내용은 다음 기사들을 참조. 경쟁력강화에 밀린 과밀억제/대기업공장 수도권 증설 허용 『경향신문』 1994.5.18; 구로공단 첨단산업 기지화/하이패션 생산시설도/서울시립대 보고서 『경향신문』 1994.6.16; 구로 등 수도권 8개공단 대기업 입주 추진 『한겨레』 1995.4.19; 구로공단 첨단단지개발/대기업 입주계획 백지화/중소기업만 허용키로 『한겨레』 1995.10.10; 구로공단 벤처기업 요람 부상 『한겨레』 1999.3.16.

105 주택공장 복합건물 이르면 6월부터 허용 『한겨레』 1996.2.17

106 손정순, 앞의 글, 285쪽

제1공단을 중심으로 제조업체가 이전한 유휴 공장부지에 아파트형 공장이 건설됐다. 1997년 IMF 경제위기 속에서 1공단 민간 아파트형 공장 분양이 진행됐으며, 그 결과 아파트형 공장 건설이 1공단을 중심으로 진행되어 90년대 3개 빌딩이, 2000년 3개, 2001-2년에 4개 빌딩이 만들어 졌다.[107] 이처럼 90년대 후반 디지털단지로 변화하면서 공장형 빌딩, 오피스단지, 의류유통단지라는 3축으로 장소의 재배치가 이뤄졌다.[108]

변화는 공단의 외형 변화지만 더 큰 변화가 그 안에 존재했다. 더 큰 변화는 10인 미만 영세 사업장이 급격히 증가하고 있었다는 사실이었다. 90년대 후반부터 만들어진 아파트형 공장을 사용하는 것은 IT업종 뿐만 아니라 다단계, 부동산 등 다양한 업종들이었다. 과거 제조업체 공장이 수백, 수천 개로 분리된 것이다. 규모와 외양은 커졌지만 그 내부는 영세화된 셈이다.[109]

1990년대 후반 이후 또 하나의 큰 변화 중 하나는 신규입주업체의 증가였다. 2001년 7월 말 기준으로 구로공단의 업체 수는 770개인데 이 가운데 1997년 이전부터 입주해 있는 업체 250여 개, 신규 입주업체는 500여개였다. 그러나 〈표 3〉에서 보이듯이 49명 이하 영세업체 수는 1982년 1%에서 1997년에는 77%로 급증했다. 업체 수 증가에도 종사자수의 변화가 크지 않았던 이유는 업체의 규모가 영세화되는 것을 뜻했다. 즉 구로공단이 중소규모 위주로 재편되고 있다는 의미였다.[110]

---

107 손정순, 앞의 글, 286쪽

108 송경동. 2013. "인터뷰". 『구로공단에서 지벨리로』. 한스콘텐츠. 360쪽.

109 구은정. 2009. 『우리들의 구로동 연가 : 구로공단과 구로디지털 산업단지 사이 월드』. 이매진. 112쪽.

110 구양미, 앞의 책, 21쪽

〈표3〉 구로공단 입주업체의 규모별 추이

종사자수	1982		1987		1992		1997	
49명이하	2	1.0%	19	7.2%	49	17.3%	460	77.1%
50-99명	58	27.5%	41	15.7%	40	14.1%	58	9.7%
100-299명	88	41.7%	86	33.0%	117	41.4%	65	10.9%
300-499명	29	13.7%	49	18.8%	20	7.1%	9	1.5%
500명 이상	34	16.1%	66	25.3%	57	20.1%	5	0.8%
계	211	100%	261	100%	283	100%	597	100%

* 구양미. 2002. 「구로공단(서울디지털산업단지) 산업구조개편에 관한 연구」. 『地理學論叢』 39. 24쪽.

실제 1990년대까지 고용 규모는 평균 200명 선이었지만 1999년부터는 평균 50인 이하로, 전형적인 영세화 사례가 독산동, 오류동, 신도림동에서 마찌꼬바라는 영세 하청업체의 양성화였으며 이는 섬유·의류·봉제 및 전자 부품 조립업종에서 나타나고 있다.[111] 1994년 노동인권회관자료를 보면, 공단 내 하청비율은 생산공정의 20% 미만인 60%였지만, 60%이상인 곳도 27%였다.[112] 뿐만 아니라 100~300명 규모 전자와 봉제의 경우 폐업, 자원 사직 등으로 정리해고가 이뤄져 왔다. 90년대 초반 구로공단 전자회사에서 생산라인마다 노동시간을 다르게 배치하면서 여성들이 대거 사직했으며, 1996년 즈음에도 변형근로 등 근무시간이 들쭉날쭉해지면서 직장과 가정생활을 병행하기 힘들어졌다. 그럼에도 1995년 현재 각 사업장 노동조합원 중 여성비율은 22.3%로 노조 참여율이 상대적으로 낮은 형편이어서 사용자의 부당노동행위에

111 1993년 설문조사 결과, 45개 조사업체 중 25개(55.6%)가 하청생산을 하고 있었다. 조기조. 1999. 「주가 900시대, 구로의 버려진 노동자들」. 『월간 말』 12월호. 119쪽; 손정순. 앞의 글. 297쪽; 안재섭. 앞의 글. 11쪽; 조명래. 앞의 글. 106쪽.

112 조명래. 앞의 글. 106쪽

맞서기도 어려웠다.[113]

90년대 대표적인 민주노조 나우정밀에서 일했던 이선옥은 폐업이후 다시 일자리를 찾아 나섰다. 하지만 나이가 40, 50대라서 받아주질 않거나 노조는 고사하고 점심도 싸 가야 하는 사업장이 태반이었다. 이후 그녀는 빌딩청소, 병원 청소, 식당, 전자 회사 등 모든 업종을 전전했다.[114] 이처럼 공단에서 일하는 연령대에서도 90년대 큰 변화가 나타났다. 1981년 25세 미만 노동자가 78.5%였는데 비해, 1994년에는 24.2%로 급격히 감소했다. 80년대 고졸 여성들이 금융권으로 진입했다면, 90년대에 들어서 카드 회사등 고객담당업무를 고졸 미혼 여성들이 담당하게 되었다.[115]

더군다나 2005년 기륭전자의 사례에서 드러나고 있는 것처럼 제조업 사업장이 연구-개발, 시제품 생산, 영업-판매 부분만 디지털단지에 남겨두고, 전자부품, 컴퓨터, 영상, 음향 및 통신장비 제조업종에서 불법적인 인력 공급이 시작됐다.[116] 그 결과로 사라진 장소에 머물고 있는 노동자 다수는 기혼 여성이였다.[117] 1987년 15%에 불과했던 기혼여성은 1994년 조사에 따르면 37.3%로 급증했다.[118] 이미 1990년부터 공단 인력난이 보도되며 주변 신림동, 독산동 등으로 공장을 옮겨 달동네 유휴인력을 활용한다는 사실을 확인할 수 있다.[119] 1991년 기사를 보면,

---

113 여성노동자 타격 더 크다/영세업체 볼러 변형근로 등 무방비 『한겨레』 1997.1.17

114 박수정, 앞의 글, 8쪽

115 안재섭, 앞의 글, 13쪽; 구은정, 앞의 책, 37쪽

116 2005년 기륭전자는 노동부로부터 불법파견 판정을 받은 후 1895일간 공장 점거, 두 차례의 고공농성, 94일간의 단식 등으로 마침내 2010년 11월 정규직 채용이라는 사회적 합의를 만들어냈다. 그러나 유예기간 이후 출근했지만 사측은 업무를 주지 않았고 야밤에 사라져 버렸다.

117 박준도, 앞의 글, 26~27쪽

118 안재섭, 앞의 글, 13쪽

119 수출주문 받고도 생산못해 포기(인력난… 야단났다:2) 『한국일보』 1990.12.6

"사라졌던 특·야근 부활/20대 여근로자 대신 50대 주부/동남아인 고용 공공연한 비밀수출현장에 일손이 달린다 ... 기능인력 부족사태가 가장 심각한 분야는 섬유·전기전자 등 노동집약 업종의 중소기업체"라는 보도에서 확인할 수 있듯이 대체인력으로 기혼여성이 강조됐다.[120]

그 결과, 90년대 이후 구로공단의 업종과 노동자들의 구성도 변했다. 90년대 초반부터 서비스 호황과 제조업 공동화 문제를 지적되며 골프장 캐디, 룸살롱 종업원, 레저타운 서비스 업종 등에 대한 선호도가 높아졌다.[121] 90년대 중반 들어 공단내 의류업체에는 미혼여성은 거의 없고 30-40대 기혼여성과 60대 노년 여성이 중심을 이루게 됐다.[122] 〈표4〉에서 확인할 수 있듯이 1995년부터 1999년까지 제조업은 -0.4%로 정체됐다. 반면 비제조서비스 부분은 급격하게 확대됐는데, 90년대 이후 제조업과 서비스업으로 구로공단은 이원화된 상태이다.[123]

1990년대 중반에 이르면, 구로공단 취업자 수는 1970년대 후반의 1/3에도 못 미치는 수준으로 줄었다. 1987년 7만3천명에서 1992년에는 5만 5천명으로 24%가 줄었다.[124] 이러한 취업자 수의 감소는 구로공단 인근지역으로 노동자의 유출로 이어졌다. 공단이란 장소를 점유했던 노동자들은 공단에서도, 그리고 자신들이 생활해 왔던 '벌집'에서도 사라졌다.[125]

---

120 인력난 수출현장 일감은 넘쳐/납기 못댈까 수주도 포기 『한국일보』 1991.6.13
121 서비스업 호황에 제조업 공동현상(인력난… 야단났다:3) 『한국일보』 1990.12.7
122 인천 남동/서울 구로/경기 시화(엔고시대/공단의 명암:1) 『동아일보』 1995.4.27
123 박준도. 2014. 5. 7. 「서울디지털산업단지 노동환경실태 2011~2013」. 노동자의 미래. 『서울디지털산업단지 노동환경실태 2011~2013』. 심상정 의원실. 8쪽.
124 조명래, 앞의 글, 104쪽
125 서울역사박물관 편, 앞의책, 94쪽

〈표4〉 공단 지역 제조업, 서비스 부문 노동자 규모 변화 추이(단위:명, %)

산업부문	1995	1997	1999
제조업	44,325	35,903	39,537
비중치(%)	80.0	81.1	80.9
생산자서비스	1,477	1,153	1,887
비중치(%)	2.7	2.6	3.9
유통서비스	4,667	3,765	4,437
비중치(%)	8.4	8.5	9.1
개인서비스	3,750	2,522	2,215
비중치(%)	6.8	5.7	4.5
사회서비스	1,175	914	772
비중치(%)	2.1	2.1	1.6
합계	55,394	44,257	48,848
비중치(%)	100.0	100.0	100.0

* 출처 : 전국사업체조사 원자료, 각년도(손정순, 앞의 글, 290쪽)

1990년대 중반에 이르면, 구로공단 취업자 수는 1970년대 후반의 1/3에도 못미치는 수준으로 감소했다. 1987년 7만3천명에서 1992년에는 5만 5천명으로 24%가 줄어들었다.[126] 이러한 취업자 수의 감소는 구로공단 인근 지역으로 노동자의 유출로 연결되었다. 구로공단 노동자는 공단에서도, 그리고 자신들이 생활해 왔던 '벌집'에서도 사라졌다.[127] 구로공단 휴대전화 조립공장에 다니는 여성노동자는, "...1993년엔 제법 큰 공장에 취직해 월급이 60만원까지 올라가기도 했다. 하지만 1995년께부터 공장들이 지방과 외국으로 이전하면서 일자리를 구하기

126 조명래, 앞의 글, 104쪽
127 서울역사박물관 편, 앞의책, 94쪽

어려워지더니, 1998년 외환위기 땐 정리해고를 당하기도 했다. 아파트형 공장이 우후죽순처럼 들어선 2000년 이후엔 인력파견업체를 통한 간접고용이 일반화하면서, 구로공단에서 비정규직·저임금·장시간 노동의 굴레를 벗어나기는 더욱 힘들어졌다"라고 어려움을 토로했다.[128]

이런 상황에서 잦은 이직은 고용불안의 결과이기도 하지만, '이직' 이외의 선택지를 찾기가 어려운 공단의 상황을 반영한다. 임금·노동조건을 개선시키기 위한 노동조합이 취약하기 때문이었다.[129] 90년대 백산전자(2공단)와 크라운전자(3공단) 폐업반대 투쟁이 마무리되며 점차 많은 사업체가 이전하자, 새로 진입한 업종과 공백이 생기며 민주노조 운동의 전통이 약화되었다. 1995년까지는 나우정밀을 중심으로 민주노조 전통은 유지되었지만 1998년 나우정밀도 해산된 이후 현재 상황이 지속되고 있다.[130] 삼경복장에 다니다가 보험설계업무를 했던 서준임은 '권리=부정적인 것'으로 생각하는 운동/정치가 사라진 90년대 이후 구로공단 분위기를 다음과 같이 전한다.[131]

> " ... "소장이 전체 모인 자리에서 그래요. 에프 피(FP)가 긍정적 사고를 가져야 하는데 나보고 부정적이라고. 밤 10시까지 일하라고 하면 긍정적으로 받아들여라 이거죠. 내 권리를 주장하면 왜 부정적인 얘기를 하냐고 그래요. 권리를 주장하지 못하게 하는 시스템이죠. 노동자를 쥐어짜는 거죠. 그때 돈은 좀 벌었지만 인간다운 삶이라고 결코 말하지 못해요.

---

128 구로서 20년, 최저임금 받는건 안변해『한겨레』2012.1.18
129 서울역사박물관 편, 앞의책, 101쪽
130 김정근, 앞의 글, 159쪽
131 박수정, 앞의 글, 5쪽

그건 노예나 마찬가지예요. 사람이 돈만 있다고 해서 행복한 건 아니잖아요 ... "

90년대 구로공단 AMK 조합원이던 서혜진은 폐업후 한국통신 계약직 114로 일했다. 불공정한 노동조건으로 사표를 쓰려고 했을 때, 한통측은 불만이나 사유조차 묻지 않았다. " ... 한국통신 계약직이었으니까 총무과 가서 사표를 썼어요. 사표를 쓰러 가서 왜 그만두냐고 물어보면 그때까지 느꼈던 불만을 다 얘기하려고 했는데, 안 물어보는 거예요. 그냥 '사표 쓰고 제출하세요. 탈의실 열쇠하고 신분증, 아이디카드 놓고 가세요.' 그게 땡이에요. 황당했어요 ..."[132]

(1) 변화된 장소의 이름들

90년대를 마무리하며 구로공단의 변화를 상징적으로 보여주는 것이 구로공단역(1공단)과 가리봉역(2공단)의 이름이 바뀐 사실이다. 1984년에 개통된 '구로공단역'은 2004년 '구로디지털단지역'으로 역 이름이 바뀌었다 파란 작업복을 입은 노동자들 대신 화이트칼라의 모습이 눈에 띈다. 지하철역 3번 출구에 붙은 '원룸월세' 광고들은 구로공단에서 디지털단지로의 변화를 상징하는 것이다.[133]

1968년 열린 한국무역박람회를 위한 간이역으로 임시로 만들어진 뒤 1974년 개통된 가리봉역은 구로공단역과 함께 구로공단으로 출근하는 노동자들이 가장 많이 이용하는 역사로 가리봉 오거리와 함께 시위 장소로 이용되었고 2005년 가산디지털단지역으로 역이름을 바꿨다.[134]

---

132 박수정, 앞의 글, 10쪽

133 굴뚝형 공장이 있던 자리에 새로 생겨난 원룸밸리는 디지털단지에 새롭게 형성된 주거형태이다.

134 『구로공단 19662013』, 109쪽; 135쪽

국가는 90년대 후반에 시작된 공단 첨단화를 완결하는 것으로 역 이름을 변경했다. 이는 80년대 구로공단의 의미를 지우고 이곳에 새로운 장소성에 대한 의미를 부여한 것이다. 하지만 새로운 이름은 첨단이라기보다, 또 다른 잉여 추출의 장소를 구축하는 것이었다. 그리고 그 안에 기혼여성, 주부노동, 이주노동 등 '재영토화' 중인 장소 안의 새로운 주체가 형성되었다.

(2) 변화된 일상의 장소들

공장 폐쇄와 이전으로 벌집에 살던 노동자들이 점점 공단을 떠나자 빈 방들이 늘어났고 벌집을 운영하던 사람들과 그 곳에 살던 사람들은 사라졌다. 마리오 아울렛을 운영하던 홍성렬도 90년대 후반 공단에 해가 떨어지면 어두운 뒷골목 분위기로 변해 다니는 사람이 보이지 않을 정도였다고 회고한다.[135]

영화 『눈물』(2000년, 임상수 감독)은 감독이 1년간 가리봉동에서 선글라스 장사를 하며 만든 영화다. 이 영화에는 삐끼, 성판매, 유흥업소에서 일하는 청소년이 등장한다. 구로공단 벌집촌이 가출청소년의 범죄 아지트가 되었다는 기사가 언론에 많이 보도되기 시작한 것도 이 무렵이었다. 가리봉 지역은 삶의 터전을 잃어가고 있던 노동자와 하루벌이로 생계를 이어가던 건설 노동자, 유흥업소에 종사하던 가출 청소년들이 혼재해서 거주했다.[136] 당시 신문을 보면, "수도권의 범죄는 급격한 산업화의 영향으로 유동인구가 많은데다 유흥가가 이상비대해 지면서 연평균 인구증가율의 4~5배까지 급증하고 있으나 대책이 없는 실정이다"[137]라는 기사나, 1995년 빈 벌집에 거주하는 청소년 문제를, " ... 벌

---

135 홍성렬. 2013. "인터뷰". 『구로공단에서 지벨리로』. 한스콘텐츠. 116쪽.
136 황규관. 2013. 「대한민국의 하비루들」. 『아시아』 28. 봄호.
137 수도권 도시는 모두 범죄권 『한국일보』 1990.1.10.

집들조차 빈방이 많이 늘어 부동산 중개업소마다 세입자를 기다리는 5~6개의 방들이 나와 있으나 몇 달째 '주인'을 찾지 못하고 있는 실정이다. 오히려 여성노동자들이 떠난 벌집에는 가출 소녀들이 대신 몰려들어 집단생활을 해 사회문제 ..."라고 기사화했다.[138] 90년대 후반에도 이런 흐름은 지속되었는데, " ... 청소년들이 1평 남짓 벌집서 낮잠을 자고 해가 지면 출근을 하고 어린 여성은 짙은 화장을 하고 남성은 '삐끼'로 일한다. 삐끼, 철가방, 총잡이 등은 10대 남성들이 가장 쉽게 찾는 일이었다. 이제 벌집유흥업소에 나가는 10대들 가운데 상당수가 거주, 2, 3층 양옥집에 1.5평 남짓한 방이 20~30개 다닥다닥 붙어 있는 벌집에서 이들은 때로는 친구끼리, 때로는 남녀가 섞여 생활했다"라고 보도했다.[139]

1995년 처음 구로공단에 입주했던 김흥수는 당시 공단이 빈 공장 건물이 대부분이었고 식당도 많지 않았다고 회고한다. 그는 당시 분위기를, "동네가 황량했어요. 공장들이 있던 자리는 비어 있는 곳이 많았어요. 대부분 중국이나 지방으로 빠져나갔다고 하더라구요. 앞에는 학고방이라고 불리는 작은 집들이 가득했고. 강남에 있다가 여기로 오니 주변 환경이 천지차이였어요."라고 기억한다.[140]

1990년대 말까지도 가리봉오거리 주변 지역에는 다방, 룸싸롱 등 각종 유흥업소 등이 많았다. 도시 주변부에서 흔히 볼 수 있는 이들 유흥업소들은 퇴폐영업으로 단속의 대상이기도 했다.[141] 이 시기는 아직 공장과 사람들이 여전히 쪽방에 남아있지만 과거와 같은 거리, 식당, 술집에

138 변화물결 거센 구로공단/활기잃은 '수출한국의 꽃' 『한겨레』 1995.8.28

139 집 나온 아이들/어디서 어떻게 지내나현장르포 『한국일보』 1997.2.25

140 디지털구로문화대전(http://guro.grandculture.net/Contents?local=guro&data Type=01 검색일. 2015. 4. 28)

141 서울역사박물관 편, 앞의책, 127쪽 , 191쪽

서 활기가 찾아든 시기였다. 90년대 공단의 분위기를 만화방이란 장소를 통해 재현한 영화감독 김홍준은 90년대 변화한 공단에 관해 다음과 같이 증언한다.[142]

> " ... 그 시대 우리 사회에서 가장 주변으로 밀려난 사람들이 이곳에 오면 그 사람들이 주류가 되는 곳이거든요? 그야말로 부르디외(Bourdieu)식으로 말하자면 문화적 자본이 다른 사람들이기 때문에, 공단 노동자들은 기숙사에 살거나 쪽방에 살다가 주말이 되면 결국 가리봉동에 와서 친구들 만나고 밥 먹고 술 먹고 모든 걸 다 하는 것이지, 대학생들이 노는 종로나 신촌은 갈 수가 없는 거예요. 가면 벌써 자기는, 가는 순간, 거기 가면은 어울리지 않는 존재니까. 뭐, 돈도 돈이지만. 그러니까 공순이 한 명이 종로서적에 가서 책을 산다는 것이 어마어마하게 용기를 필요로 하는 행위였고, 그러니까 결국은 가리봉시장이라는 것은 공단 노동자들의 모든 소비생활과 여가생활과 이런 것들이 다 집중되는, 그러니까 연상되는 것은 좀 엉뚱하지만 이민 초기의 LA 코리아타운이 생각되더라구요. 결국은 오갈 데 없는 한국사람들이 거기 가면은 모든 것을 다 해결할 수 있는, 미용실부터 시작해서, 그러니까 똑같은 한국에 살았어도 한국 안에 또 다른 그들만의, 들이 갈 수밖에 없는 딴 데는 갈 수 없는, 그런 게토 같은 곳이었거든요. ..."

---

142 서울역사박물관 편, 앞의책, 244쪽

김홍준이 공단이라는 장소의 성격으로 언급했던 'LA 코리아타운', '게토' 등의 단어는 90년대 들어 점차 변화하게 된다. 공단에 새로운 주체들이 들어오기 시작하고 80년대와 이질적인 장소들이 눈에 띄기 시작하기 때문이었다. 대표적인 예로 아울렛의 등장, 패스트푸드점, 노래방과 유흥주점 등을 들 수 있다.

첫 번째로 가리봉 시장을 보자. 가리봉시장은 원래 논이 있던 저지대로, 가리봉동 다른 지역에 비해서는 상대적으로 개발이 늦었다.[143] 하지만 공단이 조성된 뒤 가리봉시장은 서울 명동 못지않은 인파로 붐볐다. 가리봉시장 대표적인 장소는 곱창거리, 먹자골목, 다방과 술집 등이었다. 뿐만 아니라 탁구장, 당구장, 오락실이 생겼다. 80년대 오거리에서 장사를 하면 부자가 된다는 말은 과장이 아니었다. 80년대 가리봉 시장은 리어커를 모는 사람조차 집을 한 채씩 장만할 정도로 경기가 좋았다. 1986~1987년 분양 광고에는 '서울 5대상권의 하나! 공단근로여성 45만과 주민 40만이 상주'라고 기록하고 있다.[144] 먹거리 촌에는 떡볶이, 순대가 있고 리어카에는 옷과 양말이 가리봉극장과 천일극장에서는 동시상영 재개봉 영화가 상영됐다.[145] 특히 여성노동자들에게 수요일과 일요일은 '해방된 날'이었다. 이날 기숙사 노동자들이 외출을 나와 어깨가 부딪혀 시장 골목을 다니기 어려울 정도였다.

그러나 90년대 후반 이후 과거 가리봉시장에 자리했던 병원과 은행, 어린이집 등도 점자 사라져 갔다. 뿐만 아니라 90년대 중반에는 가리봉오거리 주변에 생겼던 규모가 큰 룸 쌀롱, 스탠드바, 나이트클럽은 안산, 광명 등 신흥 생산도시로 옮겨갔다. 그 결과, 가리봉오거리에는 영세 식당, 호프집, 주점, 단란주점, 커피전문점, 악세서리, 24시간 편의

143 서울역사박물관 편, 앞의책, 75쪽
144 서울역사박물관 편, 앞의책, 165쪽
145 『구로공단 19662013』, 151쪽

점 등이 혼재되어 있다. 또 하나의 가시적 변화는 사무직 노동자와 젊은 세대집단의 부상이었다. 거리에서 쉽게 발견할 수 있던 호프집과 노래방을 사용하는 생산직 노동자 비율은 줄고, 사무직 노동자와 젊은 세대 사용자가 늘어났다.[146] 1995년 기사에 따르면 맥주집과 유흥업소는 손님이 거의 없는 상황이고 업소들도 철산동 등 주변으로 이전해 70여개만 남았다.[147]

두 번째 장소는 가리봉시장의 먹자골목이다. 이창동 감독의 『박하사탕』(1999)에 등장하는 곳이 먹자골목의 '공단식당'이다. 퇴근하는 여성 노동자들은 이 곳에서 떡볶이, 순대, 튀김 같은 분식을 즐겼다. 90년대 이후 이곳은 폐업하거나 호프집으로 변했고 이제 감자탕 골목으로 변했다.[148]

세 번째 변화한 장소는 구로시장 먹자골목이다. 이곳은 가리봉 시장 먹자골목과 더불어 공단의 대표적 먹자골목으로, 퇴근 시간엔 공단 여성노동자들이 줄을 서면서 문전성시를 이뤘다. 작은 간판에 1호집, 2호집, 3호집 식의 일련번호로 시작하는 노점이 중앙에 배열돼 있고 머리고기, 해장국, 순대국 등을 파는 식당들이 남아 있다. 90년대 이후 이 골목을 찾는 사람들도 남구로역 인력시장 남성으로 바뀌었다.[149]

다음 장소는 현재 오거리아울렛으로 변한 가리봉 패션거리다(〈사진 18〉 참조). 1976년 가리봉시장이 생길 당시 오거리 아울렛 앞길은 붉은 황토 길이었다. 이곳에는 채소, 생선, 간식, 액세서리 좌판이 들어섰다. 좌판 양쪽으로 옷가게, 가방가게, 신발가게들이 줄지어 있었다.[150]

---

146 황동일, 앞의 글, 74쪽, 76-77쪽

147 가리봉오거리/구로공단 침체 어둠의 거리로(젊은이 만나는 곳:6) 『동아일보』 1995.2.27.

148 『구로공단 19662013』, 24쪽, 171쪽

149 『구로공단 19662013』, 49쪽

150 『구로공단 19662013』, 25쪽

기숙사에 살거나 자취를 하는 노동자들을 위한 이불, 그릇 등의 생활용품과 비키니옷장, 소형가구 등을 판매하는 가게도 많았다. 구종점에서 시장으로 내려오는 길에 양장점이 있었는데, 유행에 민감했던 젊은 노동자들은 월급날에 맞추어 외상으로 물건을 샀다. 뿐만 아니라 명절을 앞두고 가족들에게 줄 선물을 사려고 북새통을 이뤘다.[151]

〈사진18〉 오거리아울렛

* 출처 : 김선민 외 지음,
「구로공단 19662013–노동, 생산, 이주 그리고 꿈」, 2013, 25쪽

다섯 번째 변화한 장소는 남구로역 주변의 의상실 거리다. 구로시장 양품점 거리, 비단길 포목점 거리와 더불어 여성노동자들이 옷을 해입던 장소였다. 구로공단 의상실 거리는 남구로역 인력시장 언덕길부터 구로시장까지 이어졌다. 이 주변에는 여서노동자들이 즐겼던 미용실, 맞춤구두, 가방가게, 산부인과 등이 있었다. 하지만 옷을 맞추는 데 드는

151 서울역사박물관 편, 앞의책, 166-7쪽

비용이 적지 않아서 여성들은 주로 할부를 이용했다.[152] 1990년대 초반 아동복 가게, 비키니옷장 등 작은 가구를 파는 가게, 여성복 가게, 노동자를 대상으로 하는 중국집이 있었지만, 이제 노래방과 음식점으로 변했다.[153]

여섯 번째, 1962년 가리봉 시장이 만들어 지기 전부터 구로시장은 '구로장터'라 불렸다. 이곳은 여성복, 남성복, 아동복, 수건, 양말 등을 함께 파는 양품점 거리였다. 과거보다 길도 넓어지고 점포도 바뀌었지만, 당시 양품점들이 지금도 남아 있다. 전통재래시장인 이곳은 정보교환과 일상의 활력을 나누던 공간이었다.[154] 신경숙의 『외딴방』에 등장했던 구둣가게, 옷가게, 빵집 등은 찾아보기 어렵지만 구로공단의 주인공은 지금도 여성들이다. 시인 김사이의 『달의 여자』(2008)를 보면 구로시장과 변화와 흔적을 이해할 수 있다, " ... 30여년전 산업화의 발과 손이었던/ 여공은 노동운동사의 유물로 사라지고/ 사각 콘크리트 건물들이 자본의 기둥처럼/ 위풍당당하게 우뚝 솟은 이곳엔/ 여공의 제복을 벗고 발가벗겨진 여성이/ 불법체류자로 낙인찍혀도 국경을 넘는 아시아 여성이/ 돈벌러 홀린 듯이 모여드는데/ 노래방에서 식당 모텔 대화방 술집에서/ 예나 지금이나 가장 싼값에/ 노동을 팔아 몸을 사고/ 몸을 팔아 삶을 사고,/ 마트로시카 인형처럼/ 어머니는 여공을 낳고 나비를 낳고/ 여자아이를 조선족 여자를 다시 어머니를 낳고 ..."

끝으로, 구종점 사거리에 위치한 남구로역 인력시장은 70년대 건설노동자들이 118번 종점 주변으로 모이면서 형성되었다. 인력시장은 대림역 주변에도 형성되어 있는데 주로 파출, 식당일을 구하는 사람들이

152 『구로공단 19662013』, 38-39쪽
153 서울역사박물관 편, 앞의책, 77쪽
154 『구로공단 19662013』, 44-45쪽

모인다. 1992년까지 해도 구로공단 주변 게시판과 전봇대마다 구인광고가 넘쳐났다. 구로공단 부근에는 5m가량의 대형 구인게시판이 있었다. 본래 게시판은 가리봉오거리부터 50~100m에 하나씩 있었는데 80년대 중반 현재 같은 게시판으로 바뀌었다.[155]

90년대 갑을전자에 취업했던 김소연(기륭전자)에 따르면, 1992년 가리봉역에서 그녀는 마치 인신매매를 당하듯이 봉고에 태워져 취업을 했다. 뿐만 아니라 직원들이 역 앞에 나와 직접 구인을 했다. 회사에 사람을 소개하면 3만원의 소개비를 줬다. 하지만 몇 해 지나지 않아 '구직란'이 찾아들었다.[156] 구종점의 '인력시장'을 시로 쓴 조기조의 『구로동 아리랑』(1997)을 보면 "혼자 남은 내 발길은 공단 쪽으로 돌려지는데/ 일하던 우리 공장은 문 닫은 지 석 달째라"처럼 구인란에서 구직란으로 변한 90년대 중후반 상황을 파악할 수 있다;

구로동 구종점 네거리 인력시장
가로등은 꺼지고 해는 높았는데
아라리요 아라리요 얼굴보고 골라가고
쓰라리요 쓰라리요 덩치보고 골라가고
팔려가지 못한 사람들 진눈깨비로 서성이네
서울에 일할 곳이 이다지도 없단 말가
일자리 없는 사람 이다지도 많단 말가
아리랑이 쓰리랑인가 쓰리랑이 아리랑인가
몇 개비 던져놓은 모닥불은 사그라지는데
찬바람에 멱살 잡히고 발만 동동 굴러보네

155 서울역사박물관 편, 앞의책, 146쪽
156 「유리벽 솟은, 여긴 노동의 벼랑」, 『한겨레 21』 2014.9.17

아리랑 동동 굴러보고 쓰리랑 동동 굴러보네
몇몇은 애가 타서 화투판 일당 벌어볼까
몇몇은 속이 쓰려 한잔 대포로 풀어볼까
구로동 고개 넘어간다 진양조로 넘어간다
일하고 싶네 일하고 싶어 젊어서 일해야지
늙어서도 일할 팔자 일하다가 죽고 싶네
아리랑 쓰리랑 아라리요 쓰라리요
혼자 남은 내 발길은 공단 쪽으로 돌려지는데
일하던 우리 공장은 문 닫은 지 석 달째라
아라리요 쓰라리요 쓰라리가 지라리요
밀린 월급 떼어먹고 도망간 사장님은
십리도 못 가서 새 공장을 차렸다네.

80년대와 달리 남구로역 언덕에는 인력사무실과 중국동포들이 더 많다. 새벽 5시가 되면 남구로역 일대는 수 백명의 구직자로 가득 찬다. 남구로역 주변에 건설 노동자들이 모이면서 생긴 인력사무소와 작업복 가게, 복권방, 중국어로 써진 은행, 술을 파는 편의점을 찾아 볼 수 있다.[157]

157 『구로공단 19662013』, 37쪽, 187쪽

3. 소결

그런데 어제 또 하나를 잃어먹었다
잊고 지냈던 구로공단 옛사람들을 만난 날이었다
386이 정권을 잡았다고 떠들어대는 세상에서
하나같이 잊혀진 사람들
대우어패럴 서광 에이엠케이 나우 협진정밀
가리봉전자 삼경복장 대성전자 슈어프러덕츠
그곳에서 처음 노동운동을 열었던 노출 1세대들
아직도 참가비 만 원에 허리가 휘는 사람들
비정규직으로 일한다는 선배
얼마 전 빔에 깔려 네 손가락이 없어 허전한 이들 많았다
기쁨과 설움을 많이도 처먹었던가보다
집에 들어 와보니 안경이 없었다

처음엔 안경 한두 개 쯤이야 했다
사람들은 다시 또 죽어나가고
세상이 보기 싫은 꼴이 한둘 아닌 마당이다보니
난 자꾸 안경이라도 잃어버리며
보기 싫은 세상에 작은 항거라도 하는 거라 생각했다
하지만 이제 난 억울하다
내가 왜 이 못된 세상에 안경까지 잡아먹혀야 하나
힘없는 아내에게 그 짐을 늘 지게 할 수도 없다
그래서 나는 이제 바란다

편파적으로 구체적으로 바란다
안경이나 뺏어가는 소극적 싸움이 아닌
진정한 싸움을, 내게 걸어달라고
차라리 내 영혼의 눈을 거둬가 달라고.

(송경동, 『잃어버린 안경』 중에서)

위의 시에서 송경동은 80년대, 90년대 운동/정치의 장소에서 잊혀진 주체들인 대우어패럴, 서광, 에이엠케이, 나우, 협진정밀, 가리봉전 자, 삼경복장, 대성전자, 슈어프러덕츠를 불러낸다. 아직도 이들은 불안정 노동자 혹은 주부/여성으로서 현재를 살고 있다. 이 글은 90년대라는 시대를 대중소비, 욕망, 냉소와 비정치 등 기존 지배적 해석에서 '다시 생각해 보기' 위한 징검다리로 구로공단이란 장소를 선택했다.

90년대 구로공단의 변화는 어떤 결과를 남긴 것일까. 공단에는 서로 다른 시간대의 장소가 겹쳐져 있다는 것이 적절한 표현일까? 60~70년대와 80~90년대, 그리고 2000년대 이후 '현재'가 한 공간에서 동시에 펼쳐지고 있는 스펙터클인가. 표면적으로 2017년 공단은 60~70년대에서 멈춘 가리봉 시장 일대, 80~90년대적 특징을 보여주는 외부 주거 지역, 그리고 현재를 상징하는 디지털산업단지로 삼분三分되어 있다. 디지털산업단지 일대에 펼쳐진 마천루들이 현재의 안쪽이고 가리봉 시장 일대가 현재의 바깥으로 그 위상이 뒤바뀌었다.[158]

구로공단은 5·16 군사 쿠데타 이후 본격화된 국가주도 자본주의화 과정에서 만들어 졌다. 애초 구로공단이란 장소는 외국자본의 유치로 노동집약적 단순조립제품의 수출에 의한 성장을 지상목표로 한 지배/권력에 의해 구축된 '잉여 구축의 장소'였다. 공단은 1, 2, 3공단과 주

158 황규관, 앞의 글.

거 공간인 벌집/기숙사, 미혼 여성노동자들의 일상이 이뤄지던 시장/거리로 이뤄졌다. 이는 국가에 의한 '영토화/원주민 이출'과 초과수탈을 위한 생산의 장소를 구축하는 '이중적 과정'이었다.

하지만 수출/성장을 위한 초과착취라는 '의도'가 구로공단에서 그대로 관철되지는 않았다. 80년대 들어서 공단이란 장소에 부여된 초과잉여 추출이란 의미에 대항하는 흐름이 만들어 졌다. 그것은 '인간다운 권리'나 '최소한의 자유 시간'에 대한 요구였다. 그 흐름은 다방, 고고장, 시장 등 장소는 '국민'과 동등한 자유시간/물질적 혜택을 누리고자 하는 목소리를 내지 못했던 여성/노동자들의 장소/시간에 대한 욕망이었고, 가오리나 2공단사거리 등에서 노조 건설/파업/시위 등을 통해 법으로 보장된 권리를 지키려는 노동자의 요구는 지배의 언어를 통해 저항과 운동의 장소를 점유하려는 흐름이었다.

하지만 90년대 구로공단의 변화는 80년대 장소/주체들이 지닌 의미들의 사라짐 혹은 지워짐으로 해석될 수도 있다. 90년대 들어 자본/국가는 구로공단을 고비용, 낮은 경쟁력이란 이름으로 지목하며 개발주의 시기 구축된 초과착취를 위한 장소의 의미는 약화된다. 단순화시켜 말하자면, 90년대 공단은 국가/자본에 의한 재영토화 혹은 장소의 재구성 과정을 거쳤다. 먼저 90년대 국가/자본의 지배의 언어는 고비용, 낮은 경쟁력 등을 이유로 80년대 구축된 국가/자본으로부터 자율적인 장소로서 구로공단의 의미를 지우고자 했다. 동시에 이는 국가/지본이 과거에 구축한 '장소성'을 폐기하는 것이기도 했다. 또 다른 지배의 언어는 스스로 구축한 장소에 대한 '낙인(stigma) 찍기'였다. 이는 청소년 범죄, 슬럼, 퇴락, 낙후 등 언어를 통해 공단을 '주변화'시키는 일련의 과정이었다. 마지막 지배의 언어는 새로운 장소성에 대한 의미를 부여하는 것이었다. 90년대 중반 이후 첨단산업, 디지털 단지라는 '호명'(interpellation)은 또 다른 잉여 추출의 장소로 공단을 재영토화하려는 전략이었다.

물론 재영토화에 맞선 공단이란 장소를 점유했던 주체의 저항도 존재했다. 이들은 생산/소비/여가가 융합된 삶의 장소인 공단의 의미를 지키기 위해 위장폐업 철회/농성/시위/연대의 언어와 몸짓을 구사했다. 하지만 기존 장소를 점유하려는 시도는 실패로 마무리됐다. 개발주의 시기 구축된 공단/시장/거리라는 생산/소비/여가의 장소와 그 의미는 사라져 갔으며, 주체들도 주변화 되거나 떠나갔다. 이는 90년대 진행된 구로공단이라는 장소에서 전개됐던 정치/운동/자유시간을 점유하려는 시도가 폐색되어갔던 것을 의미했다.

대신 새로운 의미의 장소 공장형 빌딩(아파트 공장), 오피스단지, 의류 유통단지라는 세 가지 축으로 공단은 변해갔다. 90년대 중반까지 생산/여가/소비가 공단-벌집-시장-거리로 통합된 장소였던 구로공단은 이전 시기 공단의 흔적인 가리봉 시장 일대, 80~90년대적 특징을 보여주는 외부 주거지역, 그리고 현재를 상징하는 디지털산업단지로 '해체'되었다. 90년대 이전 외부로부터 주변화/차단된 '게토'와 같은 장소였지만 구로공단은 '활기 있는 공동체'였다. 하지만 90년대 중반 이후 80년대 만들어졌던 장소성/장소의 의미는 더 이상 유효하지 않게 재영토화됐다. 동시에 기존 장소와 새로이 재영토화된 장소간의 질서 역시 '역전'됐다. 주변화 된 장소인 가리봉시장, 흔적으로 남은 주거지 그리고 주변 영세 사업체에 새로운 주체가 형성되기 시작한 시점이 90년대였다.

끝으로 90년대를 해석하는 데 있어서 구로공단이 지니는 의미를 재확인하고자 한다. 먼저 전제되어야 할 바는 공단은 늘 다른 의미에서 국가/자본에게 관리되어야하는 '위험한 장소'로 여겨져 왔다는 점이다. 이것이 90년대 이전과 90년대 구로공단이 지닌 '연속성'이다. 정치적 노동운동, 비행과 범죄, 이주민의 증가 등 각기 이유는 다르지만 국가/자본은 구로공단을 위험한 장소로 위치 지웠다. 두 번째 주목해야 의미는 공단을 점유했던 주체는 90년대 들어 변화했지만 지속적으로 '주변화' 되어 왔다는 점이다. 80년대 여성노동자들은 생산-소비-여가가 통합된 '게토'에 거주하며 공단 외부 시선에 의해 주변화 되었다. 90년대 들어 생산-소비-여가라는 통합적 의미에 균열이 생겼다. 이러한 징후는 90년대 초중반에 가시화됐다. 대신 노동의 기혼여성화, 불안정화, 영세-하청화, 노동의 장소가 공단 주변으로 이동하며 주체들은 비가시화 되어 갔다. 유사한 시기 울산과 비교해 보면, 울산은 남성 중공업 사업장이 주류를 이루었고, 2000년대 초반까지 주체와 조직의 연속성이 유지됐다. 이 점은 울산과 구로가 매우 다른 것처럼 보인다. 하지만 울산공단도 현대계열사와 하청계열사/불안정노동 간의 장소, 질서를 둘러싼 위계화 경향 - 정확하게는 하청/불안정노동의 주변화 - 은 유사하게 관철됐다.[159] 90년대를 파악하는 데 있어서도 구로공단이 지닌 기본적 속성은 더 많은 이윤을 생산하기 위한 끊임없이 '(재)영토화될 수 있는 장소'라는 점이다. 이 점에서 우리는 90년대 국가/자본의 재영토화 과정이 구로공단을 형성한 국가-자본의 권력을 넘어선 장소성을 획득했던 80년대의 흔적과 기억을 끊임없이 지워내고자 점을 다시 환기시키고자 한다.

159 울산에서 현대자동차 노동조합의 지역, 공장에서 정치의 장소가 사라지는 과정에 대한 현지조사는 신병현 외 편. 2008. 『사라진 정치의 장소들』. 천권의 책 참조.

1990년대의 증상들

장선우와 에로비디오
– 1990년대 한국의 전환기적 포르노 영화

| 이 윤 종

장선우와 에로비디오
– 1990년대 한국의 전환기적 포르노 영화

—

이윤종

1. 들어가며 – 21세기 일상의 포르노화

1990년대 한국 영화계의 에로티시즘을 대표하는 두 갈래의 흐름은 장선우와 에로비디오로 요약할 수 있다. 장선우 감독의 영화들과 에로비디오는 매우 유사하면서도 다른 방식으로 기존의 한국 영화계에 존재하지 않았던 포르노적인 요소들을 가시화하고 대중화하는 역할을 했다. 이때 포르노적인 요소들이란, 서구와 일본의 포르노물이 국내에 소개될 수 없는 상황에서, 1970년대와 80년대의 한국영화들이, 즉 호스티스 영화와 에로영화가 감질 맛 나는 정도의 양과 질을 지닌 성애 재현에 그치며 담당했던 '대안'적이고 '기능'적인 측면으로서의 요소를 말하는 것이 아니다. 그것은 실질적으로 포르노라고 할 때 연상되는 고수위의 노출과 서사의 전개가 누락되는 것을 감수하면서도 지겨울 정도로 여러 번 반복되는, 수적으로 우세한 성 행위의 시각적 재현을 뜻하는 것이다. 1990년대 뿐 아니라 한국 영화사와 한국 사회사 전체를 되돌아 볼 때, 장선우의 영화들과 에로비디오는 주류와 비주류 영화계 및 고급과 저급예술을 가로지르며 포르노를 대중화했다. 이들은 1970년대와 80년대 한국문화의 미약한 에로티시즘을 과감하게 발전시킨 대중 포르노로서의 역할 뿐 아니라 21세기의 특징이라 할 수 있는 일상의 포르노화를 예비하는 움직임이기도 했다. 따라서 나는 1990년대 장선우의 영화들과 에로비디오를 군부 독재기의 '에로'성과 2000년대의 일상적 포르노를 연결하는 징검다리로서의 전환기적 대중 포르노로 보고, 장선우의 〈너에게 나를 보낸다〉와 〈거짓말〉 및 1990년대 최고의 에로비디오 흥행작인 〈젖소부인 바람났네〉를 중심으로 이를 살펴보고자 한다.

필자가 지칭하는 일상의 포르노화는, 2016년 현재 상용화된 푸드 포르노, 정치 포르노, 대중 포르노 등의 용어에서 유추할 수 있는 것처럼, '포르노'라는 용어의 확대·확장된 개념의 사용과 그것의 일상화에서 찾을 수 있다. 주지하듯, 2010년대 초반부터 2016년 후반에 이르기까지 한국 사회는 지속적으로 '먹방'(먹는 방송)과 '쿡방'(요리 방송)에 열광하고 있다. TVN의 〈한식대첩〉(2013), 〈삼시세끼〉(2014) 및〈수요 미식회〉(2015)는 물론이요, JTBC의 〈냉장고를 부탁해〉(2014)나 SBS의 〈백종원의 3대 천왕〉(2015) 등은 처음 방송한 이래로 꾸준히 인기를 얻어 장수하고 있는 프로그램들이다. 이러한 먹방과 쿡방은 음식을 감각적이고 먹음직스럽게 화면에 잡아 이를 만들거나/생산하거나 먹는/소비하는 과정을 센세이셔널하게 포착한다고 하여 20세기 후반부터 영미권에서 사용되기 시작한 '푸드 포르노(food porn〔ography〕)'라는 용어와 혼용되기 시작했다.[01]

---

01 '푸드 포르노(food pornography)'라는 표현은 영국의 페미니스트인 로잘린드 카워드(Rosalind Coward)가 1984년에 출간한 Female Desire란 책에 처음으로 등장한 신조어로 알려져 있다. 카워드는 여성이 음식을 요리하고 이를 아름답게 장식해서 사람들에게 접대하는 방식이 여성의 '노예 상태(servitude)'를 상징하는 것이라며 이를 포르노그래피와 연결시켜 부정적인 의도로 사용했지만, 1990년대 이후 상용화된 '푸드 포르노(food porn)'라는 용어는 보는 사람의 침샘을 자극해 군침을 흘리게 할 정도로 맛깔스럽게 보이는 음식의 사진이나 동영상, 혹은 이를 요리하는 과정 전반을 담은 화면을 지칭하는 것으로 확장·변용되었다. 다음을 참조할 것.

먹방과 쿡방과 같은 푸드 포르노가 감각적이고 자극적인 음식 영상으로 노골적으로 시청자의 눈과 귀와 혀를 사로잡았다면, 휴대폰의 동영상 기능이 나날이 강화·진화·발전되면서 여성의 속옷이나 나신을 도둑 촬영해 인터넷에 유포시키는, 이른바 '도촬' 영상도 그 수위와 범위가 점차 확대되고 있다. 2015년 여름에는 한국의 한 워터파크에서 여성 탈의실과 샤워실을 몰래 찍은 동영상이 외국 인터넷 사이트에 포르노 혹은 스너프(snuff) 영화의 형태처럼 유포된 것이 뉴스로 보도되면서 한국 여성들의 유원지에서의 일상이 허가받지 않은 포르노로 변용되어 일대 파란을 일으킨 바 있다. 2015년 말에는 SBS의 〈그것이 알고 싶다〉가 한국 최대 규모의 성인 인터넷 사이트라는 '소라넷'의 실상을 파헤치면서 그것이 단순히 여성을 대상으로 한 불법 음란물을 올리고 내려받는 장일 뿐 아니라 여성에 대한 강간과 성 폭력 등을 모의하는 '범죄'의 공간으로도 활용됨을 밝혀내 수많은 한국 여성들을 분노케 하기도 했다.[02] 기존의 하드코어 포르노 영화의 경우는 실제 성 행위 장면을 촬영하도록 계약된 연기자가 연출자의 지휘 아래 그것을 연기하는 것이라지만, 21세기의 포르노는 거기에서 더 나아가 피촬영자의 동의나 허락도 없이 불법으로 도촬하고 유포된 동영상마저도 포함하고 있는 것이다. 이는 진정으로 부정적인 의미에서의 '대중 포르노'라 불러 마땅하다.

제프리 슈나프(Jeffrey T. Schnapp)는 서구에서 1789년 프랑스 대혁명을 전후해 나타난 대중의 물결이 회화 및 사진을 통해 재현되는 양상, 특히 20세기 이후 매스 게임의 형태로 군중을 통제해 파시즘과 파노라마가 결합되는 방식을 추적하는 자신의 소논문을 「군중 포르노

Rosalind Coward, Female Desire : Women's Sexuality Today, London: Paladin, 1984.

02 안교진 연출, 〈위험한 초대남 - 소라넷은 어떻게 괴물이 되었나〉, SBS 〈그것이 알고 싶다〉, 1013회, 2016. 12. 26.

(Mob Porn)」라 명명하고,[03] "정치적 집회가 사진을 통해 대리 만족적으로 포르노적인 스릴의 근원"[04]으로 작용하는 과정에 주목한 바 있다. '푸드 포르노'나 '대중 포르노,' '군중 포르노'라는 용어에서 유추할 수 있는 것처럼, 포르노는 이제 회화나 문학, 사진, 영화 등의 문화 매체에서 성 행위를 재현하는 양식 뿐 아니라 인간의 삶과 일상 속에서 드러나는 감각적이고 자극적인 표현양식 전반을 지칭하게 되었다. 다시 말해, 21세기에 들어서 포르노라는 개념은 개인의 은밀한 성적 영역에만 국한되지 않고, 인간의 오감이 일상적이거나 공적인 행위와 공공연하게 혹은 관음증적으로 접속하는 장(場)을 두루두루 포섭하게 된 것이다.

물론 포르노는 인간의 삶에서 가장 사적이고 내적인 행위를 외부에 유포시키기 위해 등장한 재현양식인 만큼, 언제나 공과 사, 정치와 섹슈얼리티/센슈얼리티의 경계가 흐트러지는 공간으로 존재해 왔다. 1990년대 후반에 미국의 클린턴(Bill Clinton) 전 대통령의 섹스 스캔들이 자국뿐 아니라 한국을 포함한 전 세계를 들썩인 것처럼, 정치인의 사생활은 포르노적인 구술이나 소문과 맞물려 대중의 관심사가 되며 정계에 치명타를 던지기도 한다. 한국의 경우에도 TV조선, 채널A, MBN 등의 종합편성채널(종편)의 출범과 함께, 종편이 매일매일 방영하는, "정치를 맥락 없이 자극적이고 선정적으로 재가공"한 시사토크 위주의 "종편식 정치 포르노"가 일상화된 것은 이제 더 이상 새로운 일도 아니

---

03 Jeffrey T. Schnapp, "Mob Porn," Crowds eds. Jeffrey T. Schnapp and Matthew Tiews, Stanford: Stanford University Press, 2006, pp. 1-45. 한국에서는 슈나프가 편집한 책은 『대중들』로, 그의 글은 「대중 포르노그래피」라는 제목으로 번역되어 있다. 그러나 mob이라는 단어는 소비자로서의 대중(mass)보다는 사람들의 무리라는 의미에 가까워 군중(mob, crowd)에 더 가깝다고 생각되어 필자는 '군중 포르노'라는 표현을 선택했다. 다음을 참조할 것. 제프리 T. 슈나프, 매슈 튜스 지음, 양진비 옮김, 『군중들』, 그린비, 2015.

04 Jeffrey T. Schnapp. "Mob Porn," p.1. 필자 번역.

다.[05] 정치 포르노는 정치인이나 고위직 공무원의 (주로 침실) 사생활이나 섹스 스캔들은 물론이요, 김정은과 북한의 움직임 및 지방선거나 총선, 대선 후보자들의 일거수일투족을 매 시간 취재화면으로, 토크쇼로 재가공해 시청자들의 눈과 귀를 자극한다. 가정이나 직장에서 텔레비전 수상기와 인터넷 설비를 갖추고 있는 이라면 누구라도 이러한 일상적 포르노로부터 자유로울 수 없고 이제는 그러한 포르노적 자극에 마비되어 그로부터 떠나고 싶은 충동마저도 느낄 것이다.

린 헌트(Lynn Hunt)는 성적 재현물으로서의 포르노가 서구에서 대중화되기 시작한 시점을 프랑스 혁명기로 보고, 외설성이 자본주의와 맞물려 포르노라는 매체를 통해 대중화·정치화·활성화하기 시작한 그 무렵을 현대성의 기원으로 상정한 바 있다.[06] 이는 슈나프가 '군중 포르노(mob porn)'라는 용어로써 군중의 정치적인 움직임이 파노라마 사진을 통해 이탈리아 파시즘이나 미국의 대중정치에 포르노적인 스릴을 불러일으키며 활용되는 양식을 지칭하고, 그 기원을 파노라마 회화가 발명된 프랑스 대혁명을 전후한 시점에서 찾는 것과도 유사한 맥락에서 이해할 수 있다. 헌트가 추적하듯, 프랑스 혁명기의 십여 년 동안 생산·배포된 포르노그래피는 "인쇄문화, 과학과 자연의 새로운 물질주의 철학, 기존 체제의 권력에 대한 정치적 공격 등과 관련을 맺고 있었던 만큼 민주주의적 함의를 발전시켰〔을〕,"[07] 뿐 아니라 기원론적으로 매춘부를 묘사하는 재현양식으로서 시작되어 "창녀까지도 〔모든 남성이 접근할 수 있는 대상으로서〕 민주화〔시켰기〕"[08] 때문이다. 다시 말해, 정치·

---

05 강혜란, 「'정치 포르노'의 시대」, 『시사IN』, 2016. 1. 29.

06 린 헌트, 「서문 : 외설성과 현대성의 기원, 1500-1800」, 린 헌트 편, 조한욱 역, 『포르노그라피의 발명』, 책세상, 1996, 24-53쪽.

07 린 헌트, 「서문 : 외설성과 현대성의 기원, 1500-1800」, 52쪽.

08 린 헌트, 「서문 : 외설성과 현대성의 기원, 1500-1800」, 51쪽.

경제적 민주화의 기간이었던 프랑스 혁명기에 사회·문화적 민주화도 함께 이루어져, 성 노동자와 그들의 재현양식으로 출발한 포르노그래피가 대중적으로 확산됨은 물론, 같은 시기에 '파노라마'라는 360도 전경(全景)의 풍경화가 등장하자마자 대중의 사랑을 받으며 상업화되기 시작하며 현대 대중사회와 대중 포르노가 그 기원을 함께 형성했던 것이다. 이는 1970년대와 80년대에 민주화의 길목에 들어선 한국 사회에서 성 산업에 종사하는 여성을 묘사하는 호스티스 문학과 영화의 대중적 확산으로부터 한국적 포르노의 싹이 움트기 시작했고 그것이 1990년대에 본격화하기 시작해 21세기에는 완전히 일상화되어 성적 재현물 뿐 아니라 일상의 모든 것이 포르노화한 것과도 같은 맥락에서 볼 수 있다. 포르노가 일상화됐을 뿐 아니라 일상도 포르노화된 것이다.

따라서 일상이 포르노화한 2010년대 후반의 한국사회에서 바로 그 이전 단계인 1990년대 전환기 영화의 포르노적 조짐을 살펴보는 것은 필수적이고 의미있는 일이라 할 수 있다. 앞서 언급했듯, 1990년대 한국영화의 포르노적 전범과 징후는 장선우의 영화들과 에로비디오에서 찾아볼 수 있다. 장선우 영화와 에로비디오는 21세기 한국사회 일상의 포르노화 및 포르노의 일상화를 예고하고 예비한 움직임이다. 다른 한 편으로, 1990년대는 장선우와 에로비디오로 대표되는 픽션(fiction) 포르노가 대중화되는 시기인 동시에, 여배우 O양의 실제 성 행위 장면을 당시 남자친구가 몰래 비디오 카메라로 촬영해 유포한 〈O양 비디오〉라든가 고등학생들이 다큐멘터리 형식으로 자신들의 성 행위를 촬영해 널리 퍼진 〈빨간 마후라〉 등의 실제 포르노가 항간을 떠돌며 한국사회를 뒤흔들어 놓는 논픽션 포르노의 전환기이기도 하다. 이는 VCR과 VTR의 대중화와 보급화에 기인해 일어난 포르노적 사건이기도 하다. 따라서 본론에서는 1990년대 장선우과 에로비디오를 통해 이루어진 한국사회의 포르노화의 전조와 그 특징을 중점적으로 살펴볼 것이다. 이를 위해 장선우의 〈너에게 나를 보낸다〉와 〈거짓말〉 및 1990년대를 대표하는 에로비디오인 〈젖소부인 바람났네〉를 구체적으로 분석하려 한다. 세 편의 텍스트를 세부적으로 들여다보기 전에 우선 1970년대와 1980년대에 한국영화에서 형성된 에로티시즘, 아니 '에로'성의 흐름과 그것의 1990년대적 변이에 대해 짧게 논하는 것으로 본론을 시작할까 한다.

2. 에로영화에서 포르노로 – 1990년대 한국 성인영화

서구에서와 마찬가지로 한국에서도 근대 이전부터 이미 춘화나 음란문학의 형태로 포르노가 존재해 온 것으로 보인다. 그러나 한국사회에서 보편적으로 포르노라는 용어가 지칭하는 성인 영상물이 대중화한 것은 VCR이 중산층 가정의 필수품으로 보급되기 시작한 1980년대 후반부터이다. 철권과도 같은 당국의 검열 제도 하에서 국내산 포르노는 상상도 할 수 없던 시절, 한국의 에로틱한 영상물은 1970년대의 호스티스 영화와 1980년대의 에로영화라는 극장용 성인영화 장르를 통해 주류 산업 내에서 공식적으로 제작·배급되고 있었다. 그러나 비디오테이프를 매개로 한 영상물 대여점이 활성화되기 시작하면서, 1990년대에 들어서 외국의 포르노와 비교할 정도는 아니지만 국내산 소프트포르노, 즉 에로비디오의 전성기가 도래하게 되었다.[09] 에로비디오는 극장

09 포르노(그래피)의 정의와 하드코어와 소프트코어의 구분에 대한 상세한 설명은 필자의 다음 글을 참조할 것. 이윤종, 「포르노그래피, 바디 장르, 그리고 페미니즘 : 1980년대 한국 에로영화에 대한 페미니즘 논의를 중심으로」, 『문화/과학』, 문화과

개봉을 염두에 둔 35mm 영화가 아닌, 16mm 필름으로 촬영된 직후 바로 비디오테이프로 출시돼 대여점을 통해 유통되었던 국산 에로물들을 지칭한다. 에로비디오에 대해 논하기 전에 우선 이를 에로영화와 구분할 필요가 있다.

1970년대와 1980년대에 한국 영화인들이 영화업계의 불황 속에서 찾아낸 해결책은 에로티시즘, 속칭 '에로'였다. 필자가 다른 글에서 논한 바 있지만, 한국의 에로문화는 일제 강점기였던 1920-30년대 일본의 대중문화 장르로 부각되었던 에로-그로-넌센스로까지 그 기원을 거슬러 올라갈 수 있는데, 서구적 에로티시즘의 왜색화를 거쳐 한국화된 것이다.[10] 해방 이후 한국에서 '에로'라는 단어가 다시 보편화된 것은 이를 재발견한 1980년대로 〈애마부인〉(1982)과 함께 본격화한 극장용 한국 성인영화인 에로영화와 그 명맥을 함께 한다. 에로영화는 에로비디오가 도래하기 이전인 1970년대의 최대 흥행작인 〈별들의 고향〉(1974)과 〈영자의 전성시대〉(1975)와 같은 호스티스 영화와 함께 출발해 성 노동자로부터 다양한 직업군과 연령군의 여성들로 그 여주인공을 확대해 가면서 그들 삶의 기쁨과 슬픔, 고난 등을 연기하는 여배우의 반라와 성 행위 재현을 눈요깃거리 정도의 미미한 분량과 묘사로 서사와 영상 속에 간간히 흩뿌려 놓은 국산영화 장르를 통칭한다.

한국형 성애영화를 지칭하는 에로영화는 광의적으로 그 원형이라 할 수 있는 1970년대의 호스티스 영화를 포함해 1990년대 초반까지 만들어진 극장용 성인영화 전반을 지칭한다. 그러나 1990년대 이후의 극장용 한국영화는 성 행위의 빈도와 수위가 1980년대보다 훨씬 더 과감하

학사, 75호, 2013 가을, 244-271쪽.

10 '에로'와 '에로영화'에 대한 논의는 필자의 다음 글을 참조할 것. 이윤종, 「한국 에로영화와 일본 성인영화의 관계성 - 〈애마부인〉으 중심으로 본 양국의 1970-80년대 극장용 성인영화 제작관행」,『대중서사연구』, 대중서사학회, 제 21권 2호, 2015, 81-117쪽.

고 대범해 졌음에도 에로라는 용어와 이전까지의 국산영화 경시의 눈길로부터 해방되기 시작했다. 그 대신 에로라는 단어는 성인용 비디오 출시 전용 영화들에 본격적으로 사용되기 시작하면서 포르노와 거의 같은 뜻으로 이해되기 시작했다. 즉, 1980년대 한국영화 산업의 대표 장르였던 에로영화는 포르노를 흉내 내려 노력했으나, 당시까지의 국민정서와 군부독재 정권의 다소 엄격한 검열 제도로 인해 소프트 포르노의 언저리에도 가지 못 하는 수준의 에로티시즘을 선보이는 주류 서사영화였다. 이와 달리 1990년대에 전성기를 맞이한 에로비디오는 서사보다는 성애 장면이 주가 되는, 본격적인 한국형 소프트 포르노 영화였다. 에로영화의 상업성에 대한 경멸의 시선도 다수 있었지만, 에로비디오의 내용 없는 성애의 남발은 결국 21세기에 이르러 '에로'라는 단어의 숨길 수 없는 왜색성에 대한 한국적 혐오와 더불어 '에로'를 완전히 부정적이거나 코믹한 것으로 격하시키고 말았다. 그러나 '에로'의 복잡성과 복합성은 포르노와 완전히 동일화되거나 동질화될 수 없으며, 에로영화와 에로비디오도 구분지어 인식되고 연구될 필요가 있다.

1990년대는 한국영화가 이전까지 '국산영화'라는 뜻으로 통용되던 '방화邦畵'라는 호칭과 결별하고 본격적으로 산업화되면서 주류 영화계에서 서서히 에로티시즘을 걷어내고 '세련된' 기획물의 형태로 제작되기 시작한 시기였다. 1970년대까지 적어도 한국에서 영화라는 예술·오락 장르는 인간의 움직임에 기초해 전개되는 서사를 35mm 필름에 촬영해 그것을 인화한 후 극장에서 상영하는 방식으로 유통되는 것을 일컬었다. 그러나 VCR의 발명과 보급으로 일본과 서구에서는 1970년대부터, 한국에서는 1980년대 중반부터 영화가 16mm 필름 카메라나 비디오카메라로 촬영돼 극장 상영을 거치지 않고 곧바로 비디오테이프의 형태로 대여시장을 통해 유통되는 방식이 활성화되기 시작했다. 따라서 1980년대 한국의 주류영화계에서는 에로영화가 극장을 매개로 유통되고 있었다면, 비주류 영화계에서는 당국의 검열로부터 비교적 자유로운 형태로 영화적 에로티시즘을 극대화해 제작된 한국형 소프트포르노인 '에로비디오'가 만들어져 그 유통 시장을 점차 확대해 나가게 되었다. 이교동은 에로비디오의 최초 등장 시기를 1980년대 중반으로 보고, 한국에서 공장 생산 체제인 2차 산업에서 서비스업 위주의 3차 산업으로의 전환이 성 산업의 눈부신 발전과 함께 했음을 지적한다. 즉, 에로비디오는 "1985년을 계기로 우후죽순처럼 생기기 시작한 소위 '떡텔'로 불리는 교외의 러브호텔과 대중화의 길을 걷기 시작한 룸살롱"과 함께 대중적으로 보급되기 시작했다는 것이다.[11] 문학산은 이보다는 조금 늦은 1988년을 에로비디오의 출현시기로 보는데 이는 "미국 메이저 영화와 국내 영화의 판권료가 대폭 인상되기 시작"한 그 해에 비롯되었다는 것이다.[12] 어찌 되었든 에로비디오 시장은 1980년대 말부터 호황을 누리기 시작해 1990년대 중반에 이르러서는 〈젖소부인 바람났네〉(1996)의 폭발적 성공으로 정점을 맞이하게 된다. 에로비디오의 황금기는 에로영화의 몰락과 함께 했는데, 에로비디오가 에로영화의 역할을 완전히 대신하게 되면서 한국의 주류영화는 점차 성애물로부터 멀어져가기 시작했다. 따라서 1990년대 주류영화의 에로티시즘은 장선우가 거의 혼자 담당했다고 해도 과장은 아니다.

에로비디오가 1990년대의 비주류 영화산업 내에서 생산된 공식적인 포르노(소프트코어 포르노)였다면, 주류영화계에서는 장선우 감독의 영화들이 이전까지의 극장용 주류 한국영화가 시도하지 않았던 파격적인 성적 재현을 선보이며 예술이냐 외설이냐의 논란 한가운데에 서게

---

11 이교동, 「젖소부인을 위한 변명 – 에로비디오의 정치경제학」,『문화읽기 : 삐라에서 사이버문화까지』, 현실문화연구, 2000, 480쪽.

12 문학산, 「에로비디오의 섹슈얼리티 : 시선을 호객하는 몸, 남근이 된 시선」, 유지나·조흡 외 지음,『한국영화 섹슈얼리티를 만나다』, 생각의 나무, 2004, 190쪽.

되었다. 영상보다는 대화가 외설적이고 선정적이었던 〈경마장 가는 길〉(1991)을 거쳐 〈너에게 나를 보낸다〉(1994)로 넘어가면서 그는 가히 "'쿠데타'적인 〔성의〕 영상"[13]을 선보이며 "거침없는 성적인 대사와 과감한 섹스 신으로 세상을 조소하고 조롱"[14]하기 시작한다. 특히 〈거짓말〉(1999)에 이르러서는 성기 노출이나 실제 성 행위 재현을 목적으로 하는 하드코어 포르노 영화 수준의 성적 묘사 없이도 이전의 극장용 한국영화들이 구현하지 못 했던 서사의 파괴와 반복적인 성적 재현 뿐 아니라 에로비디오를 능가하는 고수위의 에로티시즘을 통해 포르노 아닌 포르노라는 꼬리표를 얻기에 이른다. 장선우가 연출한 1990년대 극장용 성인영화는 87년 체제의 성립 이후 1980년대의 한국 영화판을 휩쓸었던 에로티시즘의 물결이 썰물처럼 서서히 밀려난 충무로에 남아있던 주류 에로영화의 잔재이다. 그것은 또한 에로영화의 잔재를 극단까지 밀어붙이며 예술적인 가능성과 한계를 실험한 한국 작가주의 영화의 1990년대적 산물이기도 했다. 장선우는 에로비디오와 같은 수위의 주류 성애영화를 만들며 포르노와 일반 극영화 내지는 상업영화의 극단으로서의 포르노와 예술영화의 구분선을 의도적으로 흩으려놓은 것이다.

앞서도 언급했듯, 1990년대에 접어들어 한국영화는 에로비디오의 호황으로 80년대를 지탱해했던 주류 영화장르인 에로영화를 서서히 유기하기 시작했다. 물론 90년대 초반까지는 장길수, 정인엽, 곽지균 등의 중견 감독이 중심이 되어 80년대 에로영화의 형식을 띠고 만들어진 〈은마는 오지 않는다〉(1991), 〈성애의 침묵〉(1992), 〈장미의 나날〉(1994) 등의 주류 성애영화들이 적잖이 만들어졌다. 그러나 1992년 개봉된 〈

---

13 장석용, 「유니크한 코리언 포르노그라피 선언 - 〈너에게 나를 보낸다〉 탐사」, 김태원 엮음,『멜로드라마/조폭/예술영화 - 1994년 이후 뉴 코리언 시네마의 흐름』, 현대미학사, 2003, 19쪽.

14 장석용, 「유니크한 코리언 포르노그라피 선언」, 20쪽.

결혼 이야기〉(김의석 연출)의 대성공으로, 제작자가 영화의 "컨셉"을 살리도록 연출자에게 주문해서 만들어진 영화들, 즉 '기획영화'가 한국영화의 '로맨틱 코미디' 전성시대를 이끌며 90년대를 수놓기 시작하자, 에로스는 로맨스로 치환되기 시작했다. 〈결혼 이야기〉는 에로영화와 마찬가지로 성인용 영화였지만, 에로영화의 과장되고 부자연스러우며 기이한 에로티시즘을 대신해 세련되고 산뜻한 영상미와 더불어 등장인물이 섹슈얼리티와 관련해 거침없는 언행을 표출하는 과감함을 내세워 에로영화의 억눌린 성적 긴장감을 오히려 자연스럽게 표출하며 성인 관객을 사로잡았다. 이처럼 연애와 결혼을 키워드로 하는 90년대 한국형 로맨틱 코미디 영화는 "중산층적 대중추수주의(populism)가 영화를 포함한 대중문화 전반에 걸쳐 재정립"된 1990년대의 문화적 특성으로서 "이 중산층 신드롬을 신세대의 경쾌한 연애담으로 수용해 내는 대표적인 장르"로 자리매김한다.[15] 물론 로맨틱 코미디의 출발점은 기획영화라기보다 작가주의 영화에 가까운 이명세의 〈나의 사랑 나의 신부〉(1990)까지 거슬러 올라갈 수 있을 뿐 아니라 같은 소재를 에로틱한 장면들을 중심으로 배치한 80년대 에로영화로까지 그 기원을 추적할 수 있다. 그러나 피상적으로는 연애와 결혼을 중심으로 하는 듯해도, 에로영화는 실질적으로는 이성이나 애정관계에 대한 진지한 성찰이나 고민보다는 급속한 산업화와 경제발전주의 하에서 배금주의와 물질만능주의가 횡행하며 오히려 '정상적인' 결혼이나 연애 관계가 불가능해진 한국의 사회 현실을 비판하는 경우가 많다.[16] 이러한 사회비판적 경향은 80년대 후반의 에로영화일수록 에로티시즘의 강도와 정비례해서

15 유지나, 「1990년대 한국영화」, 유지나 외, 『한국영화사 공부 1980-1997』, 이채, 2005, 87쪽.

16 이는 본 연구자의 에로영화 연구의 요지이기도 하다. 다음을 참조할 것. Yun-Jong Lee, Cinema of Retreat : Examining South Korean Erotic Films of the 1980s, Ph.D. Diss., University of California, Irvine, 2012.

나타나는 경우가 많은데, 장선우의 〈성공시대〉(1988)가 대표적인 예라 할 수 있겠다. 이와 달리 1990년대의 로맨틱 코미디는 한국사회에서 거의 최초로 이성 관계에 대한 가벼우나마 본격적인 고찰이 본격화된 문화적 시도라 할 수 있다.

요약하자면 로맨틱 코미디와 기획영화가 대세를 형성했던 1990년대 한국영화계에서 점차 사라져가던 에로티시즘은 극장 개봉관에서는 장선우를 통해서, 비디오 유통시장에서는 에로비디오를 통해 표출되고 제작·배급·유통되는 양분화 현상이 뚜렷하게 나타났다. 80년대 주류 영화업계의 다분히 조심스러운 에로화와 달리, 90년대에는 주류와 비주류업계 양측에서 노골적으로 영화적 에로티시즘이 극대화되어 진정한 의미에서의 한국형 (소프트코어) 포르노가 생산되고 확대·재생산되기 시작한 것이다. 나는 이러한 1990년대의 한국형 포르노를 전환기적 포르노라 지칭하고자 한다. 이는 80년대의 민주화 항쟁의 결과로 수립된 문민정부의 문화적 자유화 정책과 후기 산업화와 함께 나타나기 시작한 포스트모더니즘의 양상을 띠고 한국 영화산업의 양극단에서 에로티시즘이 마침내 포르노적으로 발현된 것이라 할 수 있다. 다음 절에서는 보다 구체적으로 이러한 전환기적 포르노의 양대산맥이라 할 수 있는 장선우 영화에 이어 에로비디오 텍스트를 순차적으로 살펴볼 것이다.

3. 장선우와 반복성

장선우는 1990년대 한국영화계를 대표하는 감독으로 손꼽힐 수 있을 만큼, 비평과 흥행 양측에서 성공을 거듭하며 영화계 화제의 중심에서 관객과 평단의 이목을 끌었던 영화인이다. 1980년대 말에 데뷔하여, 1990년대를 〈경마장 가는 길〉로 시작하여 〈거짓말〉로 마감할 때까지, 장선우는 예술과 외설의 경계선을 외줄타기하며 끊임없는 논란의 중심에 섰다. 1990년대의 가장 중요한 감독이었던 그가 2000년대에 100억 예산의 한국 최대 블록버스터였던 〈성냥팔이 소녀의 재림〉(2002)의 흥행참패로 제작자를 구할 수 없는 감독으로 낙인찍혀 더 이상 그의 재기발랄한 사회비판물들을 연출할 수 없게 된 것은 다분히 안타까운 일이다. 기획영화로서의 로맨틱 코미디물과 청춘물, 액션물로 다양하게 세분화된 장르영화들이 제작되기 시작한 1990년대의 한국 주류영화산업 내에서 80년대부터의 에로영화의 경향을 지속적으로 끌고 들어와 사회문제와 섹슈얼리티를 연결시켜 파헤치는 장선우의 입지는 독특한 것이었기 때문이다.

장선우는 1970년대부터 학생운동을 시작해 마당극 운동을 거쳐 영화운동에 투신해 서울대 영화 동아리인 '장산곶매'에서 10여 년간 민중영화를 만들다가, 1986년 선우완과 공동으로 〈서울황제〉를 연출하며 장편영화계에 입봉한다. 원제는 〈서울예수〉인 〈서울황제〉는 예수라는 인물을 주인공으로 등장시켜 장선우 특유의 한국 사회에 대한 통렬한 비판과 조롱을 가하고 있는데, 심의에서 문제가 되어 제목을 바꾼 바 있는 작품이다. 장선우의 두 번째 작품인 〈성공시대〉는 에로영화와 블랙코미디의 혼합물로서 과도하게 성공지향적인 남성 회사원의 흥망성쇠와 그를 극심하게 성공에 집착하도록 몰아치는 한국 사회의 경제적 성과 중심주의를 문제화한다. 90년대에 접어들어 장선우는 다른 감독들과 달리 주류영화계에서 다룰 수 있는 에로티시즘의 한계를 실험해 보기 시작한다. 포스트모더니즘 논쟁을 불러일으킨 〈경마장 가는 길〉(1991)부터 시작해 〈너에게 나를 보낸다〉(1994)와 〈꽃잎〉(1995), 〈나쁜 영화〉(1997)를 거쳐 그의 예술과 외설의 경계선에 대한 실험의 강도는 점점 더 높아져 마침내 〈거짓말〉(1999)에 이르러 그 임계점에 도달하게 된다. 〈거짓말〉은 어찌 보면 에로비디오보다도 더 포르노적인 주류영화였다. 따라서 1990년대 한국 주류 영화산업에서의 에로티시즘은 장선우 감독을 통해서 모든 것이 실험되고 실현되었다고 해도 과언은 아닐 것이다.

앞서도 언급했듯, 1990년대 기획영화의 성과로 손꼽히며 연출자보다 영화의 컨셉을 기획하는 제작자 혹은 제작군단 중심의 영화 시대를 연 〈결혼이야기〉도 성인물이었지만, 〈결혼이야기는〉 80년대 에로영화의 찌질하고 구질구질하며 뭔가 찜찜한 에로티시즘이 아닌, 신선하고 대담하며 톡톡 튀는 행위와 대사로 부부 간 섹슈얼리티 문제의 핵심을 찌르는 밝고도 자유분방한 분위기의 로맨스물이었다. 성인용 영화였다고 해도 에로영화와 로맨틱 코미디를 구분짓는 결정적 요인은 장르명의 키워드에 압축되어 있는 에로스와 로맨스의 차이를 가르는 성애 표현의 강도와 인상, 분위기라고 할 수 있을 것이다. 결국은 성적 관계가 강렬하고 비릿하게 표현되느냐 달콤하고 달달하게 그려지느냐의 문제인데, 한국영화의 경향이 90년대를 경유하며 전자에서 후자로 넘어가며 연애와 결혼의 문제가 조금 더 서구적인 개념의 로맨스에 가깝게 그려지기 시작했다고도 볼 수 있다. 따라서 90년대의 주류영화들이 에로티시즘에서 로맨티시즘으로 이동해가는 와중에, 지속적으로 에로티시즘을 고집한 장선우 영화의 세계관은 시대적 맥락에서 남다르고 유달랐다고 할 수 있다. 게다가 그 에로티시즘은 점차 포르노적으로 확대·확장되기 시작했기에 더욱 특별하고 특이하기도 하다.

〈너에게 나를 보낸다〉부터 시작된 장선우의 포르노적 전환에 대해 혹자는 "자위행위"[17] 내지는 "향토·사극을 빙자한 포르노물과 호스티스

---

17 장석용, 「유니크한 코리언 포르노그라피 선언」, 20쪽.

물이 변형된 신세대 감각에 포커스를 맞춘 흥행용 영화로서, 끈질긴 생명력을 지닌 섹스를 매개로 한 소재의 고갈에 아쉬움을 갖고 있던 한탕주의 감독들에게 파격적 영상으로의 신드롬 현상을 빚을"[18] 시도라 평한다. 다른 한 편, 김수남 같은 이들은 "마당극이 보여주는 대담한 생략과 과장을 수용하는 형식주의적인 영화"[19]였던 그의 초기작, 〈서울 예수〉부터 이어지던 문제 의식이 "마당극의 신명을 영화로 풀어보고자 하는 그의 영화적 의지"[20]로서 지속적으로 표출된 것으로 해석하기도 한다. 전자는 1990년대 장선우 영화의 포르노성 내지는 상업성에 초점을 맞춘 것이고, 후자는 그의 작가주의 정신에 주목한 것이다. 이러한 양분된 평가는 김수남의 말마따나 "〈경마장 가는 길〉에서부터 장선우에게 따라다니는 선정주의[가] 현실사회를 풍자하는 그의 영화적 재능의 색깔"[21]이기 때문에 야기된 것임에 분명하다. 본 절에서는 포르노 영화의 특징이면서 장선우의 포르노적 전환의 특징으로 '반복성'을 꼽으려 하는데, 그것이 어떻게 그의 영화에서 표출되는지 먼저 살펴보고자 한다.

3-1. 언술과 행위의 반복성

장선우의 〈경마장 가는 길〉은 한국 최초의 포스트모더니즘 문학작품으로 꼽히는 하일지의 동명소설을 원작으로 하고 있다. 1990년 발표

---

18 장석용, 「유니크한 코리언 포르노그라피 선언」, 21쪽.

19 김수남, 「'좋은 감독'의 패배주의인가? '나쁜 감독'의 선정주의인가? 아니면 '열린 영화'의 모험주의인가?」,『멜로드라마/조폭/예술영화 - 1994년 이후 뉴 코리언 시네마의 흐름』, 2003, 77쪽.

20 김수남, 「'좋은 감독'의 패배주의인가?」, 78쪽.

21 김수남, 「'좋은 감독'의 패배주의인가?」, 79쪽.

된 하일지의 소설은 1980년대 후반 한국을 배경으로 프랑스 유학에서 돌아온 지식인 남성, R(문성근 분)을 중심으로 그와 프랑스에서 동거하다가 먼저 한국에 들어와 있는 여성 J(강수연 분)와의 관계, R의 가족 관계, R이 오랜 유학생활로부터 한국 사회에서 돌아와 느끼는 괴리감 등을 다루고 있다. 소설이 기존의 사실주의적 문학 서술양식을 거부하는 동시에 등장인물의 모더니즘적 심리상태의 묘사도 배제하고 있다면, 영화는 장선우와 하일지의 공동 시나리오 작업을 통해 일상에서 쓰이지 않는 이데올로기적 화법을 구사하는 R과 지식인인 척 하지만 경박하고 지적이지 않은 J의 언술을 영상화한다. 〈경마장 가는 길〉은 매번 J가 과거 프랑스에서 동거했던 유부남, R이 J의 박사학위 논문을 대필해준 것을 빌미로 협박과 회유를 동원해 만남을 종용하고 성 관계를 요구하는 것을 거부하는 패턴을 장소만 바꿔가며 반복적으로 전개한다. 영화는 시각적으로 자극적인 성적 묘사는 거의 배제하고 음란한 성적 대사를 아무렇지도 않게 늘어놓는 R의 화술을 통해 장선우의 에로티시즘에 대한 집착을 표출한다. 매번 여관에 들어가서 반라의 상태로 J를 탐하려는 R의 끈질긴 시도와, 온갖 핑계를 대며 R의 접근을 막는 J의 행동 패턴 뿐만 아니라 남편의 이혼 요구가 자신의 혼전 성 경험 때문이라 굳게 믿고 남편과 시부모 앞에서 시누이의 혼전 성관계를 떠벌리며 자신을 방어하는 R의 아내(김보연 분)의 화술은 집요하고 반복적이다.

〈성공시대〉에서는 가시화되지 않았던 '반복'에 대한 장선우의 집착은 〈경마장 가는 길〉을 시발점으로 〈너에게 나를 보낸다〉를 거쳐 〈거짓말〉에 이르러 정점에 이른다. 장정일의 동명소설을 원작으로 하는 〈너에게 나를 보낸다〉는 신춘문예로 등단했으나 표절 시비에 휘말리게 돼 합법적 테두리 안에서의 소설 창작이 불가능해져 도색소설 집필로 생계를 연명하게 된 남성이 그를 찾아온 낯선 여성과 동거하게 되며 겪는 사건들을 다루고 있다. 〈경마장 가는 길〉에서처럼 〈너에게 나를 보낸다〉에서도 서사의 초점은 주인공 남성과 엉덩이가 예쁜 '바지입은 여자'와의 성적 관계와 그 지배·피지배적 구도에 맞춰져 있지만, 남자 주인공의 친구·친척·사회관계도 곁다리로 묘사된다. 〈경마장 가는 길〉의 R과 J의 관계만큼이나 〈너에게 나를 보낸다〉의 소설가(문성근 분)와 바지입은 여자(정선경 분)와의 관계는 로맨틱한 구석이 하나도 없이 건조할 정도로 원색적이며, 전자에서는 R이 무한히 시도하려고 했으나 실패했던 성기중심적 관계가 후자에서는 극도로 빈번하게 벌어진다. 동시에 그것이 성기를 넘어서 항문과 둔부로까지 확대되는 양상을 보인다. 서인숙은 "정선경의 엉덩이에 대한 지나친 강조와 중요성의 부여는 오히려 남근의 결핍을 회피하려는 물신화의 하나"로 그 "관음적 물신화의 대상인 정선경은 허구적 스토리에서 남근[현실에서의 힘과 능력 내지 권력으로 영화에서는 글을 쓰는 능력]의 결핍을 의미하고 있으며 이는 곧 스토리가 지배적 문화가치를 그대로 재현하고 있음"을 상징한다고 해석한다.[22] 그러나 서인숙의 해석과 달리 바지입은 여자는 자신의 엉덩이를 이용해 결핍된 남근을 대체해 남성들에게 자신의 권력을 행사한다. 이효인의 말마따나 그녀의 태도는 사회적 욕망과 성적 욕망을 "따로 분리하는 자유주의적 태도를 취하는데 그치지 않고 그것을 한껏 뛰어넘어 성을 통해 사회를 제압하려는 것"이다.[23] 그녀는 자신의 성적 영향력을 극도로 발휘해 소설가에게 합법적인 형태의 소설을 쓸 것을 종용하며 그렇지 않을 경우 성 관계를 제한하며 그를 조종하지만 소설가 주변의 다른 남성들에게는 한없이 너그럽게 자신의 몸을 제공하며 성적

22 서인숙, 『영화분석과 기호학 - 〈너에게 나를 보낸다〉를 중심으로』, 집문당, 1998, 168쪽.

23 이효인, 『영화로 읽는 한국 사회문화사 - 악몽의 근대, 미몽의 영화』, 개마고원, 2003, 56쪽.

자유를 누린다.

소설가의 친구인 은행원(여균동 분)은 대학 시절 남편에게 습관적으로 구타당하던 하숙집 여주인과 첫 경험을 한 후 발기 불능이 되었지만 월급날이면 꼬박꼬박 사창가에 가서 "투입과 산출의 원리"를 고수하려는 기묘한 경제주의자이다. 소설가와 바지입은 여자의 성 관계만큼이나 소설가와 은행원의 음담패설을 매개로 한 만남도 반복적이다. 두 친구가 만나서 음담패설을 일삼는 술집의 30대 여주인은 20대의 남성단골과 경제적 후원 관계를 맺고 있는 듯한데, 이 남성단골은 주체사상이나 종북논리의 이데올로기로 겉포장된 음란도색 화보를 제조·유통하는 인물이다. 또한 소설가가 생계를 위해 글을 쓰는 기관지의 남성 편집인은 동성애자를 연상케 하는 부드럽고 조곤조곤한 말투와 제스처를 구사하지만, 소설가가 기관이 원하는 반공주의에 걸맞는 글을 쓰지 않자 그에게 사회의 맛을 보여주기 위해 술집 한가운데에서 갑작스럽게 군대식 형벌인 맨땅에 머리 박기를 시키는 기묘하게 가학적이고 지배적이며 남성주의적인 이중적 인물로 묘사된다.

〈너에게 나를 보낸다〉의 지배·피지배적, 가학·피가학적 관계의 반복은 어느 순간 여관을 운영하던 소설가의 숙모가 죽으면서 예상치 못한 방식으로 전도된다. 바지입은 여자는 광고 감독의 눈에 띄어 광고 스타에 이어 영화배우로 성공하고, 숙모를 대신해 여관을 운영하던 소설가는 바지입은 여자를 찾아가 그의 로드 매니저가 되며, 은행원은 은행을 그만두고 그와 소설가, 바지입은 여자의 관계를 다룬 소설을 써 스타가 된다. 바지입은 여자는 은행원의 소설을 소개하는 텔레비전 프로그램의 진행을 맡아 그 소설을 소설가에게 전해주며 다시 글을 써 보라고 권하지만 소설가는 소설을 읽고 버리라는 은행원의 부탁을 이행하며 다시는 글을 쓰지 않겠다고 선언한다. 반복이 전도되어 새로운 반복이 시작됨을 예고하며 영화는 끝난다. 글쟁이를 동경하던 여공이었던 바지입은 여자는 대학생과 동거하다 그의 어머니의 요구로 집을 나와 소설가와 동거하며 그에게 글을 쓰도록 압력을 가하다가 영화배우가 되었고, 투입과 산출의 원리를 준수하려던 은행원은 매일 고객의 돈을 동전으로 바꿔주는 일을 반복하다 지쳐 자신의 주특기인 말주변을 살려 소설가가 되었으며, 온갖 종류의 글을 쓰는 일로 먹고 살다 숙모의 여관에서 포주 노릇까지 하던 소설가는 바지입은 여자의 운전기사가 되어 다시는 글을 쓰지 않겠노라 한다. 역할이 뒤바뀌고 관계가 전도된 듯한 이 결말은 소설가가 영원히 바지입은 여자의 성적 지배 하에서 살게 될 것이며 은행원은 영구적으로 발기 불능인 상태로 동전교환의 업무를 글쓰기로 대체해 반복하며 살 것임을 암시하며 이전의 반복적 패턴이 계속적으로 지속될 것임을 예고하는 순환적 종결을 구성한다.

장선우가 구사하는 반복의 미학은 〈거짓말〉에 이르러 집요할 정도로 상세하게 구체화된다. 역시 장정일의 소설인 『내게 거짓말을 해 봐』를 영화화한 〈거짓말〉은 여고생과 중년의 남성 조각가와의 반복적인 성 행위를 영화 전반에 걸쳐 상세하게 묘사한다. 특별한 서사나 캐릭터의 전개 없이 영화는 여고생과 조각가가 우연찮게 조각가의 작업실에서 성관계를 가지기 시작해 그것이 반복되는 것을 보여준다. 처음에는 평범하던 성 행위는 가학과 피가학의 요소들이 첨가되며, 두 남녀가 맞고 때리는 역할을 바꿔가다가 급기야는 채찍이나 각종 성 기구까지 활용하는 SM(사도마조히즘)의 관계로 발전하는 과정을 그린다. 김영진은 "괴이한" 포르노그래피의 외관을 띠고 있는 〈거짓말〉의 "지겨울 만큼 반복되는 비정상적인 성교 묘사에서 별로 성적 흥분을 느끼기가 힘들다는 사실"이 "신기하다"고 지적한다.[24] 정성일도 영화가 "시작된 지 10분도 채 지나기 전에 너무나 따분해져서 어리둥절할 지경"이었다며 "모큐

24 김영진, 『영화가 욕망하는 것들』, 책세상, 2001, 16쪽.

멘터리적 기법은 이미 〈나쁜 영화〉에서 사용되었던 아이디어의 재탕이었으며, 사도마조히즘도 새로운 것은 아니"라고 평한다.[25] 반복으로 인한 지루함은 장선우 스스로가 〈거짓말〉을 "미추美醜와 선악과 분별의 경계를 넘어선 놀이"라 칭한 것에서 더 나아가, 김영진이 〈거짓말〉을 "변하지 않는 사회를 조롱하면서 퇴행적인 즐거움에 빠져버린 후에 진흙 속에서 연꽃을 보자는, 부처의 가르침 뒤에 숨어버리는 영화"로 해석하고자 한 것과도 무관하지 않을 것이다. 영화가 "피가학 음란증과 인간에게 원초적으로 내재해 있는 퇴행성을 '부처의 깨달음과 포르노의 차이는 그렇게 먼 것인가'라는 난해한 화두로 덧칠"한 작품임에 분명하기 때문이다.[26]

그러나 〈거짓말〉의 반복적 성 행위에서 주목할 것은 그 반복적 재현이 〈너에게 나를 보낸다〉에서 고정되었던 성적 지배자로서의 바지입은 여자와 피지배자로서의 소설가의 역할극이 깨어진다는 것이다. 〈거짓말〉의 여고생과 조각가는 (피)지배자나 (피)가학자의 역할을 고정해서 담당하지 않고 서로가 역할을 바꿔가며 행위를 반복한다. 〈너에게 나를 보낸다〉에 역할이 설정된 성 관계의 반복 속에 전도가 있었다면, 〈거짓말〉에는 성 행위의 반복 속에 역할의 치환과 변이가 가세한 셈이다. 게다가 〈너에게 나를 보낸다〉가 성기 중심의 관계에서 둔부와 항문으로까지 성적 집착이 확대되는 성 행위를 재현한다면, 〈거짓말〉은 성적 쾌락의 중심지로서의 신체가 신체 외부의 세계로 연장돼 신체의 배설물까지 성적 쾌락과 흥분을 위한 자극제로 활용한다. 크리스테바(Julia Kristeva)가 말하는 주체(subject)와 객체(object) 사이에서 "주체도 객체도 아닌" 상태로 존재하는 비체(abject)인 신체의 오물이 그 비루

---

25 정성일, 「제도와 싸우나 밍기저버린 장선우의 비극」, 월간 『말』, 1999, 10월, 230-231쪽.

26 김영진, 『영화가 욕망하는 것들』, 19쪽.

하고 비천한(abjected) 위치에서 성적인 의미를 지닌 물체로 승화되었다고나 할까?[27]

3-2. 예술과 외설 및 모더니즘과 포스트모더니즘의 경계에서

앞서 언급한 것처럼 장선우는 반복의 변이와 변주를 보여주기는 하지만 두 남녀 주인공의 성적 실갱이를 바탕으로 한 성애 장면을 반복적으로 보여준다. 그 반복성은 〈거짓말〉에 이르러 정점에 달해 영화는 한국사회에서 정면으로 포르노그래피 논쟁을 불러일으키게 된다. 〈거짓말〉의 전편격인 〈너에게 나를 보낸다〉는 포스터에서부터 "야한 ... 농담같은 영화!"와 "청바지처럼 꽉! 끼는 가벼운 포르노그라피"라는 카피 문구를 내세우며 영화가 포르노임을 표방한다. 포스터 속에서 영화의 중심인물인 바지입은 여자를 연기한 정선경은 의도적으로 청바지를 거꾸로 입고 바지의 지퍼를 올리지 않은 채 둔부를 약간 노출한 채로 포스터의 관람자를 바라보며 미소를 띠고 있다. 소설가 역의 문성근은 도색 잡지를 든

27 다음을 참조할 것. Julia Kristeva, Powers of Horror: An Essay on Abjection Trans. by Leon. S. Roudiez, New York: Columbia University Press, 1982.

채로 정선경 옆에 쭈그리고 앉아서 그녀를 훔쳐보고 있으며 그 옆에 역시 쭈그리고 앉아있는 은행원 역의 여균동은 열심히 도색잡지를 보고 있다. 영화 속의 등장인물과 그들의 관계를 포스터 한 장에 압축적으로 연출한 셈이다.

당시로서는 시도된 바 없었던 주류영화의 포르노적 영상에 힘입어 〈너에게 나를 보낸다〉는 1992년에 〈서편제〉에 이어 두 번째로 흥행에 성공한 한국영화가 되었고, 영화를 둘러싼 평단의 시선도 상당히 우호적인 편이었다. 물론 장석용처럼 이 영화가 포스터에서부터 포르노그래피임을 만천하에 드러내며 "경제 원리에 철저히 따르고 있는 작품"[28]으로 감독의 "넋두리 섞인 굿거리"에 불과하다고 보는 이도 있다. 그는 장선우의 굿판이 "관객을 괴롭히고, 작품 전체의 극적 구조나 스타일을 혼돈스럽게 만들고, 감독은 작위적이고 주관적인 작품의 해석을 관객들에게 이해하도록 설득"하고 있어 관객을 오히려 혼란스럽게 한다며 "상업주의가 빚어낸 영화학살은 교묘히 포장된 카피로 작품성이 뛰어난 영화로 승격되어 있다"고 비판한다.[29] 그럼에도, 장석용이 인정하듯, 작가주의 감독이 만든 의도적인 문제작으로서 〈너에게 나를 보낸다〉가 선보인, 당시로서는 대단히 파격적인 포르노적 주류영화의 에로티시즘은 한국사회에 비교적 평탄하게 수용될 수 있었다.

그러나 〈너에게 나를 보낸다〉에서 한 발 더 나아가 서사의 전개 없이 성 행위 장면만 반복적으로 배치한 〈거짓말〉의 경우는 달랐다. 장정일의 원작도 이미 1997년 1월 문학작품 음란문서 제조 혐의로 기소된 바 있었지만, 1999년 국내 개봉을 앞두고 있던 〈거짓말〉은 8월 9일 영상물 등급위원회로부터 "미성년자와의 변태적인 성관계와 가학행위를 여

28 장석용, 「유니크한 코리언 포르노그라피 선언」, 35쪽.
29 장석용, 「유니크한 코리언 포르노그라피 선언」, 36쪽.

과 없이 묘사해 사회 통념에 어긋난다"며 3개월 등급 보류 판정을 받았고, 3개월 후인 10월에 재심의를 거쳤으나 다시 한 번 등급 보류 판정을 받았다. 결국 영화는 다시 3개월간 묵혀졌다가 새천년이 시작되는 2000년 1월 8일에 극장에 걸렸으나, 음란폭력성 조장 매체 대책 시민단체협의회에 의해 제작사인 신씨네의 대표가 고발되는 등 사회적 물의를 빚었다. 그러나 〈거짓말〉은 이런 무수한 논란에 휩쓸리며 오히려 여론의 중심에 계속 위치할 수 있게 되어 1990년대 한국영화 중 만인의 입에 오르내리는 가장 유명한 영화가 될 수 있었다. 또한 시종일관 남녀 주인공의 성 행위만을 보여주는 영화의 형식은 〈거짓말〉이 외설물인가 예술 작품인가의 논란으로 관객의 영화 수용에 있어서도 많은 논쟁을 낳았다.

〈거짓말〉은 국내 개봉 전에 베니스 영화제에 출품되어 1987년 임권택 감독의 〈씨받이〉(1986) 이후 12년 만에 영화제의 경쟁부문에 진출했다는 사실만으로도 언론과 대중의 관심과 호기심을 모았다. 그러한 상황에서 두 번이나 등급 보류 판정을 받아 영화에 대한 더 큰 호기심이 야기돼 극장 개봉 전에 불법 복제물이 유통되는 진풍경을 낳기도 했다. 〈너에게 나를 보낸다〉도 칸, 베를린, 베니스에서 열리는 세계 3대 영화제는 아니더라도 해외의 크고 작은 영화제에 초청되어 호평을 받은 전적이 있지만, 〈거짓말〉은 베니스 영화제를 위시하여 북미 및 남미와 유럽, 아시아 지역의 다양한 영화제에 초청받으며 연일 이어진 해외에서의 호평에 더해 부산 영화제에서까지 매진 사례를 빚었다. 베니스 영화제에서는 장선우 감독에게 해외 언론들이 1960년대와 70년대에 68혁명을 전후하여 파졸리니(Pier Paolo Pasolini)나 베르톨루치(Bernardo Bertolucci) 등 유럽의 감독들이 성애와 정치를 동일선 상에 놓고 성과 정치적 억압과 금기에 대항해 성 해방과 정치적 혁명을 동일시하며 만든 영화들과 〈거짓말〉의 연관성에 대한 질문을 연신 던졌다고 한다. 그러나 장선우는 시종일관 모르겠다고 일괄하며 68혁명 세대 유럽의 작가주의 성애영화들과 거리를 두는 태도를 취했다고 전해진다.[30]

68혁명을 전후한 유럽 작가주의 감독들의 정치와 성애의 결합 시도는 서구에서는 이미 영화적 전통으로 굳어진 관례나 마찬가지였기 때문에, 장선우의 영화가 유럽인들에게는 정치적 알레고리로 읽혀지며 긍정적인 평가를 받을 수밖에 없었던 것은 당연한 것일지도 모른다. 그러나 다른 한 편 베니스에서 〈거짓말〉을 접한 서구의 영화 관계자들과 언론인들이 68혁명을 전후해 만들어진 유럽의 급진적 성애영화와 30 여 년의 시간적·공간적 격차를 가지고 만들어진 1990년대 말의 한국영화를 동일시한 것은 서구 중심주의의 선형적 역사관과도 무관하지 않다. 이는 이탈리아 감독인 파졸리니와 베르톨루치의 연장선 상에서 장선우 영화의 에로티시즘을 이해하려는 태도이기도 한데, 서구에서 먼저 일어난 영화예술의 정치적 급진주의의 알레고리를 제 3 세계의 한 국가가 수 십 년 후 모방한 것으로 인식하는 사회적 다윈주의(social Darwinism)에 근거한 사고방식이라 할 수 있다. 한국과 이탈리아 간의 공간적 거리로 인한 문화적 차이는 물론이거니와 30 여 년의 시간적 차이 속에서 정치적 혁명과 영화적 에로티시즘의 동일시가 균질하게 이루어질 수 있다고 생각하는 것은 인식론적 폭력에 다름이 아닐 것이다. 따라서 서구 언론인들이 〈거짓말〉이 6, 70년대 유럽 영화의 정치적 에로티시즘으로부터 영향을 받았는지에 대한 질문에 장선우의 모르쇠로 일관한 태도는 매우 적절하고도 타당할뿐더러 현명하게도 여겨진다.

과연 장선우는 실제 조각가인 〈거짓말〉의 주연배우 이상현 및 이주향 교수와 가진 대담에서 "아무 생각 없이" 영화를 만들었으며 너무 많은 생각을 하고 세상을 살면 병이 생기기 때문에 장정일 소설의 시나리

30 김영진, 『영화가 욕망하는 것들』, 19쪽.

오 작업을 할 때도 "일주일만에, 화장실의 낙서처럼, 가볍게 드로잉하는 기분으로" 썼다고 밝힌다.[31] 1920-30년대의 서구에서의 문학적 모더니즘이 작품에 의미를 부여하기 위해 조이스(James Joyce)나 베케트(Samuel Beckett) 등의 작가들이 의식의 흐름, 외국어 글쓰기 등의 언어적 실험을 통해 작품의 형식적 실험을 감행하며 이루어졌다면, 1960년대 서구의 영화적 모더니즘에서는 서사와 시간의 분절을 통해 플래시 백과 플래시 포워드가 교차하며 시간성의 교란 속에서 의미를 재배치한다. 그러나 기존의 진지한 형식적 고찰이나 과도한 의미 부여에서 의미를 찾는 것이 무의미하다고 생각한 서구의 포스트모더니스트들은 1970년대 이래로 기존의 형식을 조롱하거나 혼합하고 재배열하는 키치와 패스티쉬의 형태로 작품을 엮어나간다. 프레드릭 제임슨(Fredric Jameson)은 모더니즘과 포스트모더니즘의 가장 큰 차이로 전자가 기억과 시간성에 대한 성찰을 형식적 실험으로 풀어간다면 후자는 시간을 대치하는 공간에 대한 관심이 가장 크게 부각된다고 지적한다.[32]

혼성과 혼합, 분절의 형태를 공간의 형태로 배치하는 양상이 부각되는 포스트모더니즘의 기법은 장선우의 90년대 영화에서도 예외 없이 엿보인다. 〈거짓말〉의 두 주인공은 다른 공간에서 끊임없이 시간의 흐름을 망각하고 서로의 육체에 탐닉하며 맞고 때리는 성 행위에 열중한다. 영화 속에서 그들의 신체는 교접보다는 강한 터치를 통한 공간적 흐름을 주고받으며 공간으로 기능하는 육체가 본능적으로 느끼는 고통과

---

31 김현미 기자 정리, 「감독 장선우, 배우 이상현, 교수 이주향의 영화 〈거짓말〉 이야기」,『동아일보』, 1999년.
http://movie.naver.com/movie/bi/mi/reviewread.nhn?nid=2242869&code=26022&pointAfterActualPointYn=N&pointAfterOrder=sympathyScore&pointAfterPage=1&pointBeforeInterestYn=&pointBeforePage=1&reviewOrder=&reviewPage=1#tab

32 다음을 참조할 것. Fredric Jameson, Postmodernism, or The Logic of Late Capitalism, Durham: Duke University Press, 1992.

쾌락의 감각을 체화한다. 이러한 육체의 공간적 흐름 속에 혁명적 의미나 언어적 실험이 투사될 여지는 없어 보인다. 그들은 단순히 맞고 때리며 느끼는 성적 희열을 계속해서 반복할 뿐이다. 지속적인 반복 속에 시간성은 사라지고 공간만이 남는 것이다. 이런 맥락에서 장선우 영화의 에로티시즘은 1960년대 유럽의 성애영화와 같은 모더니즘적 전통보다는 포스트모더니즘적 양식에 더 가까운 케이스라고 할 수 있으며, 그가 한국 최초의 포스트모더니즘 소설이라 평가되는 『경마장 가는 길』을 영화화했던 것처럼, 〈거짓말〉에서는 그 자신이 스스로 포스트모던화한 한국영화의 에로티시즘을 전시한다.

90년대 한국영화의 에로티시즘은 이처럼 장선우의 영화 속에서 발견되는 것처럼 무한한 반복 속에서 가끔씩 분절과 전도, 변이를 공간화하며 주류영화계에서건 비주류영화계에서건 한국의 포스트모던한 소비 사회와 밀접한 연관성을 형성하기 시작했다. 따라서 장선우의 영화는 68혁명 이후의 서구와 일본의 모더니즘 영화 속에서의 성 해방과 직접적으로 연결될 수 없을 것이며, 한국의 에로비디오도 1970년대에 전 세계를 강타했던 〈엠마뉴엘〉류의 고급 소프트포르노 버전인 에로티카나 1980년대 이후 미국의 케이블 티비와 비디오 출시용 영화의 붐 속에서 만들어진, 고급영화도 저급영화도 아닌, 중급 소프트코어와도 동질화할 수 없는 맥락이 있다.[33] 이는 모더니즘과 포스트모더니즘의 경계에서 진동하는 1990년대 장선우표 포르노의 특성이기도 하다. 이효인의 분석대로 "〈너에게 나를 보낸다〉와 〈나쁜 영화〉로 논쟁을 불러일으킨 장선우[가] 〈거짓말〉로 모던/포스트모던 행보를 접"은 자신의 인식이 "극에 달하는 동시에 그 의식이 아무것도 해낼 수 없다는 좌절감[을

33 외국의 소프트포르노에 대한 자세한 논의는 다음을 참조할 것. 이윤종, 「포르노그래피, 바디 장르, 그리고 페미니즘」.

담은〕 모더니즘 계열의 작품"을 만든 것으로 볼 수도 있다.[34] 즉, "〈경마장 가는 길〉에서 얼핏 비춘 〔포스트모던적〕 세상에 대한 역겨움은 〈너에게 나를 보낸다〉에서 본격적으로 시작하여 〈거짓말〉에서 싱겁게 끝나고 〔만〕" 것으로, 이는 '장선우라는 시대의 계보'가 "포스트모던한 세상을 자각하고 몸부림치다가 낭떠러지로 떨어지는 모습을 보여"주는 셈이다.[35] 정성일은 이 낭떠러지가 예술가의 "자유로운 상상력을 가로막는 〔검열〕 제도와 (윤리와 편견과 질서와) 싸우도록 유도하는 메커니즘"의 "감옥 효과"로 인해 형성되었고, 장선우가 그 안에서 "동어반복만을 생산"하게 되고 말았다고 분석한다.[36] 박유희는 이 동어반복이 장선우가 자기 작품의 여성 캐릭터에게 투사한 정치적 전위성, 즉 시대에 대한 자기참조적 "부정과 전복의 시선" 속에서 생성된다고 해석한다.[37] 즉, 1990년대 그의 영화 속에서 "기성의 정조 관념을 벗어난 여성 인물"[38]이 감독 자신을 대변해 꾀하는 일탈의 과잉성이 〈거짓말〉에 이르러 극에 달한 결과 2000년 이후로는 더 이상 "포스트 시대"의 관객이 소구하는 상업성에 부합하지 못 하게 되고 말았다는 것이다.

장선우적 포르노의 반복성은 초기에는 〈경마장 가는 길〉, 〈너에게 나를 보낸다〉에서 선보인 비틀고 꺾인 언술과 행위의 반복성을 통해 포스트모던적 실험으로 나타난다. 그것은 〈나쁜 영화〉를 경유하며 비행 청소년들의 일상과 일탈을 다큐멘터리적으로 추적하며 성애를 다소 증발시키고 실험적 모큐멘터리로 승화되는 듯하다가, 〈거짓말〉을 통해 시간

34 이효인, 『영화로 읽는 한국 사회문화사』, 176쪽.

35 이효인, 『영화로 읽는 한국 사회문화사』, 181쪽.

36 정성일, 「제도와 싸우다 망가져버린 장선우의 비극」, 231쪽.

37 박유희, 「장선우의 외설 논란 영화를 통해 본 포스트 시대 한국영화의 동향」, 『드라마 연구』, 제 48호, 한국 드라마학회, 2016, 225-254쪽, 241쪽.

38 박유희, 「장선우의 외설 논란 영화를 통해 본 포스트 시대 한국영화의 동향」, 242쪽.

성을 상실한 공간성, 무의미한 행위의 영원성으로 회귀하는 것처럼 보인다. 〈거짓말〉은 대량소비시대로 진입한 1990년대 한국사회의 지루하고 반복적인 '일상'에 대한 장선우 식의 조소임에 분명하다. 그러나 그것이 정확히 저항적인지, 순응적인지 혹은 모더니즘적인지, 포스트모더니즘적인지 쉽게 단언하는 것은, 베니스영화제에서 〈거짓말〉의 정치와 성애의 연관성에 대한 서구 언론의 질문에 노코멘트로 일관한 장선우의 모호한 태도만큼이나 어렵다. 김영진의 해석대로 〈거짓말〉을 위시한 그의 90년대 포르노 영화는 불교적 심안心眼에 모든 것이 달린 것으로 읽을 수도 있다. 어찌 되었든 1990년대 장선우의 포르노적 반복성은 후기 자본주의 사회의 지루한 일상적 반복성으로부터의 역설적 일탈과 회귀를 재현한다. 그리고 그것은 관객 스스로에게 반복의 늪을 벗어나 포르노적 재현의 관람자로만 남을 것이 아니라 행위자가 될 것을 주문하는, 일상의 포르노화의 도래를 도발적이고 역설적으로 예고하고 있었던 것이다.

4. 에로비디오 - 예측 가능한 반복성의 흥망성쇠

1990년대 주류 영화계에서 장선우가 포르노그래피에 완연히 근접한 영화들을 선보이는 동안, 비디오업계는 비디오 시장의 호황에 힘입어 에로비디오의 전성시대를 맞이했다. 장르적으로 소프트코어 포르노그래피 영화에 속하는 에로비디오는 주류 영화인 80년대 에로영화나 장선우의 영화와는 달리 극장에서 상영되지 않고 비디오 대여점을 통해 유통되는 만큼 정부의 검열이나 규제로부터 비교적 자유롭게 만들어질 수 있었다. 에로비디오 산업은 1990년대 중반에 〈젖소부인 바람났네〉(1996)의 대성공으로 인해 황금기를 맞이했다. 문학산이 2000년에 쓴 글에서 "비디오 대여점에서 에로비디오 대여자는 전체 대여율의 10퍼센트 정도를 차지"한다고 자신의 조사 결과를 밝혔을 정도로,[39] 에로비디오 산업은 2000년대 초반까지 호황을 누린다. 〈젖소부인 바람났네〉의 흥행으로 〈젖소부인〉 시리즈는 2004년까지 무려 12편에 달하는 후속편들을 양산했다. 영화의 제작사인 한시네마테크는 영화배우 출신인 한지일이 설립한 회사로 〈젖소부인〉 1편의 성공 이후로 무려 300여편의 에로비디오를 제작하며 성공 가도를 달렸으나, 최근 한지일이 IMF 구제금융기에 도산한 이후 100억 원에 달하는 재산을 잃고 무일푼이 된 사실이 알려지면서 화제를 모은 바도 있다. 이는 전환기 포르노로서 에로비디오의 명암을 그대로 반영하는 일화라고 볼 수 있다.

〈젖소부인 바람났네〉는 동물의 신체적 특성을 인간에게 적용해 지은 제목의 코믹함과 제목에서 연상되는 여배우의 신체적 특성과의 연상 작용의 효과로 큰 성공을 거둔다. 이로 인해 1990년대 후반과 2000년대 초반 사이에 수많은 비디오용 부인 시리즈물과 코믹한 제목의 다른 유사 에로비디오들이 대거 양산된다. 예를 들면, 〈연필부인 흑심 품었네〉, 〈콤파스부인 다리 벌렸네〉, 〈물소부인 물 올랐네〉, 〈꽈배기부인 몸 풀었네〉, 〈김밥부인 옆구리 터졌네〉 등 수없이 많다. 〈젖소부인〉 시리즈의 성공으로 여주인공 역을 맡은 배우 진도희가 일약 에로비디오계의 슈퍼스타가 된 것은 두말할 나위도 없다. 그러나 십 여 년 전에 극장용 에로영화인 〈애마부인〉(1982)의 대성공으로 하룻밤 사이에 충무로의 스타가 된 안소영과의 평행이론인지, 진도희는 안소영처럼 영화 한 편으로 단기간에 성공했으나 에로배우의 이미지를 벗지 못 하는 한계에 갇히고

39 문학산, 「에로비디오의 섹슈얼리티」, 191쪽.

말았다. 어찌 되었든, 〈애마부인〉이 전 세계적인 성공을 거둔 프랑스 소프트포르노 영화 〈엠마뉴엘〉(1975)을 연상시키는 제목으로 승부수를 띄움으로써 개봉 첫날부터 많은 관객을 극장으로 끌어들일 수 있었던 것처럼,[40] 〈젖소부인 바람났네〉는 〈엠마뉴엘〉의 서사와 〈애마부인〉의 한국 부인물 시리즈의 전통에 코믹함을 가미한 제목의 결합으로 에로비디오계의 지각변동을 일으킨다. 〈젖소부인 바람났네〉는 1970년대 후반부터의 전지구적 소프트포르노 열풍이 낳은, 비디오 시대 한국의 문화적 산물이었던 것이다.

〈엠마뉴엘〉이 한참 연상의 외교관 남편과 결혼한 10대 후반의 어린 아내가 또래 남성과의 성적 만남을 통해 성적 쾌락에 눈뜨는 과정을 담고 있다면, 〈젖소부인 바람났네〉의 여주인공도 중년의 사업가 남편을 둔, 욕구 불만의 20대 중상층 가정주부이다. 그녀는 남편으로부터 얻지 못 하던 성적 만족을 자택의 젊은 남성 정원관리사를 통해 얻게 되면서 성적 일탈을 추구하기 시작한다. 제목 그대로 가슴이 큰 유부녀 여주인공이 바람이 나면서 생기는 성적 모험의 여정을 담고 있는 것이다. 〈엠마뉴엘〉의, 그리고 〈젖소부인 바람났네〉의 플롯은 영국의 모더니즘 작가이자 에로티시즘의 탐구로 유명한 소설가인 D. H. 로렌스 (D. H. Lawrence)의 1920년대 장편소설, 『채털리 부인의 사랑』 (Lady Chatterley's Lover)을 연상시킨다. 귀족 유부녀인 채털리 부인이 1차 세계대전으로 하반신 불구가 된 남편으로 인해 정원사와 불륜 관계에 접어드는 바로 그 이야기 말이다. 〈젖소부인 바람났네〉가 〈엠마뉴엘〉을 거쳐 수용한 『채털리 부인의 사랑』의 서사는 물론이요, 소설의 제목이나 내용만큼이나 과감한 문학적 에로티시즘을 한국의 에로영화계에서 수용한 흔적이 반영된 것이라 할 수 있다. 이는 작가주의 영화와 포

40 호현찬, 『한국영화 100년 (개장 증보판)』, 문학사상사, 2003, 245쪽.

르노/상업영화 사이를 진동한 장선우의 1990년대적 행보만큼이나 흥미로운 에로비디오의 고급예술과 저급예술 사이의 횡단이라고도 볼 수 있다.

다른 한 편, 〈젖소부인 바람났네〉가 주류영화계의 이단아인 장선우와 연결될 수 있는 지점은 포르노적 반복성이다. 〈젖소부인〉은 영화의 시작부터 끝까지 등장인물 간의 별다른 대화 장면도 없이 여주인공의 성 행위 장면만을 반복적으로 보여준다. 진도희는 남편에 이어 정원사, 이후에는 다른 남성을 거치면서 다양한 남성들과 성 관계를 갖는 장면을 연기하며 전형적인 소프트포르노적 성적 모험의 여주인공으로 활약한다. 이러한 반복성은 문학산이 분석하는 대로 에로비디오가 "상품의 전략에서 페티시즘을 사용하여 남성의 성적 판타지를 에로영화와 포르노의 간극이라는 문화의 틈새로 활용했으며 꿈의 세계와 같은 무의식의 영역을 통해 확장하여 상품화"한 "남성의 시각적 쾌락의 도구"로서 작용하는 것인지도 모른다.[41] 그러나 필자가 다른 글에서도 언급한 바 있지만, 남성의 시각적 쾌락과 여성의 남근에 대한 욕망으로 포르노를 비롯한 성애영화를 분석하는 것은 1975년 멀비(Laura Mulvey)가 수행한, 할리우드 영화의 남근중심주의와 영화적 절시증(scopophilia)에 대한 비판에서 조금도 진일보하지 않은 케케

41 문학산, 「에로비디오의 섹슈얼리티」, 215쪽.

묶은 방식일뿐더러 여성의 시각적 쾌락을 고려하지 않은 채 남성 대 여성 및 시선의 주체 대 대상이라는 이분법에서 벗어나지 않은 설명 방식에 불과하다.[42]

에로비디오는 캠코더로 비디오용 영화의 촬영과 배급이 대중화되기 시작해 비디오 산업이 정점에 오른 시절의 산물이다. 본격적인 한국형 포르노의 제작과 유통이 본궤도에 올라 제작자와 소비자 모두가 에로비디오를 통해 성적 만족을 누리던 시절에만 가능했던 문화 상품인 것이다. 1980년대 중반까지 불가능하게만 보였던 본격적인 한국형 포르노의 등장으로 모두가 호기심에 들끓던 시기의 일시적 유행병 같은 현상이라 할 수 있다. 〈젖소부인 바람났네〉의 포스터에서도 "성의 자유를 선언한 완전 포르노그라피"라는 선전문구를 통해 이전의 극장용 성인영화와 달리 "보여줄 건 다 보여준다"는 영화의 전략을 강조하고 있다. 물론 하드코어 포르노처럼 성 행위의 모든 것을 다 보여줄 수는 없었지만, 에로비디오는 외국의 포르노 영화와 같은 반복성으로 무장하고 90년대 전반을 아우르며 승승장구할 수 있었다. 에로비디오의 반복성은 등장인물과 서사구조의 전형성을 통해 복제되고 확대 재생산되었다. 따라서 등장인물은 "젊건 늙건 간에 성 기능에 상당한 장애를 가지고 있는 사장님, 전력이 항상 의심스러운 젊은 사모님을 기본 축으로 때에 따라 방종한 딸, 사회의식이 있다가 말아버린 아들, 항상 힘(?)이 넘쳐나는 운전기사 양반이나 정원사 아저씨, 색에 목숨을 건 가정부가 여러 변형된 형태로 부가되며 마나님의 옛 직장(?) 동료, 옛날 남자(고시생이었다가 성공했으면 더욱 좋고), 사장님의 여직원(사장인데 직원은 항상 하나다) 등등이 기본갈등을 제공하는 인물들로 설정"된 형태의 무

---

42 다음을 참조할 것. 이윤종, 「포르노그래피, 바디 장르, 그리고 페미니즘」; Laura Mulvey, "Visual Pleasure and Narrative Cinema," in Visual and Other Pleasures, New York: Palgrave Macmillan, 2009, pp.14-27.

한반복이다.[43] 이러한 반복성은 서사와 성 행위의 반복을 거쳐 장선우의 〈거짓말〉과 같은 지루한 반복성을 무한 복제한다. 그러나 거기에는 장선우의 포르노와 같은 전복과 변이는 일어나지 않는다. 그럼에도 에로비디오는 "억압을 피해 표현의 소극적 자유나 만끽하고 다원주의를 빙자한 '다량 소품종'의 천박한 유통구조"를 통해 "단순한 생존과 단발성 유통에 따른 자금회전 혹은 이윤의 단타 추구로 생성"된 비디오 대여 시장 구조 속에서 1990년대에 최전성기를 맞이하다 2000년대 중반에 쇠로에 접어들게 된다.[44]

게다가 장선우의 뒤를 이어 2000년대 전환기부터 정지우, 임상수 등의 주류영화 감독들이 에로비디오보다 더 자극적인 성애 장면을 연출하기 시작하면서 에로비디오는 더더욱 입지가 좁아질 수밖에 없게 되었다. 2000년대 초반에 이르러서는 "인터넷을 통해 포르노가 넘쳐나는 반면, 등급위원회의 심의가 부쩍 강화돼 [에로비디오의] 표현 수위가 밋밋해[지면서] 시장이 위축된 주된 이유"가 되고 말았다.[45] 따라서 에로비디오는 일반적인 의미의 하드코어 포르노나 극장용 영화와 달리 지속성을 담보할 수 없는 전환기적 포르노로만 존재하게 되고 말았다. 이는, 조흡의 지적대로, 1990년대 말의 다큐멘터리적 포르노물인 〈빨간 마후라〉나 〈O양 비디오〉가 의도치 않게, 비합법적으로 유포되며, 남성 오르가즘이 아닌 여성 오르가즘을 시각화해 남성 관객에게 충격을 안겨주고 여성 관객에게 성적 충만의 가능성을 열어준 것과도 무관하지 않다. "포르노가 남근상적인 이유는 남근을 보여줘서가 아니라 섹스에 관한 진실을 알고 있다고 전제하고 있기 때문"인데 〈O양 비디오〉는 그

43 이교동, 「젖소부인을 위한 변명」, 483-4쪽.

44 박종성, 『포르노는 없다 – 권력에 대한 복잡한 反感의 표현』, 인간사랑, 2003, 40쪽.

45 서일호, 「성인비디오/ 색안경 벗고 봐 주세요」, 『주간 조선』, 1693호, 2002. 3. 7.

러한 거짓된 진실의 전복 효과를 불러일으키며 남근 중심주의를 오히려 해체하는 효과를 가져왔다는 것이다.[46] 이는 "원조교제[가] 사회에 만연하고, 영계산업은 날로 팽창 중이며, 폰 섹스가 번져가고 있는 ... 99년 남한 땅"[47]에서 벌어지고 있던, 한국사회의 포르노적 전환의 한 일면이기도 하다. 1996년 〈젖소부인 바람났네〉의 대성공을 거쳐, 2000년 1월에 〈거짓말〉이 개봉했을 즈음, 김영진이나 정성일 같은 성인 영화평론가들은 물론 당시의 청소년들마저도 장선우의 영화나 에로비디오, 혹은 외국의 하드코어 포르노를 보고 성적 자극을 받기는커녕 지겨워하기 시작했다. 그들 모두 포르노의 "단순반복"과 "포르노에 나타난 성이 전혀 사실적이지 않다는 것"을 알고 지쳤기 때문이다.[48]

사회학자인 엄기호는 십대 청소년들과의 인터뷰를 통해 성적 자극에 어른보다 예민한 아이들이 에로비디오나 하드코어 포르노보다 〈빨간 마후라〉와 같은 '생生포르노'에 오히려 "더 강렬한 성적 흥분"을 느꼈음을 지적하는데, 조사 대상자에 따르면 그 이유는 "립싱크와 라이브 음악의 차이"와 같은 것이라고 한다.[49] 이는 영화관객들이 전환기적 포르노가 '모방'하고 '연기'하는 성 행위로는 더 이상 만족하지 못 하게 현실을 반영하는 것이다. 엄기호는 또한 포르노에 대한 청소년들의 반응을 통해, 조흡과 마찬가지로, 에로비디오를 포함한 한국의 성인영화 등의 성 문화전체가 "지독할 정도로 남성 성기 중심의 이야기 구조"를 가지고 있어서[50] 성 행위에 있어 여성의 성적 만족에 대한 고려나 "에로티시즘이 없다"는 데서 관객의 불만족이 야기됨을 지적한다.[51] 이런 맥락

---

46 조흡, 「맑스, 프로이트, 그리오 〈O양의 비디오〉」,『문화읽기』, 514쪽.
47 정성일, 「제도와 싸우다 망가져버린 장선우의 비극」, 230쪽.
48 엄기호, 『포르노, All Boys Do It!』, 우리교육, 2000, 70쪽.
49 엄기호, 『포르노』, 74 75쪽.
50 엄기호, 『포르노』, 96쪽.
51 엄기호, 『포르노』, 102쪽.

에서 보자면 〈O양 비디오〉나 〈빨간 마후라〉는 장선우표 포르노나 〈젖소부인 바람났네〉류의 에로비디오와 같은 전환기적 포르노를 거쳐 세기말부터 서서히 나타나기 시작한 일상적 포르노, 혹은 대중 포르노의 전범이라 할 수 있다. 일상이 포르노화되면서 뻔하고 케케묵은 반복을 답습하는 한국형 포르노, 즉 1990년대의 전환기적 포르노는 설 자리를 잃게 되고 만 것이다. 어찌 됐든, 에로비디오는 비디오 체인점의 몰락과 비디오에서 DVD로의 전환, 인터넷의 상용화 등으로 2000년대 중반에 그 명맥이 완전히 끊겨 버리게 된다. 2010년도 이후에는 IP TV 등의 보급로를 통해 다시 비非극장용 에로물의 제작이 활성화되고 있다고 하지만, 초고속 인터넷과 스마트폰의 보급으로, 1시간 내지 2시간 동안 영화를 꾸준히 관람하는 습관이 결여된, 보고 싶은 장면만 띄엄띄엄 보는 시청 습관이 몸에 벤 젊은 세대 시청자에게 21세기의 에로비디오급 야동이 어느 정도의 파급 효과를 발휘할지는 미심쩍을 따름이다.

5. 결론 – 전환기적 포르노로서의 장선우 영화와 에로비디오

1980년대 후반부터 조금씩 제작되기 시작한 에로비디오는 1990년대에 들어서면서 가정용 비디오 기기의 대중적 보급과 비디오 대여점의 폭발적인 증가에 힘입어 그 전성기를 구가했다. 그 정점은 1996년에 출시된 〈젖소부인 바람났네〉가 전국 방방곡곡의 비디오 대여점과 대학가 비디오방에서 당시에 사춘기였거나 대학생이었던 한국 남성이라면 혼자 혹은 또래의 동성 친구들과 함께 봐야 하는 필수 관람영화의 리스트에 올랐던 1990년대 중후반부터 2000년대 초반까지이다. 〈젖소부인 바람났네〉는 특별히 기억에 남을 만한 서사 전개 없이 제목과 여배우의 흡인력으로 대성공을 거두며 비주류 영화업계였던 1990년대 비디오 산업의 혁명을 일으켰다. 그러나 에로비디오는 2000년대 중반 이후 비디오 산업의 사양과 함께 장르가 자연 소멸되고 말았다. 비슷한 시기에, 1980년대 말부터 과감한 성애의 표현으로 1990년대에 최전성기를 구가했던 장선우 감독도 2000년대 초반 디지털 시대에 걸맞지만, 지나치게 시대를 앞서간 블록버스터 영화였던 〈성냥팔이 소녀의 재림〉의 흥행 참패로 연출 현장에서 물러나게 되었다.

에로비디오와 장선우표 성인영화는 1990년대에 각각 비디오 업계와 주류 영화계에서 본격적인 한국형 포르노 영화의 시대를 구가한 뒤 2000년대에 들어서 그 유효 기간을 다 하고 소멸하고 말았다. 현재까지 명맥이 이어지지 않고 있기 때문에 이들은 전환기적 포르노이며, 21세기의 새로운 포르노물들, 즉 성애물 뿐 아니라, 서론에서 언급했던, 다양한 일상적 포르노물들에 그 바통을 물려주게 되었다. 일상적 포르노물들은 장선우식 포르노 및 에로비디오와 동시대에 유포되고 유행했던 다큐멘터리적 포르노물인 〈빨간 마후라〉와 〈O양 비디오〉에서 그 근원을 찾을 수 있다. 장선우 영화와 에로비디오가 그 무한 반복성과 예측 가능성으로 어느 사이 대중을 지루하게 하고 지치게 한 사이에 그들은 스스로가 포르노의 관람자가 아니라 행위자가 된 것이다. "대중 자신이 직접 모사의 세계(시뮬라시옹)로 '몰카'와 '셀카'라는 형식을 통해 투사되는 시대에 이르러 더 이상 70년대식 〔〈별들의 고향〉류의〕 내러티브의 상업적 경쟁력이 존재할 이유는 없"어지고 만 것이다.[52] 따라서 에로비디오 영화들과 장선우의 90년대식 포르노영화들은 1980년대까지의 한국 성애영화가 에로티시즘을 넘어서서 21세기의 일상적 포르노로

52 이교동, 「젖소부인을 위한 변명」, 486쪽.

전환되는 시기의 과도기적 포르노물이라 할 수 있다.

정치학자인 박종성은 한국에서 "권력을 향한 불만과 그 복잡한 심성의 표출을 읽어내는 포르노는 없었다"며,[53] 한국의 포르노는 "몸과 몸의 현란한 충돌과 배설을 기다리게 만드는 단선적 긴장상황"만 유발하는 "포르노의 껍데기를 빌려 만든 모조품"에 불과했음을 아쉬워한다.[54] 한국 사회에서 하드코어 포르노는 고사하고 1960년대 유럽의 정치적 에로틱 모더니즘 영화와 같은 작품들이 나올 수 없었던 현실을 개탄하는 것이다. 그러나 유럽이나 일본이라 하더라도 포르노 영화급의 성인영화 중에 정치적 모더니즘을 지향하는 영화는 극소수였고 그나마도 소수의 좌파 영화인들에 의해서만 제작되었다는 것을 감안하면, 오랜 군부 독재 체제 하에서 신음하던 한국 사회에서 그러한 바람은 초월적 예술에 대한 이루어질 수 없는 꿈과도 같은 것이 아닐까? 오히려 영화사적 관점에서 1960년대 이래 한국 성애영화의 진화進化과정을 살펴보면, 1990년대의 전환기적 포르노는, 프랑스 대혁명 시대에 매춘이 민주화되고 포르노그래피가 유행했던 것처럼, 1987년에 쟁취한 한국의 민주화가 없었다면 불가능한 사건이었을 것으로 보인다. 하드코어 포르노의 가능성이 완전히 차단된 한국사회에서 전환기적 (소프트코어) 포르노는 1990년대에 민주화와 자유화, 소비주의화의 바람을 타고 그 포르노적 반복성을 무한 연소하며 타오르다 인터넷의 대중화라는 최대 장애물을 맞이하여 자연적으로 진화鎭火되고 만 것이다.

흥미로운 점은 2000년대 이래로 한국의 극장개봉용 영화들도 성인물은 성애물보다는 폭력물 위주로 바뀌어 주류 영화계에서도 성인영화는 찾아보기는 힘들고, 간간히 나오는 성애물들은 오히려 그 성적 표

---

53 박종성, 『포르노는 없다』, 530쪽.
54 박종성, 『포르노는 없다』, 529쪽.

현의 수위가 80년대의 에로영화나 90년대의 에로비디오보다 훨씬 높음에도 불구하고 '에로'라는 단어로 폄하되지 않는다는 것이다. 따라서 2016년 현재 한국의 IPTV나 케이블 TV 용으로 만들어지는 성인물들 외에 에로물이라는 이름으로 만들어지는 한국영화는 더 이상 존재하지 않는다. 그러나 소위 '야동'이라 불리는 야한 동영상은 그 길이가 10분 내외에서 1시간 이상의 길이로 자유자재로 만들어져 온라인상에서 광범위하게 유포되어 마음만 먹으면 언제든지, 누구나 볼 수 있게 되었다. 야동이 일상화된 만큼, 서론에서 언급했듯, 일상의 모든 것들, 우리가 먹고, 입고, 즐기고, 심지어 심각하게 생각하는 주제들도 포르노화되어 공사의 구분 없이 우리의 주변에 편재해 있다. 이들은 성 행위만큼이나 큰 자극을 주어 우리의 감각을 사로잡는 한 편 무디게 만들기도 한다.

이러한 일상의 포르노화는 1990년대 장선우의 영화와 에로비디오를 기점으로 촉발되기 시작했으며, 한국인들은 1990년대를 거치며 전환기의 한국형 포르노를 통해 삶의 포르노화를 경험하기 시작했다. 전환기적 포르노 속에서 반복되는 언술과 행위는 지겨움을 야기하지만, 시작과 끝이 없이 원하는 부분만 중간중간 클릭해서 볼 수 있는 디지털 시대의 야동은 찰나의 자극으로 우리를 짧지만 임팩트 있게 만족시키거나 실망시킨다. 그럼에도 불구하고 이 거대한 일상의 포르노화에서 만족이나 실망을 따라다니는 불안감, 누군가가 나를 도둑촬영할지도 모른다는 공포와, 소셜 네트워크를 통해 내가 나를 포르노처럼 전시한다는 기이함은 무엇으로 달랠 수 있을까? 이 기묘한 감각과 감정들이 극복되는 순간이 과연 올까? 극복되지 않는다면, 그 정동은 어떤 식으로 전환될까? 영화사와 문화사 연구자로서 나는 일상의 포르노적 전환에 이어 새로이 도래할 국면 혹은 정동이 궁금하기만 할 따름이다.

1990년대의 증상들

장정일 초기 소설의 문제성
– '90년대'에 대한 비판을 중심으로

| 한 영 인

장정일 초기 소설의 문제성
– '90년대'에 대한 비판을 중심으로 –

한영인

Ⅰ. '90년대'에 대한 비판자로서의 장정일

사전적으로 연대年代는 '지나간 시간을 일정한 햇수로 나눈 것'을 의미하고 시대時代는 '역사적으로 어떤 표준에 의하여 구분한 일정한 기간'을 의미한다. 둘의 차이는 시기를 분절하는 기준의 임의성 여부에 있다. 연대는 그 분절이 임의적이고 객관적인 반면 시대에 있어서 그것은 역사성을 띤다. 가령 '90년대'를 1990년에서 시작되어 1999년에 끝난 10년간의 시간으로 계산하는 것은 '90년대'를 '연대'의 측면에서 파악하는 것이다. 이와 달리 '90년대'를 '시대'로 파악하기 위해서는 그 '시대'를 분절할 수 있는 나름의 역사적 표준을 구성해내야 한다. 이렇게 '시대'는 항상적인 역사화의 과정 속에서 비로소 생성된다.

이와 같은 역사화의 과정은 특정 시기에 대한 개별적이고 집합적인 기억들이 산출해내는 일련의 감각들을 모으고 배치하는 과정을 포함한다. 이 과정을 통해 생성된 '시대'의 스펙트럼은 시간에 대한 물리적인 분절에 입각한 연대의 폭과 자주 일치하지 않는다. 시대는 연대를 앞질러 제 모습을 드러내기도 하고 연대의 끝에 도달하기 전에 제 그림자를 서둘러 거두기도 한다. 가령 1997년 이후의 풍경들은 물리적으로는

'90년대'에 속해 있지만 '시대'로서의 '90년대'에 속하지는 않는다. 우리는 서울역에 모여 있는 노숙자들과 정리해고 당한 노동자의 뒷모습을 보면서 '90년대'라는 시대와 그 시대의 '시대정신'을 떠올리지 않기 때문이다. 현재 한국 사회에서 '90년대'라는 시대에 대한 감각의 총체, 즉 '90년대적인 것'(혹은 '시대정신')은 일상, 개인, 홍대 앞, 압구정동, 록카페, 클럽, 소비, 자유 등의 어휘들과 연루되고 있는 듯 보인다.

개인적인 이야기지만 나에게 있어 '90년대적인 것'에 대한 이미지들의 대부분은 이준익 감독의 데뷔작 〈키드캅〉(1993)에서 비롯한다. 당시 국민학교 다닐 때 티브이에서 보았던 이 영화는 시골 소년이던 나에게 서울에 대한 무한한 동경을 선사해주었는데 - 무엇보다 서울 아이들은 다들 뽀얗고 예뻤다 - 그 영화 속의 범람하는 기호들은 우리가 지금 '90년대적인 것'이라고 일컫는 것의 감각과 무척 잘 조응한다. 영화의 시작과 함께 등장하는 씨디 플레이어, 당대 최고의 인기가수 〈잼〉의 노래에 맞춰 춤을 추는 아이들, 간식으로 먹는 KFC, 컴퓨터 게임, 홈비디오, 엘지 트윈스 유니폼, 외식하는 스위트홈 등등이 그렇거니와 영화의 주무대가 소비를 위한 인공낙원인 백화점이라는 점 역시 간과할 수 없다. 적어도 어린 소년이었던 내게 각인된 '90년대'는 그 안정과 풍요와 빠른 비트의 음악으로 상징되는 흥겨움의 시기였다.

이는 그저 시골 국민학생이 가질법한 국지적인 기억에 불과한 것일까? 요즘 대중문화의 영역에서 행해지고 있는 1990년대에 대한 재현이 이러한 감각을 반복적으로 소환함으로써 강화시키고 있는 것처럼 보인다는 점에서 꼭 그런 것 같지는 않다. 〈건축학개론〉에서 시작되어 〈응답하라 1994(1997)〉를 거쳐 〈토토가〉에서 절정에 달한 최근의 '90년대 붐'은 "'90년대'의 일상적이고 소소한 기억과 정서적 경험을 환기하는 방식으로 감성의 공동체를 구성해"내고 있는데, 여기서 '90년대'는 (탈정치적이었기에) 순수하고, (이념이 아닌 소비의 시대였기에) 풍요롭고

흥겨운 시대로 그려진다.[01]

이것이 현재 한국 사회가 갖게 된 '90년대'라는 '시대'에 대한 지배적인 심상과 감각이다.[02] 하지만 '시대'가 선택과 집중, 배제와 망각의 기제를 바탕으로 하는 역사화의 결과라면, 우리는 배제되고 망각된 기억들과 감각들의 목록들에도 관심을 가지지 않을 수 없다. 이 주변화 된 감각들의 목록이 '90년대'에 대한 관습적이고 상투적인 인식에서 벗어나 과거의 시간을 새롭게 인식할 수 있는 계기를 마련해줄 수 있을 것이기 때문이다. 그런 점에서 '90년대'는 절대적인 것의 상실 뒤에 찾아온 허무를 감당하지 못해 비틀거리는 자들의 걸음걸이로 넘쳐났던 시기이기도 하며 변화된 세상 앞에 어떻게 발길을 내딛어야 할지 모르는 막막함과 두려움의 감각이 많은 사람들을 휘감았던 시기이기도 했다는 점은 기억해 둘 필요가 있다. 이러한 감각들은 현재 쉽게 찾아볼 수 없는, '90년대'에 대한 주변적인 풍경과 감각들이다. 낙관과 희망을 애써 멀리하고 '90년대'의 고유성을 의심하며 그 시대의 진정성을 인정하지 않으려는 태도 역시 그 중 하나였는데, 주로 지식인들에게서 찾아볼 수 있는 반응이었다.

> 90년대는 3,40년대를 반복하고 있는 것은 아닐까요.
> 마르크스주의의 몰락, 회의와 반성에 처한 근대, 동

---

01 이화진. 2014. 「'90년대'를 돌아보기—세대의 기억상품과 자기서사」. 『대중서사연구』. 20권 3호. 71쪽.

02 대표적인 90년대 작가로 손꼽히는 김영하는 sbs 힐링캠프에서 지금의 젊은이들과 자신의 젊은 시절을보냈던 80년대 말, 90년대 초를 비교하며 그때는 경제성장률이 지금보다 4~5배 높았고 미래는 현재보다 더 나아질 수 있다는 희망이 가득했던 시기였다고 말한 바 있다. 그렇기 때문에 별 걱정 없이 낭만을 즐길 수 있었고, 자신이 작가를 선택할 수 있었던 것도 이러한 낙관적인 사회적 분위기에 힘입은 것이라고 말했다. 이러한 낙관과 희망, 낭만이 90년대에 대해 한국 사회가 갖고 있는 지배적인 정서임은 분명해 보인다.

> 아시아의 부활, 하지만 반복되는 역사가 빚어내는 웃기는 트위스트도 아울러 생각하지 않을 수 없습니다. (중략) 90년대는 묵시록적 관념이나 서사가 지배한 시대이긴 하지만 뭔가 반복되고 있다는 느낌, 그리고 갈수록 우스꽝스러워지고 있다는 느낌을 지울 수가 없습니다.[03]

황종연은 90년대 문학을 결산하는 자리에서 위와 같은 소회를 토로한 바 있다. 여기서 주목할 것은 뉴밀레니엄을 목전에 두고 세기말적 상상력이 팽배했던 90년대에 대해 황종연이 느끼는 역사적 기시감의 정체이다. 90년대가 3,40년대를 반복하고 있다는 말은 카프 해산 이후의 일제 파시즘 권력의 강화와 80년대 사회주의 운동의 몰락 이후 펼쳐진 자본의 시대를 유비적으로 파악하는 것만을 의미하지 않는다. 거기에는 그 이후 진보적 담론이 마주했던 어떤 막다른 길에 대한 희극적 반복을 읽어내는 시선이 내재되어 있다. 그렇기에 황종연은 90년대 초 '창작과 비평'에서 제기한 동아시아론과 미국산 포스트모더니즘 논의에서 '근대의 초극'논의에 대한 희극적 반복을 읽어내는 것이다. 이것은 90년대는 그 자신의 치열함을 가질 수 없는, 그저 지나간 과거를 희극적으로 반복하는 시대에 불과했다는 음울한 진단의 귀결임은 물론이다.

〈응답하라 1994〉의 여러 에피소드들에서 나타나듯 지나간 과거는 현재의 시점에서 보면 늘 모자라고 어리숙한 것 투성이다. 그래서 그것은 자주 웃음을 자아낸다. 하지만 그 웃음은 결국 지나간 시대에 대한 순수성과 향수를 강화시키는 것으로 귀결된다는 점에서 황종연이 말하는

03 황종연.진정석.김동식.이광호. 1999.「좌담 : 90년대 문학을 어떻게 볼 것인가」.『90년대 문학 어떻게 볼 것인가』. 민음사. 14-15쪽.

우스꽝스러움과는 다르다. 앞선 것이 천진한 우스꽝스러움이라면 뒤의 것은 서글픈 우스꽝스러움이다. 이 서글픈 우스꽝스러움은 지나간 모든 시대에 적용되는 것이라기보다는 90년대라는 특수한 시대에서 연유하는 페이소스이다. 우리는 지금은 좀처럼 인식되지 않는 이러한 서글픈 우스꽝스러움의 행로를 더듬어 봄으로써 90년대의 정신사적 풍경을 새롭게 구성해볼 수 있을 것이다.

그렇다고 할 때 가장 먼저 떠오르는 작가는 장정일이다. 그는 분명 90년대의 지리멸렬함과 서글픈 우스꽝스러움을 온몸으로 마주하고 그려냈던 대표적인 작가 중 한 사람이었다. 물론 그의 신학적 세계관은 기본적으로 도처에서 '참을 수 없는 세계의 가벼움'을 느끼게 하기에, 장정일에게 있어 90년대만이 유독 우스꽝스러운 시기였다고 말하기는 어렵다. 또한 장정일이 스스로를 역사의 운동을 관찰하는 엘리트 지식인의 자리에 좀처럼 위치시키지 않기에, 그가 체감하는 90년대의 우스꽝스러움은 황종연이 말한 것과 정확히 일치하지 않는다. 그럼에도 장정일의 초기 소설은 날이 갈수록 우스꽝스러워져가는 90년대에 대한 가장 강고한 환멸과 거부의 태도를 드러내고 있는바, 90년대의 정신사적 풍경을 읽어내는 데 있어 마주하지 않을 수 없는 텍스트다.[04]

장정일의 초기 소설은 기만적인 인공낙원을 조성하여 사람들을 현혹시키며 끝내 자신의 속도를 반성할 줄 모르는 자본과 변혁의 전망이 몰락한 이후 유일하게 제시된 자유민주주의라는 정치적 형식 모두를 급진적으로 거부함으로써 그가 90년대에 대한 가장 근본적인 적대자의 위치에 서 있음을 증거한다. 하지만 이러한 90년대에 대한 급진적 거부는 이제까지 장정일에 대한 평가에서 자주 누락되었던 지점이기도 하다.

---

04 여기서 말하는 장정일의 초기 소설은 1990년대 초에 발간된 『아담이 눈 뜰 때』, 『너에게 나를 보낸다』, 『너희가 재즈를 믿느냐』를 가리킨다.

'포스트모더니즘'이라는 레테르와 함께 그는 90년대적 경향을 대표하는, 그 시대와 너무나 친화적인 작가로 자리매김 되어왔던 것이다.

장정일은 "포스트 모더니즘적 담론들만을 좋아"한다고 비난받기도 했지만[05] 진정성의 주체를 수립하기 위해 투쟁했던 장정일의 초기 소설의 몇몇 지점들은 단지 그의 작품들이 '포스트모더니즘'이라는 형식적 규정으로 온전히 수렴될 수 없음을 보여준다. 「아담이 눈 뜰 때」에 대한 이후의 분석에서 자세히 논하겠지만, 장정일에 의하면 90년대는 자본의 가속운동이 전면화된 시기이며 이것은 주체의 항구적인 불안과 위기를 야기한 시대이다. 그리고 이때 그의 소설은 자본의 무자비한 속도로부터 진정한 자기 자신을 지키고자 하는 주체가 필사적인 투쟁을 벌이는 장소가 된다.

물론 장정일이 90년대 초반에 불어 닥쳤던 포스트 모더니즘적 사유와 커다란 친화성이 있는 것은 부정할 수 없는 사실이다. 하지만 이러한 평가는 장정일이 시도하는 해체와 파괴의 전략 이면에 사회주이 몰락 이전과는 다른 방식으로 진정성을 추구하는 주체의 형상이 자리하고 있다는 점에 쉽게 눈을 감게 만든다. 그러나 장정일의 작품 기저에 흐르고 있는 이러한 주체 수립을 위한 기획은 90년대라는 시대의 부박함과 폭력성을 거부하고 존재의 대안적인 형식을 모색할 수 있도록 만든다는 점에서 새롭게 조명되어야 한다. 이때 장정일의 주체가 추구하는 진정성은 정치적 진정성이 아닌 미학적 진정성이다.

한편 민중주의 비판에 가려 잘 거론되고 있지 않지만 장정일은 90년대 이후 유일한 대안으로 자리 잡게 된 자유민주주의에 대해서도 냉소적이고 비판적인 관점을 취하고 있다. 장정일의 민중주의 비판은 '80년대적인 것'에 대한 분명한 거부의 태도에서 기인한 것이지만 그것이 곧

05 방민호, 위의 글, 83쪽.

바로 90년대의 유일한 사회적 합의인 자유민주주의에 대한 인정과 수용을 의미하는 것은 아니다. 외려 장정일은 유일한 대안으로 강요된 자유민주주의에 대한 거부를 통해 90년대가 마련해 놓은 정치적 합의의 장을 교란한다. 90년대 들어 민중이 사라진 자리를 채운 것은 '시민'이었으며 해방과 변혁의 열망은 다원주의와 제도 개혁이라는 민주주의적 시스템의 정착에 자리를 내주었다. 그런 점에서 90년대는 세계에 대한 급진적인 변화를 상상하는 일이 힘들어졌고, 많은 사람들의 정치적 상상력은 자유민주주의로 급격하게 수렴되어 갔다. 하지만 장정일은 자유민주주의 체제의 유지와 재생산을 위해 필요로 하는 시민적 주체를 형해화시키고 탕진시킴으로써 이 체제의 지속을 근본적으로 회의하는 태도를 보인다. 여기서는 장정일의 작품을 이렇게 자본과 자유민주주의라는, 사회주의 몰락 이후 한국 사회를 지배한 두 가지 기제에 대한 거부의 맥락에서 새롭게 읽어보고자 한다.

Ⅱ. '가짜 낙원'에서 살아남기

여기서는 먼저 장정일 소설에서 발견되는 진정성의 주체의 형상이 지니는 의미를 살펴보고자 한다. 80년대를 '신성성의 레짐'이 지배했던 시대로 파악할 수 있다면, 80년대에 대해 신랄한 독설을 퍼붓고 있는 장정일 작품 속에서 진정성의 주체를 발견해내는 일은 언뜻 보아 모순적인 것처럼 보인다.[06] 실제로 장정일은 '80년대적인 것'에 대한 가장 열렬

06 '진정성의 레짐'에 대해서는 김홍중. 2009.『마음의 사회학』. 문학동네. 참조.

하고 집요한 비판자였다. 그 '80년대적인 것'을 구성하고 있었던 정수는 정치적 이념으로서의 민중주의와 문학적 태도로서의 사실주의(리얼리즘)였다. 이것이 그가 파악했던 80년대식 정치적 진정성의 요체였다.

그의 첫 소설 「펠리컨」(1988)자체가 민중주의에 대한 알레고리적 비판으로 읽힐 가능성이 농후하거니와 이것은 「아담이 눈 뜰 때」와 『너에게 나를 보낸다』를 거치면서 더욱 신랄해진다.[07] 「아이」와 『너희가 재즈를 믿느냐』에서는 문학적 사실주의의 기율이 냉소적으로 기각되는 장면들이 여러 번 등장한다. 장정일이 민중주의와 사실주의를 배격하는 이유는 명확하다. 그것은 자신만이 근본적인 진리를 간취할 수 있다고 참칭하기 때문이며 이러한 독선은 필연적으로 타인에 의한 지배의 메커니즘을 작동시키기 때문이다. 따라서 그것들은 미학적으로 기만적이며 정치적으로 억압적이다.[08]

하지만 장정일이 본격적으로 소설을 쓰기 시작했던 때는 이러한 민중주의와 사실주의의 기율들에 심각한 균열이 일어나던 때였다. 그렇다면 장정일은 그저 죽은 개를 향해 손쉬운 돌을 던진 것에 불과한 걸까? 그렇지는 않은 것 같다. 80년대와 90년대를 단절적으로 파악하고 80년대에 대한 90년대의 비난에 주목하는 시선에서는 쉽게 포착되지 않지만, 장정일의 시야는 이미 90년대가 선사할 어떤 폭력의 기운에 가닿고

---

07 「아담이 눈 뜰 때」에서 이는 아담의 형이 남긴 다음과 같은 메모를 통해 제시된다. "민중주의자는 자신을 반성하지 않는다. 그는 자신의 자아에서 비롯하는 오류와 비굴함마저 모조리 현실과 사회구조에서 기인하는 것으로 환원시킨다. 왜 제 가슴에 손을 얹고 자기를 반성하지 않는가?"(장정일. 2005. 「아담이 눈 뜰 때」. 『아담이 눈 뜰 때』. 김영사. 87쪽.)

08 가령 장정일은 다음과 같은 말로 사실주의를 비판한다. "자신이 직접 경험해보았다고 떠벌리지만 직접 경험해보았는지 어떻게 알며, 그가 긁적여 놓은 글이 자신의 경험을 아무 각색 없이 옮긴 것이라는 것은 어떻게 안단 말인가. 그런 것은 유치하고 역겹다 게다가 모든 권력과 독재는 리얼리즘에서 나온다. '내가 보았다'는데 그리고 '내가 본 대로 된다'는데 누가 이길 것인가. 그런 의미에서 박정희만한 리얼리스트는 또 없다." (장정일. 1995. 「개인기록」. 『장정일 문학선』. 민음사. 22쪽.)

있었던 듯 보이기 때문이다. 장정일이 정립하려고 애썼던 진정성의 주체는 도래하는 새로운 시간 속에서 80년대와는 다른 방식으로 스스로를 지켜낼 가능성을 시험하는 과정에서 출현했다. 그리고 그 가능성을 진지하게 타진하기 시작했을 때, 장정일은 낭만주의자였던 것처럼 보인다. 「아담이 눈 뜰 때」는 바로 그 낭만주의자의 내적 모험에 관한 소설이다.

「아담이 눈 뜰 때」는 "가짜 낙원"에 진입한 '아담'이라는 열아홉 소년의 성장담이다.[09] 주인공 아담은 무언가를 선험적으로 결여한 세계 속에서 그 잃어버린 것의 회복을 갈구한다. 작품 속에서 '록 스피릿'은 지금의 세계가 잃어버린 것을 환기시키는 중요한 개념이다. 아담은 '록 스피릿'에 대한 인정과 추구 여부로 세계의 인물들을 판별하고 그것을 매개로만 다른 인물들과 접속한다.

> "뭐가 뜻밖이에요?"
> "난 네가 보이 조지나 마이클 잭슨 같은 것을 듣고 있는 줄 알았어."
> 무슨 뜻인 줄 알겠다는 듯이, 현재는, 으흥, 하고 콧소리를 냈다.

---

09 강유정은 이 작품에 등장하는 "서술적 정체성"에 주목하며 "서술적 정체성의 발견은 기존의 성장서사와 차별되는 반성장의 서사라고 말할 수 있다."고 하는데 과연 그런지는 의문이다.(강유정. 2013. 「장정일 『아담이 눈 뜰 때』에 나타난 '미성년'의 의미」. 배달말 통권 제52호) 왜냐하면 이 작품에서 나타나는 "서술적 정체성"은 통일된 자아를 구성하는 핵심적 장치(dispositif)이기 때문이다. 가령 바바르 크룩생크는 "자신의 사적인 이야기를 쓰는 과정에서, 소녀들은 자신을 통치하고 다스리는 자아를 구축하게 된다."라고 말한 바 있는데, (바바라 크룩생크. 2014. 「내부로부터의 혁명 : 자기통치와 자존감」. 『시민을 발명해야한다』. 갈무리. 260쪽) 이 작품에서의 '나' 역시 자신의 이야기를 서술함으로써 그 자신의 영역을 장악하고 통치하려는 욕망을 숨기지 않고 있다. 이런 점에서 비록 표면적으로 주인공의 행위가 반사회적인 것처럼 보일지 모르나. 이것은 그의 "서술적 정체성"을 통해 자아 내부로 수렴된다. 그리고 이러한 행위는 엄연히 '성장'의 내러티브 안에 포함된다.

> "F.R. 데이비스나 유리스믹스 같은 것들 말이죠?"
> "그래."
> "난 그런 것들은 듣지 않아요. 요즘 음악은 아주 타락했으니까."
> 라디오를 틀면 온통 중성적인 음악, 달짝지근한 목소리로 가득 차 있었다. 구역질나는 음악들이다. 거기엔 정신이 없다. 예전엔, '록 스피릿'이라고 불리던 저항과 인간애가.[10]

아담이 나이트클럽에서 만난 현재라는 소녀는 타락한 요즘 음악을 멀리하며 고전적인 록 음악만을 숭배한다. 이를 통해 그 소녀는 아담의 자기 세계와 접속한다. 이러한 메커니즘은 은선과 여자 화가를 비롯한 작품의 다른 인물들에게도 마찬가지로 적용된다. 고전적인 "'록 스피릿'"은 타락한 요즘 음악과 대비되면서 "저항과 인간애"가 충만했던 과거의 어떤 시절을 향한 노스탤지어를 매개한다. 타락한 현재와 순수했던 시원적 과거를 대비하며 그 벌어진 간극에서 합치될 수 없는 불우한 운명을 예감하는 낭만주의자처럼 아담 역시 현재를 타락으로 인식하며 '록 스피릿'이 충만했던 과거의 어떤 시대 사이의 간극을 애틋하게 맛본다. 아담이 무한한 노스탤지어를 느끼는 이 '실낙원'에 흐르는 선율은 "짐 모리슨, 지미 핸드릭스, 제니스 조플린"의 손끝으로부터 흘러나온다. 구약의 아담은 신의 명령을 어기고 선악과를 먹은 죄로 낙원에서 추방되었으며 그 벌로 인류는 죽음을 예감하며 노동의 수고로움을 감당해야 하는 존재로 전락했다. 그렇다면 주인공 아담에게 있어 이 '실낙원'의 세계는 어떤 모습인가? 그것은 다름 아닌 가속도의 세계이

10 장정일. 2005. 「아담이 눈 뜰 때」. 『아담이 눈 뜰 때』. 김영사. 41쪽.

다. 여기서 가속도는 낙원에서의 평온함과 대비되는 '실낙원'의 중력과도 같은 조건이다.

> "그것은 파시스트적 속도라고도 불리는 것으로, 근대의 여러 가지 제도적 장치가 엄청난 자본과 연결되어 무서운 속도로 전진운동을 하는 산업사회의 생리를 가리키는 거야. 예를 들어 재벌기업에서 경영하는 자동차 산업이 그렇지."(중략)
> "조금 알 것 같군요. 스피드가 최고의 가치가 되고 앞으로 전진하는 것만이 발전이며 성공이라고 믿는 세계를 가속도의 세계라고 부를 수 있겠군요."[11]

'속도'는 장정일 작품에 있어 반복적으로 등장하는데, 그것은 근대-산업사회-대도시의 생리를 상징한다. 그렇다면 우리는 장정일에게 있어 이 "파시스트적 속도"와 "가속도의 세계"를 추동하는 기제가 무엇인지 물을 수 있을 것이다. 그것은 바로 무한증식하며 무한질주하는 '자본'이다. 아직 멀쩡한 자동차를 고철덩어리로 만들어야 비로소 재생산에 성공하는 자본이야말로 세계의 고유한 리듬을 파괴하고 자신의 목적에 세계의 속도를 정향시키는 전체주의적인 메커니즘이다. 이러한 속도는 개별 주체들이 고유하게 지녀야 할 시간들을 파괴하고 종국에는 방향성을 상실한 채 개인들을 목적 없는 질주로 내몬다.

---

11 앞의 책. 58-59쪽. 한편 그의 다른 작품 「아이」에서 화자의 소설에 대한 영이엄마의 다음과 같은 논평에서도 같은 말이 반복된다. "또 자본주의 산업사회는 개개인의 자유를 될수록 많이 구속하려 하고, 자본주의하에서의 자유의 근간이 되는 개개인의 자본을 통합, 흡수하려 하는데 그런 통합과 흡수를 행한 자본은 가족이기주의로 화원된 다음 그것을 다시 강화해요. 다시 말해, 가족이기주의와 산업사회는 서로의 속도에 가속도를 더하므로, 가공할 만한 '파시스트적 속도'를 만들어냅니다. (장정일. 2005. 「아이」. 『아담이 눈 뜰 때』. 김영사. 193-194쪽)

하지만 사회주의야말로 이러한 자본의 가속운동에 결정적인 제동을 걸었던 역사적 정치체가 아니었던가. 사회주의라는 역사의 브레이크가 사라진 이후 자본은 그 가속도를 더해가며 마침내 "쓰레기가 되는 삶들"(지그문트 바우만)을 대량 생산해내기에 이른 현실을 우리는 지금 목도하고 있지 않은가. 그러나 장정일은 사회주의가 도래하는 자본의 가속운동에 맞선 유의미한 제동장치였음을 인정하지 않는다. 작품 속에서 사회주의(민중주의)와 자본은 '속도'를 공유하고 있는 것으로 그려진다. 가령 북한을 찬양하는 시를 써서 국가보안법 위반 사범이 된 은선이 아담에게 건네는 아래와 같은 말을 보라.

> "나는 이름만 빌려주고 투사가 됐어. 선배가 말했지. 이번 일을 너의 부르주아 근성을 뽑아낼 전향의 기회로 삼으라고. 그 뒤는 신문에서 봤을 거야. 사회면 한구석 여간첩처럼 음침하게 내 사진이 실리게 됐지. 하지만 기껏 이름만 빌려줘 놓고선 어떻게 부르주아 근성을 뽑아낼 수 있고 투사가 될 수 있었겠니. 나는 없는데 말야. 주체적으로 사고하고 반성해야 할 나는 그들이 강요하는 데마고기 속에 해체되어 버렸는데? 그들은 주체가 없는 이름의 명분만의 가속운동을 계속했어. 아담, 진짜 나는 어디에 있지?"[12]

이렇듯 "가속 운동"은 비단 자본의 생리만이 아니었던 것이다. 주체의 이름으로 주체성을 사상시키며 이념의 실현을 위해 앞으로 달려갈 때, 그 운동은 자본의 생리를 고스란히 체현한다. 그리고 그 운동의 과

---

12 장정일, 「아담이 눈 뜰 때」, 위의 책, 141쪽.

정 속에서 "진짜 나"는 사라진다. 사회주의가 '운동'으로서의 사회주의인 한, 그 '운동(movement)'의 성패를 결정짓는 것은 (방향은 명확히 제시되어 있으므로) 결국 속도가 될 수밖에 없기 때문이다. 수잔 벅 모스의 말처럼 사회주의는 너무나 열심히 자본주의의 속도를 모방했으니, 장정일에게 있어 사회주의 '운동'과 자본의 '운동'은 모두 개인의 특이성을 몰살시키는 것에 불과할 수밖에 없었다.[13] 그런데 사회주의가 몰락하고 개인의 개성과 개성을 강조하는 90년대가 도래했으니 사정은 조금 나아진 걸까? 문제는 그렇지 않다는 데 있다. 80년대에 존재했던 '목적의 왕국'을 대체한 '키치의 왕국'이 새로운 "가짜 낙원"을 구축했기 때문이다.

> 자신의 오성과 자신이 몸담은 세계를 뛰어넘어 인간의 자유를 무한하게 확장하려는 시도는 실재 혹은 진리, 낙원이라고 바꾸어 부를 수 있는 것들의 상실을 가져온다. 예술에서 그것은 키치(kitsch)로 드러난다. 실재를 상실한 세계에서 예술이 더 이상 실재 세계를 드러내줄 수 없게 되자, 주어진 대로의 세계는 유희의 대상이 된다. (중략) 모든 현대 회화는 키치로서만 설명될 수 있는 것들이다. 질서도 진리도 없는 가짜 낙원에서 유희만이 우리의 위무가 되며, 무한대의 자유를 얻고자 갈망했던 인간은 유희 속에서 더욱더 많은 자유를 얻는다. 실재가 상실된 가짜의 낙원에서는 키치만이 가능한 예술이 될 수 있다고

13 수잔 벅 모스. 2008. 『꿈의 세계와 파국』. 윤일성·김주영 옮김. 경성대학교출판부. 18쪽.

믿는 많은 현대 예술가들처럼, 그녀 또한 키치의 유혹으로부터 멀리 벗어나지 못하였다.[14]

아담은 자신의 모델이 되어줄 것을 요구한 한 화가와의 만남을 통해 키치의 세계가 지닌 의미와 한계를 명확하게 인지하게 된다. 그것은 바로 "가짜 낙원"의 테두리 내에 갇힌 냉소주의의 한계였다. 물론 그 화가는 "옛날에는 말이야. 진짜 쇼를 볼 수 있었지."라고 말할 정도로 아담과 낭만주의적 세계 인식을 공유하는 인물이다.[15] 하지만 그녀는 "키치의 유혹으로부터 멀리 벗어나지 못"한 한계로 인해 키치의 냉소적인 세계관을 뛰어 넘어 자신의 내면에 진정한 자아의 거처를 마련할 수 없는 인물로 그려진다.[16] 그녀는 얼치기 민중주의자보다는 훨씬 세련되고 윤리적인 포즈를 취하지만 결국 또 하나의 가짜 낙원을 건설하고 거기 머물 뿐이라는 점에서 아담이 찾아 헤매던 세계와는 거리가 멀었던 것이다. 이때 장정일은 80년대적인 정치적 진정성을 대체한 90년대의 미학적 전략 역시 기각하고 있는 것처럼 보인다.

앞서 언급했듯 「아담이 눈 뜰 때」는 전형적인 성장소설이며 모험의 플롯을 내장하고 있다. 자신의 신체를 구속하던 학교로부터 마침내 해방된 주인공은 그의 앞에 광활하게 열린 길로 한 발짝씩 움직여 나아간다. 하지만 그 곳은 이미 부패하고 타락한 세계이며 그 세계에서 은선, 현재, 화가, 레코드 가게 사장 등을 만나지만 그 누구도 아담에게 구원이 될 수 없다. 은선은 허영심 많고 위선적인 80년대식 민중주의의 의인화이며 현재는 그녀의 "머리카락 하나에도 영향을 줄 수 없"는 절대적인 타자에 불과하고, 화가는 키치라는 또 하나의 "가짜 낙원"을

---

14 장정일, 앞의 책, 74~75쪽.
15 장정일, 위의 책, 60쪽.
16 장정일, 위의 책, 75쪽.

구축하자고 속삭일 뿐이다. 여기서 마지막에 아담에게 손을 내밂으로써 그를 구원해주는 사람은 에이미라는 이름의 창녀이다. 아담은 재수 끝에 어렵게 합격한 대학에 등록하러 서울에 갔다가 결국 등록하지 않고 고향으로 내려간다. 에이미는 그 전날 밤 돈을 주고 산 창녀였다.

> "사랑하는 사람들끼리만 이별을 하게 되는데, 나는 지금껏 사랑을 해보지 못했거든요. 그렇다고 해서 아무나하고 이별을 해보자고 할 수도 없고. 어제 저녁에 당신을 처음 보았을 때 당신이면 내 심정을 알 수 있을 것 같았어요."
> 나는 그녀가 안겨주는 꽃다발을 두 손으로 받았었다. 기분이 묘했고, 나 자신이 부끄러워졌지만, 나는 그녀로 인해, 창녀의 마음으로도 사랑을 시작할 수 있고 세계를 다시 지을 수 있을 것이란 용기가 생겼다.[17]

아담은 고향으로 내려오기 전 날 통과의례처럼 창녀 에이미와의 이별을 나눈다. 그리고 그 순간 "세계를 다시 지을 수 있을 것이란 용기"를 얻는다. 에이미는 전형적인 창녀인 동시에 성녀인 인물이다. 이 창녀(성녀)의 배웅을 통해 아담은 자신의 내면에 조그마한 성채를 구축할 수 있게 된다. 그리고 이 새로운 세계의 구축 가능성은 '글쓰기'를 통해 디진된다. 아담은 "한없이 느리고 덜그럭거리는 보통 열차를 타고 '고향 앞으로 갓'을 하면서, 나는 내가 대학에 다니거나, 번역문학가, 혹은 문학평론가가 되는 것보다 큰일을 할 수 있으리란 생각에" 빠진다. 그것

17 장정일, 위의 책, 146쪽.

은 바로 작가가 되는 일이다. "파시스트적 속도"와 대비되는 "한없이 느리고 덜그럭거리는 보통 열차"의 속도는 "가짜 낙원"에 불과한 이 세계와 대비되는 자신의 내면에 구축한 진정한 세계의 속도이다. 이때 '글쓰기'는 90년대가 상징하는 새롭고 다채로운 첨단 기술과 대척점에 위치한, 고전적이고 장인적인 자기 수양을 위한 장치이다. '타자기'와 '턴테이블'이 상기시키는 '올드함'은 낡은 기차의 느린 속도와 조응하며 90년대라는 부박한 시대를 온전히 통과하기 위해 주체에게 요구되는 덕목이 무엇인지를 우리에게 알려준다.

> 문장을 쓰는 일에서 나는 내가 그토록 원했던 '창조의 아픔'을 누릴 수 있을 것이다. 그 고통은 가짜 낙원을 단호히 내뿌리치고 잃었던 낙원, 실재, 진리를 되찾는 데 쓰이는 아픔이다. 가짜 낙원에서 잃어버린 실재를 되찾기 위해서는 두 가지 노력이 필요하다. (중략) 겸손과 인내는 문장을 쓰고자 하는 나뿐 아니라, 가속도의 낙원에서 살면서 좀 더 나은 세계를 꿈꾸는 모든 사람들에게 요구되는 덕목이다.[18]

"자신을 완전히 다스릴 줄 아는 완전한 자유인, 곧 내 자신의 독재자가 되는 것"[19]을 열망했던 아담이 마침내 가닿은 '주체의 테크놀로지'는 "겸손과 인내"에 기반을 둔 글쓰기였다. 이 장면에서 보이듯 최소한 「아담이 눈 뜰 때」에 '해체'나 '파괴'라는 말은 어울리지 않는다. 외려 여기에는 90년대라는 "가속도의 낙원"에 부박하게 휩쓸리며 자아를 상실할

18 장정일, 위의 책, 147쪽.
19 장정일, 위의 책, 8쪽.

두려움에 놓인 주체의 강박적인 주체 확립의 의지가 도저하게 깔려 있다. 이 의지는 아담이 "오디오족"과 "스피드족"의 차이를 구별하는 대목에서도 엿보인다. 아담에 따르면 "스피드족"은 앞으로 내달리는 것만을 최고의 가치로 삼는 나르시스트들이며 정복을 통해서만 생의 의미를 확인하는 존재들이다. 반면 "오디오족"은 자신의 내부를 응시하며, 정복할 수 있는 지상의 땅이 아닌 아무도 닿을 수 없는 천상의 땅을 창조하려 한다.[20] 그래서 장정일은 아담의 입을 빌어 이렇게 이야기한다. "오디오족은 스피드족보다 훨씬 주체적인 것이다."[21] 장정일의 초기 소설에서 나타난 이 주체 정립의 욕망은 장정일의 소설이 형식의 파괴를 통한 도착적 쾌락을 추구하는 경박한 퍼포먼스에 불과한 것이 아니라 도래할 새로운 시대가 내포한 폭력에 맞서 스스로를 지켜낼 수 있는 다양한 전략에 대한 고민의 산물이었음을 생각하게 만든다.[22]

Ⅲ. '87년'에 대한 정치적 외상과 反시민의 형상

하지만 장정일의 이러한 주체 보존 전략은 정치적인 행위 가능성과는

---

20 장정일, 앞의 책, 100쪽.

21 장정일, 위의 책, 100-101쪽.

22 장정일 초기 소설의 변모 역시 그러한 전략적 고민의 산물이다. 언뜻 보기에 「아담이 눈 뜰 때」와 『너에게 나를 보낸다』 및 『너희가 재즈를 믿느냐』의 세계는 사뭇 달라 보인다. 전자가 글쓰기의 가능성에 초점을 맞춘 것이라면 후자는 글쓰기의 불가능성에 더욱 초점을 맞추고 있기 때문이다. 하지만 이것은 작가 정신의 타락의 결과라기보다는 "소설이란 거짓말"이라는 장정일의 "확고부동한 또 하나의 믿음"이 빚어낸 결과일 것이다. 그는 세계에 존재하는 90프로의 거짓말은 악의적인 거짓말과는 달리 무해하며 세상의 윤활유 같은 것이라고 말하며 "소설은 그 악의 없는 거짓말의 가장 참다운 세계"일 수 있음을 주장한다.

거의 아무런 관련을 맺지 않는다. 외려 그는 정치에 관한 한 주체의 모든 행위능력과 사고능력을 정지시키는 방향으로 나아가는데 이러한 그의 '탈정치적' 면모는 이미 누차에 걸쳐 지적된 바 있다. 다음과 같은 서술이 대표적이다.

> 장정일의 시들은 현저하게 탈역사적·탈정치적이다. 1980년대의 시인들은 정치적이었다. 그들은 모두 사유를 정치로 환원시키는 데 열중하였다. 그들은 무의식에서조차 정치적이었다. 그만큼 1980년대의 '정치'는 시인들의 의식을 압도했는데...(중략) 1980년대 젊은 시인들이 대체로 '광주'와, 민주화, 분단, 통일과 같은 커다란 명제에 함몰되어 있을 때 장정일은 한 개체적 존재의 세속화된 일상성으로 구현된 '자그마한 역사', '자그마한 정치', 즉 삶과 욕망의 미세한 결들을 시 속에 드러내 보임으로써 다른 시인과 자신을 차별화했다.[23]

장정일의 시세계에 대한 일반적인 서술이지만 이러한 진술들이 기대고 있는 정치와 탈정치에 대한 구분을 그대로 수용할 수 있다면 이는 그의 초기 소설에도 어김없이 적용된다. 가령 이러한 진술들은 대문자 정치와 미시적이고 파편적인 개인의 욕망을 서로 대립시킨다. 이러한 대립 속에서 민주주의, 통일, 혁명 같은 것들은 '정치'의 항에, 개체적 존재와 세속화된 일상성은 '탈정치'의 항에 할당된다. 하지만 '정치'와 '탈정

---

23 장석주. 2009.「장정일 - 자해성자, 그 불경스런 문학 징후」.『나는 문학이다』. 나무이야기.

치'에 대한 이러한 범박한 구분을 통해 장정일의 초기 작품에 등장하는 탈정치적 주체의 형상을 온전하게 해명할 수 있을지는 의문이다. 왜냐하면 위에서 살펴보았듯 장정일은 개인적 욕망의 세계를 거대 역사나 혁명의 기획과 구별시키고 있지 않기 때문이다. 그가 그어놓은 전선은 개별 주체가 추구하는 저마다의 진정성의 속도와 이를 무화시키는 외부 세계의 폭력 사이에 있으며 이때 장정일은 그 전선에서 욕망이라는 무기를 전가의 보도처럼 휘두르는 것이 아니라 '겸손과 인내'라는 자아의 테크놀로지를 활용한다.

물론 장정일의 작품 속에서 탈정치적 주체의 형상은 엄연하다. 그렇지만 이것은 어디까지나 한국의 역사적 행로에서 파생되어 나온 심리적 상흔의 결과물이지 포스트모던 담론에서 이야기하는 것과 같은 거대담론과 미시적인 개인 세계 사이의 대립의 결과물이 아니다. 정치가 개별 주체의 이성적 행위능력을 근본적으로 상정한다고 할 때, 장정일의 탈정치적 주체는 일체의 작동을 거부하는(out of work) 주체라는 의미에서 '순수한 탈정치성'을 보여준다. 흥미로운 것은 그의 작품에 등장하는 탈정치적 주체는 마치 어느 순간만 되면 시들어버리고 마는 성기처럼 (자유)민주주의 앞에 서면 스스로 작동을 멈추고 만다는 점이다. 이것은 일종의 심인성 발기부전인데 이는 '87년'이 남긴 외상에서 비롯되는 것처럼 보인다.

> 당시 고3의 우리로서는, 힘을 합쳐야 할 야당 출신의 민주 투사 두 사람이 끝내 후보 단일화를 하지 않고 각개 출마하는 사실을 이해할 수 없었다. 그들은 짐승이었다. (중략) 나뿐 아니라 사춘기의 예민한 감수성을 가지고서, 더러운 정치모리배들에 의해 진실이 뒤집힌 것을 목격한 우리 세대는, 앞으로 몇 년 뒤

에 엄청난 숫자의 정치 무관심자들을 양산할 것이었다.[24]

이러한 서술은 『너희가 재즈를 믿느냐』에서도 반복된다.

> 87년 대통령 선거 당시 3김씨의 후보 단일화 실패는, 성인 세계의 내막을 모르는 당시의 예민한 중, 고등학생들에게 정치에 대한 회의를 낳게 했고 여린 정의감에 상처를 주었다. 똑같이 군정종식을 주장하면서 단일 후보가 나오지 않는 이유가 대체 무엇인가? 3김씨는 모두 대통령이 되고 싶어 했다. 오늘날의 정치적 무관심자가 대량으로 만들어진 것은 그때부터다.[25]

남한의 자유민주주의의 결정적 분기점을 이루는 것이 1987년 6월 항쟁이고 그 이후 형성된 '87년 체제'가 이후 우리의 자유민주주의 시스템의 형식과 내용을 규정하고 있다고 할 때, 장정일의 문학이 출발하는 자리에 87년데 대한 환멸이 가로놓여 있다는 점은 의미심장하다. 게다가 87년은 '연대'로서는 80년대에 속하는 것이지만 '시대'의 측면에서 본다면 그것은 '90년대적인 것'의 시작에 놓여 있다.[26] 그렇다면 1987

---

24 장정일, 앞의 책, 24쪽.

25 장정일. 1994.『너희가 재즈를 믿느냐』. 미학사. 29쪽.

26 주은우는 '실질적 의미에서의 1990년대'를 1987년부터 1997년에 이르는 시기로 규정한다. 정치적 민주화가 한국 사회에 끼친 영향이 지대하기 때문이며 '자유'와 '소비'로 규정되는 한국의 1990년대는 실질적으로 1987년부터 시작되었다는 것이다. (주은우. 2010.「자유와 소비의 시대, 그리고 냉소주의의 시대」.『사회와 역사』 통권 88호. 310쪽)

년이 장정일에게 남긴 거대한 외상은 90년대적인 정치적 전망이 그 주체 내부에 자리 잡을 수 없게 되었음을 의미한다고 볼 있다. 이렇게 장정일의 초기 작품에 등장하는 탈정치적 주체는 근대적인 대문자 정치(역사)와 구별되는 일상적이고 미시적인 개인이라기보다는 한국의 정치적 사건이 결과한 트라우마적 주체에 가깝다.

이제까지 이러한 탈정치적 주체는 장정일의 작품이 지닌 포스트모더니즘적인 면모를 입증하는 근거로 예시되었지만 여기서는 이를 '90년대적인 것'에 대해 장정일이 취하는 급진적 거부의 맥락에서 읽어보고자 한다. 이와 관련해서 주목할 것은 장정일의 작품에 등장하는 일련의 '불능의 모티프'들이다. '불능의 모티프'는 장정일의 작품 속에서 중요하게 반복되어 나타나는데, 이는 무언가를 하지 않겠다는 의지적 선언과는 달리 온전하게 작동하지 않음을 통해서, 다시 말해 주체의 단단한 행위능력을 정지시킴으로써 그 행위에서 기대되는 모든 (외부)효과를 허물어뜨린다.

> 옛날에 나는 금이나 꿈에 대하여 명상했다
> 아주 단단하거나 투명한 무엇들에 대하여
> 그러나 나는 이제 물렁물렁한 것들에 대하여도 명상
> 하련다[27]

요컨대 너무나 잘 알려진 그의 시 「햄버거에 대한 명상」은 이렇게 시작한다. 여기서 화자는 '금'으로 상징되는 단단한 세계와 '꿈'으로 상징되는 투명한 형이상학의 세계로부터 거리를 두고 '물렁물렁한 것'을 자신의 사유의 중심에 놓겠다고 말한다. 이 '물렁물렁한 것'은 그 자체로

27 장정일. 1995. 「햄버거에 대한 명상」. 『장정일 문학선』. 민음사. 215쪽.

는 행위의 불능과 아무런 관련이 없다. 하지만 그것이 축 처진 남성의 성기의 은유라면 이야기는 달라진다. 실제로 이 시에는 "상대방의 그곳을 만지는 일만큼 / 우리의 촉각을 행복하게 사용할 수 있는 순간은, / 지금 이 순간. / 음식물을 손가락으로 버무리는 때가 아니던가"라는 대목이 등장하는데, 이때 "촉각을 행복하게 사용할 수 있는 순간"이 단단한 성기를 애무할 때가 아니라 물렁물렁한 성기라는 점은 흥미롭다. 물렁물렁한 성기는 발기한 성기와 달리 자신의 목적 달성을 방기한다. 그것은 고유의 행위능력을 상실한 채 그저 몸의 가장 부드러운 부분으로 남아 있다. 그렇기 때문에 이것은 장정일이 「아담이 눈 뜰 때」에서 비판했던 '파시스트적 속도'와 대척점에 서 있다. 물렁물렁한 성기는 파시스트적 속도를 연상시키는 피스톤질과 아무런 관련을 갖지 않는다. 장정일의 소설에 등장하는 발기부전과 사정 불능 역시 마찬가지의 맥락에서 읽어볼 수 있다. 가령 아담은 그 자신의 '성녀'인 에이미와의 마지막 섹스에서 삽입에 성공하지 못한다.

> 땀을 열심히 흘리며 엉덩이를 까닥여 보았지만, 그러나, 나 자신은 점점 또렷해져 왔고, 서울은 자꾸자꾸 커졌다. 사정이 되지 않았다.
> 서울에서 사정이 되지 않는다니! 나는 무척 애쓰고 있는 그녀에게 미안했다. (중략) 그녀는 몇 번씩이나 나를 다시 빨아 일으켜 주었는데도 곧 그것은 흐물흐물하게 시들어졌다.[28]

서울의 거대함은 아담이라는 남성주체의 왜소함을 상기시키고 아담

---

28 장정일. 2005.「아담이 눈뜰 때」.『아담이 눈뜰 때』. 김영사. 144쪽.

은 그 심리적 부담감으로 인해 발기불능의 상태에 빠진다.[29] 하지만 이러한 불능은 거꾸로 아담으로 하여금 '글쓰기'라는 내면의 세계를 구축하게끔 하는 동력이 된다. 이러한 장면은 『너에게 나를 보낸다』에서도 반복되어 나타난다. 거기서 주인공인 표절작가는 고등학교 동창 은행원과 함께 부룩 실즈의 사진을 보며 자위를 하지만 사정에 성공하지 못한다. 반면 학창시절에는 왕성한 성기능을 자랑하던 은행원 역시 과도한 업무와 가장이라는 부담감으로 인해 발기부전에 걸리게 된다. 이렇게 장정일의 작품 속에는 '물렁물렁한 성기'들이 넘쳐난다. 그 중에서 아마도 가장 인상적인 것은 『너희가 재즈를 믿느냐』에서 오지 않는 처제를 상상하며 그녀와의 동침을 꿈꾸는 주인공일 것이다.

이 작품의 주인공은 이중의 의미에서 '불능'의 상태에 처해있다. 임신한 아내를 두고 있는 그는 실은 처제에 대한 순정을 지키기 위해 불임수술을 받은 상태다. 동시에 그는 '87년'에 대한 정치적 외상으로 인해 투표를 비롯한 일체의 정치적 행위가 불가능한 상태이다.[30] 그런 점에서 이 인물은 장정일의 작품을 관통하는 '불능의 모티프'를 완벽하게 체현하고 있는 인물이라고 할 수 있다. 반면 호시탐탐 주인공의 아내를 탐하고 회사 여직원과도 불륜 관계를 이어가는 호색한 남부장은 흥미롭게도 6월 항쟁 때의 무용담을 늘어놓기 좋아하는 '왕년의 민주투사'다. 게다가 『너에게 나를 보낸다』의 현회장이나 백형두가 지닌 왕성한 성욕을 떠올려본다면 장정일의 작품 속에서 성적 불능이 반드시 부정적인

---

29 장정일의 작품에서 나타나는 '서울'의 표상과 기능은 별도로 정리가 필요하다. 그의 작품 속에서 '서울'은 주인공을 겁주고 왜소하게 만들며 주눅들게 만드는 위압적인 형상으로 반복되어 나타난다. 이를 장정일 개인의 측면에서 본다면 지방출신 작가가 중앙에 대해 갖고 있는 어떤 콤플렉스를 지시하는 것이며

30 작품 속에서 주인공은 "대통령 선거에 투표를 거부하는 것"으로 서술되지만 이 거부는 능동적인 선택이라기보다는 87년이 남긴 심리적 외상에서 비롯된 수동적인 것으로 읽힌다. (장정일. 1994. 『너희가 재즈를 믿느냐』. 미학사. 23쪽)

것만이 아니란 걸 알 수 있다. 이러한 '불능'은 행위의 가능성에 대한 확고한 믿음을 의문에 부치면서 스스로를 기만하는 일체의 정치적 행위들과의 반성적인 거리를 생성하기 때문이다.

가령 슬라보예 지젝은 현 체제를 더욱 부드럽게 작동하게끔 만들어주는 국지적 저항 행위에 참여하기보다는 아무것도 하지 않는 편이 더 낫다고 주장한다. 오늘날의 위협은 수동성이 아니라 유사-행동에, 다시 말해 능동적이고 참여적이 되려는 충동에 있다고 보기 때문이다.[31] 그렇게 보면 장정일의 작품 속에 등장하는 '불능의 주체들'은 지젝이 비판한 바와 같은 '유사 행동'조차 하지 않음으로써 외려 체제의 견고한 결속을 근본에서부터 회의에 부치는 존재들이다. 그렇다고 할 때 장정일의 작품 속에 등장하는 불능의 주체들은 90년대가 열어놓은 자유민주주의의 지평이 어디까지나 진정한 행위를 가로막는 가짜(pseudo) 정치에 불과함을 지시한다고 볼 수 있다.

바바라 크룩생크는 "시민의 결핍을 교정하려는 참여적이고 민주적인 기획 - 시민성 테크놀로지 - 은 자유민주주의 사회에 있어서 근본적인 것이다. 시민성 테크놀로지를 운용하는 정치적 합리성은 사람들의 자발적인 자율과 자급, 정치적 참여를 촉진함으로써 그들을 통치한다."고 말한 바 있다.[32] 이 말은 흔히 우리가 '민주 시민'이라고 일컫는 주체 자체가 자발적으로 형성되는 것이 아니라 자유주의 통치성에 의해 조형됨을 의미한다. 자유민주주의를 운영하는 '깨어 있는 민주 시민'이 주체의

---

31 이현우. 2010.4.12. 「〔흐름〕 국내 학술출판계의 아이콘 '지젝'」. 『교수신문』. 한편 이러한 지젝의 태도는 주코티 공원에서 열린 월가 점령 시위 연설에서 다음가 같이 표명되기도 했다. "적뿐만 아니라 이러한 시위에 물타기를 하기 위해 행동에 돌입한 가짜 친구들도 경계해야 한다. 그들은 카페인 없는 커피, 알콜없는 맥주, 지방 없는 아이스크림을 먹는 것과 같은 방식으로 이 투쟁을 무해한 도덕적 저항으로 만들고자 할 것이다. '디카페인' 시위로 말이다." (슬라보예 지젝. 2012. 『멈춰라, 생각하라』. 와이즈베리. 9쪽.)

32 바바라 크룩생크, 앞의 책, 23쪽.

'깨어남'을 통해 생성되는 것이라기보다는 통치성의 효과일 수 있다면, 정치 이야기가 나오는 술자리에서 빼놓지 않고 6월 항쟁 때의 무용담을 되풀이하고 요즘 젊은이들의 정치의식 실종을 개탄하는 남부장이라는 인물을 통해 작가가 던지는 메시지는 분명하다.[33] 남부장은 자유주의 통치성에 내재된 '시민-되기'의 과정에 내포된 억압성을 대변하는 인물이며, 가짜(pseudo) 행동을 추동하는 자유민주주의의 기만성을 체화하고 있는 인물인 것이다.[34]

장정일은 지젝의 말을 미리 전해 듣기라도 한 듯 자신들의 주체들에 긍정적이고 능동적인 일체의 행위능력을 정지시킨다. 그 결과 장정일 소설의 인물들은 건전한 시민의식을 떠나 미국으로 도피하거나(「아담이 눈 뜰 때」의 아담의 형) 망상의 세계로 진입하여 처제와의 동침을 상상하며 침을 흘린다. 이렇게 지리멸렬하고 망상적인 탈정치적 주체는 「아담이 눈 뜰 때」의 진정성의 주체의 타락된 결과처럼 보이지만 이는 주체의 전락이나 타락이라기보다는 1990년대라는 시대가 가진 양가성에서 발생한 모순의 맥락에서 살피는 것이 더욱 타당할 것 같다. 장정일에게 있어서 이것은 자본의 독재로부터 스스로를 지키기 위해 요구되는 강한 자아가 민주주의적인 시민 형성의 메커니즘과 동일하다는 데서 발생하는 모순이다. 이때 장정일의 선택은 「아담이 눈 뜰 때」의 세계를 포기하고 주체의 작동을 스스로 멈추는 것이었다. 「너에게 나를 보낸다」

---

33 실제로 남부장은 투표를 하지 않았다는 주인공에게 이렇게 설교조로 이야기한다. "아니, 민주시민이 가져야 할 최소한의 의무가 투표라는 걸 자네는 모르나?"(장정일. 1994. 『너희가 재즈를 믿느냐』. 미학사. 22쪽)

34 소설의 마지막 부분에서 남부장이 재즈교회에 귀의하게 되는 것은 민주시민의 퇴폐적 전략으로 볼 수도 있다. 하지만 장정일에게 있어서 그것은 부정적인 것이라기보다는 '민주시민'이라고 하는 기만적이고 허위적인 주체를 해소하는 하나의 방편일 뿐이다. 우리는 물론 그 해소 이후의 주체에 대해 물을 수 있다. 장정일이라면 아마 인간의 가장 원초적인 쾌락과 자유를 향유하는 인간이라고 답할 것이다. 하지만 이것은 어딘가 니체가 말하는 '최후의 인간'을 연상시키는 면이 있다. 장정일의 자유민주주의 비판이 어딘가 미진함을 남긴다면 바로 이 때문일 것이다.

에서 작가들은 표절자와 사기꾼이거나 성범죄자로 그려지며 『너희가 재즈를 믿느냐』에서는 「너에게 나를 보낸다」에서 '아담'과 같이 글쓰기에 대한 진정성을 보여주었던 '은행원'이 소설가를 포기하고 사이비 교주로 변신한다. 다시 말해 장정일 소설은 초기의 글쓰기의 주체가 담보했던 행위능력을 점차 비워가고 탕진해가면서 주체의 모든 행위 가능성을 정지시키는 방향으로 나아갔던 것이다. 이는 90년대라는 시대가 열어놓은 정치적 가능성에 내재된 기만성을 가장 급진적으로 거부하는 하나의 방식이었다.

1990년대의 증상들

1990년대 이후 한국영화에서 '코믹 모드'의 문제 –로맨틱 코미디 장르의 이행기적 등장을 중심으로

| 김 소 연

1990년대 이후 한국영화에서 '코믹 모드'의 문제
-로맨틱 코미디 장르의 이행기적 등장을 중심으로

—

김소연

1. 들어가며: 긍정 이데올로기에 대한 의문

짝짓기 프로그램에 나온 젊은 처자들은 흔히 '유머 감각'을 이상형 남자의 조건으로 꼽는다. 신데렐라 스토리의 여주인공들은 언제부턴가 '신데렐라의 외모에 캔디의 성격' 일색이 되었다. 아침방송에 나온 웃음치료사들은 종종 '효과적으로 박장대소하는 법'을 만병통치약이라며 가르쳐준다. 이렇듯 사방팔방에서 웃음을 권하고 있다. 이는 분명 하나의 사회적 증상이다. 물론 영화라고 해서 예외는 아니다. 웃기와 웃기기는 장르와 코드와 애드립 속에서 넘쳐나고 있다. 대중영화뿐만 아니라 이른바 작가주의 영화에서도 '웃음 포인트'는 빠지지 않는다. 다만 박찬욱과 홍상수와 김기덕과 이창동과 봉준호에게서 웃음의 이유와 빈도가 달라질 뿐이다.

그런데 이러한 '웃음 권하는 사회'의 양상은 전지구적인 것인가보다. 주판치치는 오늘날 사생활과 생활양식과 습관들까지도 이데올로기적 테마로 포섭되고 있다고 진단하면서, "자유와 자유의지, 유머, '긍정적 태도', 그리고 모든 이데올로기를 향한 거리두기가 지배 이데올로기의 주된 양식이 되어버린 시대"[01]라고 규정한다. 하지만 긍정적 사고와 유쾌한 태도를 행복의 정언명령으로서 설파하는 이러한 이데올로기적 수사修辭들은 위험한 것이다. 이는 "기분이 좋은(그리고 행복한) 사람은 좋은 사람이고 기분이 나쁜 사람은 나쁜 사람"이라고 간주하는 '생-도덕성(bio-morality)'을 낳고, 이러한 도덕적 가치기준에 입각해 "행복하지 않은 자와 성공하지 않은 자는 이미 그들의 날 것의 생명의 차원에서 부패해 있다"고 간주하는 '신인종주의'로 귀결하기 때문이다.[02] 이러한 웃음의 정언명령에 어떻게 대처해야 할까? 물론 '웃으며 살지 말자'를 반이데올로기적 슬로건으로서 무작정 내걸 수는 없을 터, 이 글은 무엇보다도 한국사회, 한국 대중문화, 한국영화가 저 웃음의 정언명령에 사로잡히게 된 원인과 과정, 그 속에서 작동하는 (무)의식적 욕망을 추적하기 위해 기획되었다.

이를 위해 우선 한국사회에서 대중적 감수성의 색채가 비극성에서 희극성으로, 혹은 무거움에서 가벼움으로 바뀌는 경향이 두드러지는 1990년대에 주목하고자 한다. 90년대는 상당히 의미심장한 시기다. 정치적으로는 1987년 6월 항쟁의 부분적 성공으로 인해 민주화가 진척되었고 경제적으로는 세계화와 신자유주의의 물결이 본격적으로 몰아닥치기 시작했으며[03] 문화적으로는 리얼리즘과 모더니즘의 대립구도 및 아방가르드적 지향성에서 벗어나 대중문화에 대한 관심이 폭증했다. 이러한 변화는 한국사회를 지배하는 정치적, 경제적, 문화적 패러다임의

01 Alenka Zupančič. *The Odd One In: On Comedy*. MIT Press. 2008. p. 4.

02 위의 책. p. 5.

03 IMF가 한국 정부에 신자유주의적 경제정책을 펼치도록 강요하기 시작한 시기는 1979년으로 거슬러 올라간다. 하지만 신자유주의 경제정책의 실시는 90년대 중반의 김영삼 정부에서 본격화되었고 아시아의 경제위기와 한국의 IMF 위기 이후 김대중 정부에서 완전한 규모로 구현되었다. Sonn Hochul. "The post-Cold-War world order and domestic conflict in South Korea." *Empire and Neoliberalism in Asia*. ed. by Vedi R. Hadiz. Routledge. 2006. pp. 207-8.

근본적인 선회, 곧 '후기근대(postmodern)'로의 진입이라 요약된다.

90년대 대중문화, 좀 더 범위를 좁히자면 한국영화에서도 이러한 변화는 확연히 드러난다. 그 이전 시기까지 한국 대중영화를 지배했던 감성은 신파성이라는 뿌리에서 뻗어나온 것이었으며, 근본적으로 비극성의 정서에 소구하는 경우가 많았다. 이른바 리얼리즘 계열의 영화로 계보화되었던 일련의 영화들에서도 비극적 엔딩이 대세였고 감정적 분출보다는 계몽이성의 진지함과 냉엄함을 중시하는 태도가 추구되었다. 그러나 〈결혼 이야기〉(1992)라는 기획영화의 성공은 대중영화의 감성적 헤게모니를 비극성에서 희극성으로 전환시키는 획기적 계기가 되었다. 이후 신파적 멜로드라마는 로맨틱 코미디가 되었고 갱스터 액션은 조폭 코미디가 되었으며 이른바 작가주의 감독들이 만들어내는 진지한 영화들에서도 우스꽝스러운 대목들은 필수적인 양념처럼 끼어들게 되었다. 이러한 현상은 텔레비전 드라마, 쇼, 상품광고 등 대중문화 전반에 걸쳐 일어났다. 심각한 가족 멜로는 산뜻한 트렌디 드라마와 시트콤으로, 긴 호흡의 코미디 프로는 짧은 코너들로 이루어진 개그 쇼로 대체되었다. 그리하여 '코믹 모드', 혹은 적어도 '코믹 터치'는 영화를 비롯한 대중문화 일반의 강박적 지향이라고까지 말할 수 있을 정도가 되었다.

이러한 변화는 무엇을 의미하는가? 이 글은 이러한 변화가 시대정신의 변화와 연결되어 있으며 궁극적으로는 후기근대에서 주체화의 새로운 양상을 보여주는 현상이라고 파악한다. 따라서 한국영화가 왜 웃음을 주는 일에 관심을 기울이기 시작했는지, 그러한 관심이 어떻게 텍스트 속에 배치되었는지, 또 그러한 희극성의 강조가 후기근대를 살아가는 한국 관객, 나아가 한국인의 주체화 과정과 어떻게 연결되어 있는지를 분석하고자 한다. 이를 위해 90년대 초반에 대중적 감성의 변화를 주도적으로 드러냈던 로맨틱 코미디 장르 영화들에 특히 주목할 것이다. 왜 하필 그것이 로맨틱 코미디 장르였는지, 그 영화들은 어떠한 욕망의 변증법에 결박되어 있었는지를 상세히 들여다보는 것은 패러다임 이행기 한국 대중들의 복잡한 욕망을 포착할 수 있게 해줄 것이다. 2000년대의 한국사회가 여전히 90년대의 패러다임 전환으로부터 자유롭지 못함을 고려할 때, 희극성에 대한 90년대 대중들의 욕망을 이해하는 것은 오늘날의 한국사회와 한국 대중문화를 이해하기 위한 초석이 되리라 기대된다.

2. 이빨 달린 웃음:
1990년대라는 역사적 조건과 희극성의 정신분석적 문제설정

90년대 대중문화가 부쩍 가벼움의 감각을 추구하기 시작했다는 것은 다양한 대중문화 텍스트들을 통해 확인 가능하다.[04] 그렇다면 이제 우리의 질문은 이런 것이어야 한다. 그 시대의 무엇이 대중문화를 눈물보다는 웃음으로 이끌었던가? 정교한 대답을 위해서는 먼저 90년대 문화의 일반적 특징이라고 간주되어온 점들을 살펴볼 필요가 있다. 90년대 문학을 점검하는 한 공저서의 목차는 90년대의 특이성을 구성했던 담론적, 실천적 조류들을 한눈에 보여준다. 그 핵심어들은 이러하다. 포스트모더니즘, 신세대(X세대), 생태, 세기말, 속도, 몸(육체), 여성, 일상,

---

04 트렌디 드라마의 흥행을 이끈 1992년 〈질투〉, 93년 〈연인〉과 〈파일럿〉, 94년 〈마지막 승부〉〈사랑을 그대 품안에〉의 성공, 당대 로맨틱 코미디의 히로인이었던 최진실을 내세우는 신세대 소구형 광고들, '서태지와 아이들'의 돌풍 등을 기억할 만한 사례로 꼽을 수 있다. 황인성, 「트렌디 드라마의 서사구조적 특징과 텍스트의 즐거움에 관한 이론적 고찰」, 『한국언론학보』, 43-5호, 1999년 9월; 이영미, 「1990년대 이후 신세대 가요의 새로운 태도」, 『인물과 사상』, 123호, 2008년 7월 참조.

고백, 환상, 후일담, 역사, 장르 문학.[05] 이렇게 나열된 관심사들을 보면서 우리는 이것이 결코 문학판에만 국한된 것이 아님을 깨닫는다. 아마도 그것은 '90년대의 무엇무엇'이라 명명된 그 어떤 통에 들이부어도 전혀 남거나 모자라지 않게 들어맞을 것이기 때문이다. 그런데 저 핵심어들에서는 어떤 단절의 선이 공유되고 있음을 발견하게 된다. 신세대는 구세대와, 생태는 개발과, 세기말은 유토피아적 전망과, 속도는 여유와, 몸은 정신과, 여성은 남성과, 일상은 역사와, 고백은 선언과, 환상은 현실과, 후일담은 전투일지와, 역사는 역사주의와, 장르문학은 고급문학과 이항대립적 관계 속에 있으며 이러한 대립의 감각이 정확히 90년대를 80년대로부터 분리해내고 있음을 말이다. 그러므로 위에서 열거된 90년대적 관심사를 관통하는 주제어를 하나 꼽는다면 그것은 단연 '분리'일 것이다.

이러한 90년대적 현상들이 발원한 지점이라 할 분리의 감각은 어떠한 역사적 좌표 속에서 배태된 것인가. 두말할 것도 없이 그것은 87년 6월 항쟁의 부분적 성공(혹은 전면적 성공의 실패)과 89년 동구 사회주의권의 몰락이라 할 수 있다. 80년대는 한 마디로 "혁명의 시대"[06]였으며 이를 주도한 지식인 집단은 마르크스주의를 비롯한 사회주의 이념과 운동의 역사를 주요한 참조대상으로 삼고 있었다. 그러나 6월 항쟁의 부분적 성공은 혁명운동의 기본 동력이었던 지식인 세력의 결집을 점차 약화시켰고 현실 사회주의 국가들의 몰락은 사회주의 운동의 전망을 폐쇄해버렸다.[07] 세계체제는 온선히 사본주의적으로 새편되기 시작했

05 작가와 비평 편. 『비평, 90년대 문학을 묻다』. 여름언덕. 2005.

06 이해영. 『1980년대: 혁명의 시대』. 새로운 세상. 1999.

07 80년대 혁명운동의 이념적, 실천적 변이에 관해서는 윤건차 저. 장화경 역. 『현대 한국의 사상 흐름: 지식인과 그 사상 1980-90년대』. 당대. 2000; 학술단체협의회 편저. 『6월 민주항쟁과 한국사회 10년 I』. 도서출판 당대. 1997 참조.

고 한국의 지배세력은 '세계화'를 외치며 재빨리 그 흐름에 편승했다. 이제 역사나 혁명을 기치로 내거는 거대담론은 호소력을 잃어버렸으며 탈이념, 탈역사, 탈정치의 물결 속에서 집단적 공동체성 대신 개인성이, 역사적 헌신성 대신 일상적 충실성이, 반주류적 창조의 의무감 대신 주류적 소비의 자유로움이 90년대를 80년대로부터 분리시키는 새로움의 내용을 채우게 됐다. 아감벤의 용어를 빌리자면 이러한 상황은 "세속화"[08]의 90년대 한국적 판본이라고 말할 수도 있을 것이다. 신에게 봉헌함으로써 성스러운 것으로서 분리했던 사물을 인간이 자유롭게 사용하도록 돌려주는 것을 가리키는 이 '세속화'의 기원적 정의에서 '성스러운 사물'의 자리에 80년대의 '숭고한 정치적 이념'을 대입시킨다면 말이다.

희극성의 향유는 이러한 시대정신의 거대한 전환 속에서 나타났다. 90년대가 울음 대신 웃음의 정서에 편승했던 이유는 다시금 80년대와의 이항대립의 논리로 설명될 수 있다. 요컨대 그것은 80년대가 추구했던 합목적적 계몽이성의 진지함에 맞서는 감성적 가벼움의 표현이었고 탈정치화된 주체의 홀가분함을 반영하는 것이었으며 따라서 개인주의적 성향의 신세대에게 특히 어울리는 지배적 정서였다는 식으로 말이다. 하지만 이러한 연결법은 아주 틀린 말은 아니지만 너무 단순하다. 누군가가 무언가를 욕망했을 때에는 그 욕망의 이해관계가 당대의 복잡한 역학관계를 복합적으로 반영하고 있을 터이기 때문이다. 더욱이 희극성의 편애는 특정 문제에 대한 의식적 관심사로서가 아니라 여러 관심사들의 저변에 깔려 있는 무의식적 정서의 형태로 조건화되어 있기 때문에 좀 더 세심하게 분석해볼 필요가 있다.

여기서 분명히 해야 할 점이 있다. 지금까지 '희극성'이라는 용어로 뭉

---

08 조르조 아감벤. 김상운 역. 『세속화 예찬: 정치미학을 위한 10개의 노트』. 난장. 2010. 108쪽.

뚱그려왔던 정서상태가 정확히 무엇을 가리키는가 하는 점이다. 지성사를 살펴보면 플라톤과 아리스토텔레스 이래로 희극과 희극성, 농담과 웃음, 우스꽝스러움 등에 관해 끊임없이 새로운 담론이 생산되어왔음을 알 수 있다.[09] 특히 근대 이후에는 중세의 엄숙주의로 인해 억압되었던 웃음에 대해 좀 더 본격적인 성찰이 이루어졌다. 그 역사를 여기서 다 정리할 수는 없으므로 수다한 주장들을 관통하며 자주 등장하는 몇 가지 논리를 우선적으로 짚어보자.

첫째, 우월성의 논리다. 웃음은 웃음을 주는 대상보다 웃는 주체가 더 우월하다는 것을 확인하고 힘을 회복할 때 가능하다는 것이다. 플라톤은 소크라테스의 입을 빌려 무지가 허약하면 우스꽝스런 것의 영역과 성질에 속하기도 한다면서, 웃음거리가 되지만 앙갚음할 수 없는 사람들이 우스꽝스럽다고 정의한다.[10] 같은 맥락에서 니체 역시 "일시적인 불안에서 짧게 지속되는 자만심으로의 옮겨감을 희극적인 것이라 부른다"고 주장한다.[11] 한편 보들레르는 "현자는 세속적인 허욕과 관능적인 쾌락을 꺼려하듯이 웃음을 두려워한다"[12]고 주장하면서 플라톤의 관점을 계승한다. 그가 보기에 웃음은 "우월함의 의식에서 나"[13]오는 것이기에 "타락상태의 기호"[14]이자 악마적인(그래서 인간적인) 것이다. 왜냐하면 "〔신은〕 인간의 입에 사자의 이빨을 만들어 넣지는 않았지만 인간

---

09 류종영. 『웃음의 미학』. 유로. 2005 참조.

10 플라톤. 『플라톤의 필레보스』. 박종현 역. 서광사. 2004. 194쪽.

11 프리드리히 니체. 『인간적인 너무나 인간적인 I』. 김미기 역. 책세상. 2003. 187쪽.

12 Ch. Baudelaire. *Der Künstler und das moderne Leben. Essays*. "Salons". intime Tagebücher. 1990. p. 119. 류종영. 앞의 책. 304쪽에서 재인용.

13 위의 책. 307쪽에서 재인용.

14 Charles Baudelaire. *Baudelaire: Selected Writings on Art and Artists*. trans. by P.E. Charvet. Cambridge Univ. Press. 1972. p. 143. 심종엽. 『웃음의 해석학. 행복의 정치학』. 한나래. 1994. 208쪽에서 재인용.

은 웃음의 힘으로 살점을 갈기갈기 찢"[15]을 수도 있기 때문이다.

둘째, 희극성을 숭고한 대상의 실추로 이해하는 반권위주의의 논리다. 예컨대 프로이트는 웃음을 금지 혹은 금기에 대한 방어와 도전의 기쁨과 연결하면서 웃음은 대상의 숭고한 측면을 유지하기 위해 투여했던 리비도적 에너지를 방출하는 (순)기능을 수행한다고 주장한다.[16] 마르크스는 헤겔을 참조하면서 모든 위대한 세계사적인 사실들과 인물들은 한 번은 비극으로, 또 한 번은 소극笑劇으로 일어난다고 언급한다.[17] 이 구절은 "현대의 앙시엥 레짐은 그 실제적인 주인공들이 죽고 없는 세계질서의 희극배우에 다름 아니다. … 이는 인류를 그들의 과거와 유쾌하게 결별하게 하기 위해서"[18]라는 주장과 연결해서 읽어야 한다. 요컨대 낡은 정치체제를 부당하게 고집하는 것은 한때는 숭고했던 구체제의 지위를 코믹한 것으로 떨어뜨린다는 것이다. 한편 바흐친은 라블레의 작품이 보여주는 육체성의 모티브들을 중세 민중의 웃음 문화의 유산이라고 간주하면서 '그로테스크 리얼리즘'이라고 명명하고 그 근본 특징을 "격하시키는 것", 즉 "모든 고상한 것, 정신적인 것, 이상적인 것 그리고 추상적인 것을 물질적, 육체적 차원으로, 육체와 대지라는 불가분의 통일된 영역으로 바꾸는 것"[19]이라고 규정한다.

셋째, 웃음의 종류에 대한 위계화의 논리다. 한 마디로 좋은 웃음과

---

15 류종영. 앞의 책. 305쪽에서 재인용.

16 지그문트 프로이트 저. 『농담과 무의식의 관계』. 임인주 역. 열린책들. 2004. 2부 참조.

17 Karl Marx. *Der Achtzehnte Brumaire des Louis Bonaparte*. Berlin. 1946. p. 9. 류종영. 앞의 책. 295-96쪽에서 재인용.

18 Karl Marx. Einleitung. *Zur Kritik der Hegelischen Rechtsphilosophie*. in *Kant, Marx. Friedrich Engels*. Werke. Bd. 1. Berlin. 1957. p. 382. 위의 책. 296쪽에서 재인용.

19 미하일 바흐찐. 『프랑수아 라블레의 작품과 중세 및 르네상스의 민중문화』. 이덕형, 최건영 역. 아카넷. 2001. 위의 책. 111쪽에서 재인용.

나쁜 웃음을 구별하자는 것이다. 사실 '웃음'이라는 하나의 단어로 포괄하기에는 너무나도 다양한 웃음의 상태와 그 상태를 가리키는 용어들이 존재하며 그것들은 모종의 가치평가와 함께 제시되어왔다. 헤겔은 우스꽝스러움(the ridiculous)과 본연의 희극적인 것의 차이를 강조하면서 인간의 악덕들, 바보스러움, 무의미한 말들, 황당무계함을 우스꽝스러움의 영역에 집어넣었다.[20] 프로이트는 유머, 농담, 코믹을 구별하면서 자아의 한계를 표시하는 현실에 대한 반박을 포함하고 절제된 자아의 완전성을 주장할 수 있게 해주는 유머를 특권화했다.

여기서 주목할 점은 '코믹'의 정의다. 지금까지 이 글은 '희극성'과 '코믹'을 개념적 구분 없이 사용해왔다. 그러나 적어도 프로이트와 헤겔에게 코믹은 희극성보다는 우스꽝스러움과 통하는 개념이고 우스꽝스러움은 위계상 희극성보다 하위의 것이다. 이러한 위계화는 동의할 만한 것일까? 프로이트 자신도 인류가 코믹의 즐거움을 흉내, 캐리커처, 패러디, 희화화, 폭로 등을 통해 의도적으로 생산함으로써 숭고한 대상의 실추를 추구했음을 인정했다. 그러므로 코믹을 굳이 우스꽝스러움의 범주로 한정하는 것은 쁘로쁘의 지적처럼 미학적(고급) 범주와 미학외적(저급) 범주를 구별하기 위해 취한 지나치게 소극적인 태도가 아닐까? 오히려 "웃음이 가지는 대중적 기원과 형태에 대한 경멸"[21]을 지양하고 the comic/the comical을 모든 문화적 대상과 연관된 심적 상태로 확장해서 개념화하는 쪽이 더욱 생산적인 논의를 가능하게 하지 않을까? 이 글의 제목에 등장하는 '코믹 모드'라는 표현은 코믹에 대한 이처럼 광의의 접근에 입각한 것이다.

위와 같이 정리해본 희극성의 논리들에서 우리는 이 세 가지가 결국

---

20 게오르크 W. 프리드리히 헤겔, 『헤겔 미학 III』, 두행숙 역, 나남출판, 1996, 687-88쪽.

21 블라지미르 쁘로쁘, 『희극성과 웃음』, 정막래 역, 나남, 2010, 25쪽.

동일한 것임을 발견하게 된다. 논자들의 주목을 끈 희극성의 가치는 궁극적으로 대상의 지위를 격하시킴으로써 주체가 우위에 설 수 있게 해주는 매개로서의 역할이라는 것이다. 숭고와 코믹을 대극에 놓는 사고 역시 이로부터 비롯된다. 예컨대 '임금님이 벌거벗었네'라는 폭로는 존엄한 왕을 졸지에 한낱 미친놈의 수준으로 끌어내린다. 이 상황은 확실히 웃기다. 그러나 왕의 나체가 옷으로 가려져야 하는 진실/실체가 아니라 왕이 취할 수 있는 여러 외관 중의 하나로서 선택되었다면? 또 그러한 폭로가 백성들에게 나체를 보여서는 안 되는 왕의 권위를 역으로 확증해준다면? 혹은 그렇게 한바탕 왕을 조롱할 자유가 허용됨으로써 왕의 압제가 그럭저럭 견딜 만한 것으로 여겨지게 된다면? 이것이 바로 돌라르가 "웃음은 이데올로기의 조건이다. 웃음은 이데올로기가 온전히 휘두를 수 있는 바로 그 공간인 거리를 제공한다"[22]고 주장한 바의 의미다. 또한 주판치치가 "거리를 유지하는 형식으로 이루어지는 지성적 저항으로서 코미디를 휴머니즘적-낭만적으로 제시하는 것"[23]에 반대하는 이유다.

비판적 거리 속에서 숭고를 우스꽝스러움의 차원으로 실추시켜 웃음을 제공하는 폭력적 희극성은 여전히 범람하고 있다. 그러나 라캉-지젝-돌라르-주판치치로 이어져온 또 다른 논의에 따르면 그러한 웃음은 숭고와 우스꽝스러움으로 이루어진 구조 자체를 존속시킨다는 점에서 보수적이다. 진실한/전복적 웃음은 숭고-초월성과 코믹-접근가능성이 사실은 최소차이로만 구분됨을 드러낸다. 즉 코믹과 숭고는 서로의 대극에 놓여 어느 쪽이 실체의 위치를 차지할 것인가를 놓고 헤게모니 다툼을 벌이지 않으며 오히려 나란히 겹쳐진 외관들로서 몽타주되어

---

22 Mladen Dolar. "Strel sredi koncerta." in Theodor W. Adorno. *Uvod v sociologijo glase*. DZS. 1985. p. 307. Zupančič. 앞의 책. p. 4에서 재인용.

23 위의 책. p. 5.

실재로서의-무無를 구성하는 데 복무한다. 마치 겹쳐 쌓인 책들이 도서관 사서의 정체성을 가시적, 가촉적인 것으로 형상화하고는 있지만 그 이면에 있다고 기대되는 실체란 오직 외관에 의해서만 구성된 무無이듯이〔그림 1〕,[24] 〈위대한 독재자〉에서 힝켈의 엉터리 독일어 연설과 숭고함의 어조로 들뜬 영어 통역이 몽타주됨으로써 히틀러의 연설이 '아무것도 아닌 것(nothing)'에 불과함이 적나라해지듯이[25] 말이다.

코믹 포인트는 이처럼 숭고가 범속화됨(trivialized)으로써가 아니라 숭고한 것과 범속한 것이 구분 불가능해짐으로써 발생한다. 즉 코믹함은 초자아의 관점에서 볼 때 숭고한 것이 자아의 관점에서 볼 때 우스꽝스러워질 때 발생한다.[26] 라캉이 "남근은 희극적인 것의 주요 원천"[27]이라고 주장할 때 겨누고 있는 것도 초월성과 범속성의 이러한 구분 불가능성 혹은 "초월성 안의 접근 가능성"[28]이다. 진정한 코미디는 이 (불)가능성을 적극적으로 구성하는 '탈승화'의 노력을 통해 관점을 전환시킨다. 물론 여기서 관점의 전환이란 세계를 지각하는 방식의 근본적 변형을 의미하는 것이 아니다. 그것은 "두 개의 상호 배제적인(… 오직 교차해서만 가시적인) 현실들이 나란히 나타나"고 "그 현실들의 연결을 풀어내고 분리하는 간극이 노출"될 때 이 간극을 "갑작스럽고

---

24 이 그림의 분석은 Jacques Lacan. *Seminar VIII: Transference 1960-1961*. 1961년 4월 19일 세미나 참조. 이 영역본은 Cormac Gallagher가 번역한 미출판본이라서 정확한 쪽수가 없다.

25 알렌카 주판치치. 『정오의 그림자: 니체와 라캉』. 조창호 역. 도서출판 b. 2005. 251-53쪽.

26 알렌카 주판치치. 『실재의 윤리: 칸트와 라캉』. 이성민 역. 도서출판 b. 2004. 240쪽.

27 Jacques Lacan, *Seminar VI: Desire and its Interpretation 1958-1959*, trans. by Cormac Gallagher, unpublished. 주판치치는 "남근은 오직 코믹한 대상으로서만, 즉 그것을 생산한 상징계의 바로 그 모순들을 물질화하는 대상으로서만 나타날 수 있다"는 것이 코미디에서 남근의 운명이라고 해설한다(*The Odd One In: On Comedy*. p. 216).

28 『정오의 그림자』. 259쪽.

도 놀랍게 일별"하게 됨을 뜻한다.[29] 이러한 일별은 기존 질서의 초월성을 "지상으로 끌어내림"[30]로써 실질적인 변화를 초래하는 동기가 될 수 있다는 점에서 의미심장하다.

1. Giuseppe Arcimboldo,*The Librarian*, 97x71cm, oil on canvas, 1566.

다시 주판치치에 따르면 코미디는 위기의 시대에 번창한다. 단지 고통스런 시기를 이겨내기 위한 일종의 방어기제로서가 아니라 "주체(성)을 전적으로 희생당하는 '고통 받는 살'… 로 환원시키는 경향에 대한 저항의 한 형식"[31]으로서 코미디는 유지된다. 여기서 우리의 질문은 다

---

29 Natalija Bonic. "Psychoanalysis and Comedy: The (Im)Possibility of Changing the Socio-Symbolic Order. *S: Journal of the Jan Van Eyck Circle for Lacanian Ideology Critique*. 4(2011). p. 106.

30 위의 글. p. 98.

31 Zupančič. 앞의 책. p. 216.

시 90년대를 겨냥하게 된다. 90년대는 과연 한국의 대중들에게 위기의 시대였던가. 표면적으로 보면 90년대는 드디어 독재 치하의 모든 고난이 끝나고 민주화를 맞이한 시대, 자유로운 개인의 향유가 가능해진 시대, 그리하여 그 어느 때보다 대중문화가 꽃피었던 시대다. 그러나 주체성의 차원에서 보면 90년대는 명백히 위기의 시대였다. 삶을 감싸고 있는 모든 것이 패러다임의 수준에서 급격하게 요동치는 상황에 처하여 주체는 자신의 정치적, 사회적, 문화적 정체성을 새롭게 구성해야 한다는 외적 요청에 직면해야 했기 때문이다. 더군다나 저 먼 유토피아의 꿈이 일상적인 풍요의 약속으로 대체되면서 욕망의 대상은 이제 손에 잡힐 듯 가까운 것이 되어버렸고 그 지나친 근접성은 주체를 '불안'에 빠뜨렸다. 또 모든 악의 근원으로서의 나쁜 아버지-독재자가 선한 아버지-위임된 종복으로 형식적으로나마 바뀜[32]으로써 이제 책임 추궁의 방향은 주체의 외부가 아니라 주체 자신을 향하게 되었다. 이게 다가 아니다. 울리히 벡의 지적에 따르면 개인주의화란 본질적으로 "삶의 모든 차원이 시장에 종속"됨을, 더불어 "외적 통제와 표준화 쪽으로 사람들을 옮"기게 됨을 함축한다.[33] 과연 이것이 마음 편히 웃을 수 있는 상황이겠는가?

그러므로 90년대 주체들이 추구했던 희극성은 90년대가 "차라리 카오스의 법칙이 지배하는 지극히 문제적인 시기"[34]라는 맥락에서 재조명되어야 한다. 90년대적 희극성을 80년대에 대한 반작용으로만 진단하

---

32 라캉의 담화 이론에 입각하여 80년대적 주체성을 히스테리 담화와, 90년대적 주체성을 대학 담화와 연관시키면서 아버지와 주체의 관계 변화를 탐구하는 연구로는 김소연, 『실재의 죽음』, 도서출판 b, 2008, 3장 2절 '80년대성과 90년대성의 이접과 히스테리적 혁명성의 퇴행' 참조.

33 울리히 벡, 『위험사회: 새로운 근대성을 향하여』, 홍성태 역, 새물결, 1997, 217쪽.

34 이해영, 「90년대와 80년대: 하나의 정신사적 고찰」, 『문화과학』, 20호, 1999년 서울, 119쪽.

는 것은 90년대의 웃음이 보유하고 있다고 가정되는 저항과 불안의 착종된 심리를 너무 단순화한다. 엔터테인먼트가 코미디의 정수를 가로막고 있다고 보는 주판치치의 이분법도 어떤 점에서 단순하기는 마찬가지다.[35] 다음 장에서는 로맨틱 코미디 장르 영화들을 통해 이 문제를 구체적으로 다뤄보고자 한다.

3. 결합과 결혼 사이: 1990년대 초반 한국 로맨틱 코미디 영화의 이행기적 성격

90년대 초 로맨틱 코미디 장르의 흥행 현황[36]은 90년대로 들어서면서 이루어진 코믹 모드의 약진을 보여준다. 물론 80년대의 연장선상에서 에로물과 멜로드라마도 계속 제작되었고 〈장군의 아들〉 시리즈 같은 액션물도 인기를 끌었으며 탈장르적인 이른바 '사회파' 영화들도 꾸

35 Zupančič. 앞의 책. p. 9.

36 90년대 초 로맨틱 코미디 유행의 포문을 연 영화는 〈결혼 이야기〉(92)다. 서울 흥행기록만 52만 명을 넘기면서 흥행 1위에 올랐다. 2위는 〈미스터 맘마〉, 8위는 〈아래층 여자와 위층 남자〉였는데, 91년까지 거의 제작되지 않던 로맨틱 코미디가 한 해에 잇달아 흥행한 것은 확실히 기이한 현상이었다. 93년도에는 〈그 여자 그 남자〉가 2위, 〈가슴달린 남자〉가 4위, 〈101번째 프러포즈〉가 6위, 〈사랑하고 싶은 여자 결혼하고 싶은 여자〉가 7위(경찰 코미디물인 〈투캅스〉가 흥행 2위였다)였다. 94년도에는 〈닥터 봉〉 2위, 〈마누라 죽이기〉 3위, 〈키스도 못하는 남자〉 17위, 〈커피 카피 코피〉 20위, 95년도에는 〈누가 나를 미치게 하는가〉 9위, 〈엄마에게 애인이 생겼어요〉 15위, 〈꼬리치는 남자〉 18위로 로맨틱 코미디의 흥행 성적은 저조해 보이지만 2위가 〈개같은 날의 오후〉, 8위가 〈헤어드레서〉, 16위가 〈남자는 괴로워〉로서 코믹물의 전반적 호조를 보여주었다. 96년도에는 〈코르셋〉 8위, 〈맥주가 애인보다 좋은 이유〉 13위, 〈고스트 맘마〉 14위를 기록하지만 속편으로 제작된 코미디 〈투캅스 2〉가 1위를 차지했다. http://kmdb.or.kr/movie/new_boxOffice.asp 참조.

준히 제작되었다. 그러므로 90년대에 이루어진 코믹 모드의 헤게모니가 양적 점유를 통해서 이루어졌다고 주장하기는 어렵다. 그러나 문화적으로 잔여적인 것과 지배적인 것, 부상하는 것에 대한 레이몬드 윌리엄즈의 개념적 구분[37]을 적용하자면, 90년대 초중반에 이루어진 코미디 영화들의 흥행은 확실히 코믹 모드가 단지 부상하는 것을 넘어 지배적인 것으로까지 발전해가는 양상을 보여준다고 말할 수 있다. 이 글은 특히 92년부터 94년까지의 로맨틱 코미디 영화들을 집중적으로 분석하고자 한다. 이 시기가 코믹 모드 및 로맨틱 코미디의 급성장기이자 한국사회에서의 본격적인 패러다임 이행기이기 때문이다.

여기서 가장 먼저 떠오르는 질문 한 가지. 90년대 초의 코믹 모드는 왜 하고많은 영화 장르들 중에 로맨틱 코미디와 결합했을까. 다양한 맥락을 생각해볼 수 있다. 먼저 외부의 영향으로는 할리우드 로맨틱 코미디의 성공적인 흥행을 꼽을 수 있다. 〈해리가 샐리를 만났을 때(When Harry met Sally…)〉(89), 〈문스트럭(Moonstruck)〉(87), 〈트윈스〉(88) 등이 국내에 수입되어 좋은 성적을 올렸다. 〈빅(Big)〉(88)은 외화 최초로 '로맨틱 코미디'로 홍보되었으며 〈전선 위의 참새(Bird on an Wire)〉(90)는 로맨틱 액션 코미디로 광고됨으로써 로맨틱 코미디라는 용어를 친숙한 것으로 만들어주었다. 〈미스터 맘마〉를 소개하는 기사에서는 한국영화를 대상으로 해서 최초로 로맨틱 코미디라는 용어가 사용되었다.[38]

한편 국내 영화산업의 환경 속에서는 〈얄숙이들의 개성시대〉(87), 〈미미와 철수의 청춘 스케치〉(87), 〈기쁜 우리 젊은 날〉(87), 〈청춘시대〉(88), 〈캠퍼스 연애특강〉(88), 〈풀잎사랑〉(88), 〈달콤한 신부들〉(88)

---

37 레이몬드 윌리엄즈. 『이념과 문학』. 이일환 역. 문학과지성사. 1982. 152-59쪽.

38 윤성은. 『로맨스와 코미디가 만났을 때: 한국 로맨틱 코미디의 구조와 변형』. 이담북스. 2011. 83-84쪽.

등 80년대 후반의 '청춘영화'들이 이후 본격적인 로맨틱 코미디 영화의 등장을 위한 초석이 되었음을 확인할 수 있다.[39] 또한 충무로에 유입된 젊은 세대 영화인들은 실제 커플들의 인터뷰를 통한 에피소드 구성, 관객 선호도 조사 등에 입각한 시나리오 작업, 가전 회사들의 협찬 등을 통해 최첨단 소비문화의 이미지들을 보여주는 전략, 대기업 자본과의 협업 등을 통해 한국영화의 전반적인 활성화에 크게 기여했다. 〈결혼 이야기〉를 비롯한 90년대 로맨틱 코미디는 대부분 이러한 '기획영화'로 제작되었다. 특히 기획 및 홍보 분야에 등장한 여성 인력들은 로맨틱 코미디 영화들의 개발에 적극적이었다.

사실 90년대가 패러다임 이행기였음을 고려하면 90년대의 문을 연 장르가 로맨틱 코미디라는 점은 그리 이상하지 않다. 거대담론의 우산이 사라진 시대의 신경향이라 일컬어지는 개인주의와 소비문화를, 그리고 페미니즘의 약진이 강제한 남녀평등의 관점을 고스란히 반영할 수 있는 장르로 로맨틱 코미디만한 것도 없기 때문이다. 물론 사적 공간인 가정을 배경으로 삼고 직업적이고 이념적인 관계가 아닌 남녀관계라는 테마에 몰두하고 있다고 해서 그것을 섣불리 80년대의 사회성과 참여성으로부터의 분리의 징표라고 간주할 수는 없다. 가부장제를 '물어뜯는' 형태로 이루어지는 남녀의 싸움과 화해의 과정은 계급적, 성적, 이데올로기적 투쟁의 알레고리라고 읽어도 무방하기 때문이다.

이 시기 한국 로맨틱 코미디 영화들에서 웃음의 우선적인 원천은 남성 캐릭터의 가부장적 편견이나 문제가 있는 행동방식을 폭로하고 희화화하는 데 있다. 여성 캐릭터 및 그녀의 입장에 더욱 동일시하는 관객은 남성 캐릭터에게서 숭고의 실추를 확인하면서 동시에 자신의 우월감을 방어하게 된다. 예컨대 〈결혼 이야기〉에서 남편(최민수)은 아내의 직업

39 위의 책, 121쪽.

적 결정과정에 은밀하고도 무리하게 개입하며 이를 따져 묻는 아내에게 일보다는 가정을 지킬 것을 강요한다. 〈미스터 맘마〉의 남편(최민수)은 아내가 집을 나가는 바람에 육아를 전담할 형편에 놓이지만 아무런 육아 상식도 경험도 없는, '무늬만 아빠'였던 것으로 판명된다. 〈가슴 달린 남자〉에서는 남자 주인공(최민수)뿐만 아니라 이 영화에 등장하는 모든 남성이 성적 편견과 봉건적 집단의식에 찌들어 있다. 여주인공(박선영)이 '미스 김'에서 '김혜석'이 되기 위해 남장을 결심해야 할 정도로 말이다. 〈그 여자, 그 남자〉의 남주인공(이경영)은 인간적인 면모라곤 찾기 힘든 가벼운 바람둥이다. 연애의 목적이 부담 없는 성관계를 즐기기 위해서일 뿐이며 직업적으로도 명사들의 죽음을 오직 자신의 성공의 발판이라고만 여기는 냉혈한이다. 〈백한 번째 프러포즈〉의 남주인공(문성근)은 대단한 순정남이지만 사회적 지위로 보나 남녀관계를 풀어가는 능력으로 보나 지나치게 부족해서 관객에게 연민을 불러일으킬 정도다. 〈사랑하고 싶은 여자 & 결혼하고 싶은 여자〉의 남주인공(손창민)은 죽마고우인 두 명의 여자 모두와 동시에 연애를 진행하면서 이를 당당하게 밝힐 정도로 뻔뻔하기 그지없는 바람둥이다. 〈닥터 봉〉의 남주인공(한석규) 역시 동시에 네 명의 여자를, 그것도 아들의 존재를 조카로 바꿔치기하면서 관리하는 여성 편력의 대가다. 〈마누라 죽이기〉의 남편(박중훈)은 아내보다 무능한데다가 다른 여자와 바람을 피우면서 아내의 청부살인을 의뢰하기까지 하는 범죄자다. 〈아래층 여자와 위층 남자〉의 남편(최수종) 역시 신혼임에도 불구하고 살혼만시를 빼놓고 한때 제자였던 여대생과 데이트를 즐기며 그것이 밝혀져 이혼을 당하면서도 자신의 잘못을 인정하지 않는 한심한 남자다. 물론 여성 캐릭터들도 대체로 그 지나친 도도함과 당당함으로 인해 그다지 사랑스럽지는 않지만 남자 캐릭터들처럼 확실한 도덕적 한계를 갖고 있지는 않다.

남성 캐릭터들의 결함은 주로 그들이 일부일처제에 충실하지 못함으로써 가부장의 권위와 지위를 상실하는 것으로 표현된다. 여기서 주목할 점은 이것이 스크루볼 코미디의 전통을 이어받은 로맨틱 코미디 장르의 일반적 서사 전개, 즉 남녀가 만나 결혼을 약속하기까지의 사건들을 이어가는 과정과 상당히 다르다는 점이다. 한국 로맨틱 코미디 영화의 서사는 결혼과 함께 혹은 커플링(coupling)의 성공과 함께 시작되어 곧바로 결혼 및 연애 관계의 파탄으로 나아갔다가 모종의 계기들로 인해 애초의 커플이 서로를 향한 여전한 사랑을 확인하고 재결합하면서 끝나기 때문이다. 또한 전통적인 할리우드 로맨틱 코미디들에서는 "남성이 내러티브에 의해 승인되는 '올바른 가치'의 편에 위치"하고 그 위치를 향해 여성이 '진실한 사랑'을 위한 변화를 겪으며 나아가지만[40] 한국영화들에서 결함은 오롯이 남성 주인공들의 몫이다. 자연히 해피 엔딩을 위해서는 이 남자들이 가부장적이거나 비인간적인 결함을 이미 충분히 반성하고 극복한 상태가 되어 있어야 한다. 그렇게 엔딩에 와서 사랑의 서사는 완성되고 남녀평등의 이상 또한 약속된 듯 보인다.

차이는 또 있다. 할리우드 로맨틱 코미디에서는 감상적이거나 멜로드라마적인 복잡한 문제를 피하고 여주인공의 욕망을 실현시키기 위해 '어머니와의 관계' 혹은 '모성의 역사'를 생략하거나 부정한다. 그리고 이를 부녀관계나 부자관계로 대체함으로써 "여자를 만드는 것은 곧 남자의 일"이라는 관념을 지속시키면서 그녀를 남자의 소망들에 복속시킨다.[41] 하지만 한국영화들에서는 대개 부모가 등장하지 않으며 영화사 직원, 기자, PD, 성우, 간호사, 의사, 작곡가, 연주자 등 전문직 엘리트인 주인공들은 가족관계의 의무들로부터 최대한 벗어나 있다. 그들은 자신만의 공간을 갖고 독자적인 삶을, 무엇보다도 당당하고 자유

---

40 스티브 닐. 프랑크 크루트니크. 『세상의 모든 코미디』. 강현두 역. 커뮤니케이션북스. 2002. 211-11쪽.

41 위의 책. 229쪽.

로운 성생활을 누린다. 이처럼 쁘띠 부르주아 딩크족[42]을 계급적 모델로 삼는다는 점은 당시의 영화들이 적어도 고전적인 신데렐라 스토리의 신분상승 서사를 배격하고자 했음을 알려준다. 이는 한국 로맨틱 코미디가 90년대에 정치 대신 가족을 지배 담론의 대상으로 제출했던 페미니즘 진영의 담론과 실천의 강력한 영향력 아래 있었음을 반증한다. 그럼에도 불구하고 이 영화들은 여전히 이성애적 부부관계를 최상의 가족관계, 나아가 인간관계의 기준으로 제시한다는 한계로부터는 자유롭지 않았다.

이제 이 글의 근본적 관심, 즉 로맨틱 코미디의 급부상을 구조화한 욕망의 동인을 추적해보자. 이와 관련하여 우선 윤성은의 주장을 살펴본다. 그는 스크루볼 코미디가 1930년대 대공황기에 등장해서 대리만족과 안도감을 주고 자본주의 체제를 정당화했듯이 80년대 할리우드 로맨틱 코미디는 "특유의 가벼움과 즐거움"으로 "현실의 고달픔을 잊고자 하는 관객들에게 큰 위로가 되었"던 장르라고 지적한다.[43] 또한 90년대 한국 로맨틱 코미디의 새로운 탈이데올로기적 관객층은 "멜로드라마에서는 무거움을, 코미디에서는 저속함을 덜어내기"[44]를 원했다고 진단한다. 이처럼 90년대 한국 로맨틱 코미디를 생산한 탈이데올로기적 경향을 장르 고유의 역사가 보여준 이데올로기적 역기능의 연장선상에서 읽어내는 것은 로맨틱 코미디에 대한 일반적인 관점일 수 있다. 하지만 정신분석적 접근은 저 가벼움과 즐거움의 현상이 실은 무거움과 저속함으로 얼룩진 것이었음을 드러내고 이를 통해 당대 대중들이 얼마나 복잡한 심리적 메커니즘 속에서 현실과 대결했던가를 읽어내고

42 Double Income, No Kid를 의미하는 신조어로서 의도적으로 아이를 갖지 않는 맞벌이 부부를 가리킨다.

43 윤성은, 앞의 책, 49쪽.

44 위의 책, 141쪽.

자 한다는 점에서 차별적이다. 특히 90년대 한국 로맨틱 코미디가 보여준 복잡함은 패러다임 이행기에 나타난 시대정신의 변화와 맞물려 있음에 주목할 필요가 있다.

90년대 로맨틱 코미디가 노출했던 '이행기적' 욕망의 기본적인 매개는 바로 '돈'이다. 일단 이 장르의 기본적인 특성대로 영화들은 당대 최고의 화려함으로 미장센을 장식한다. 놀이공원, 도심의 빌딩숲, 미술관, 공연장, 스키장, 고층 아파트, 오피스텔, 공항, 방송국 등 당시 소비산업사회의 면모를 과시하는 다양한 공간들이 무대가 되며 미장센은 그 공간감을 거대한 기하학적 배치 속에서 틸팅(tilting)으로 훑어가며 잡아내곤 한다. 그러한 공적 공간들에서 여주인공이 활보하는 장면들은 확실하게 평등의 가치를 각인시킨다. 뿐만 아니라 인물들은 첨단의 패션 감각을 갖추고 고급 자동차 등의 소유물과 함께 나르시시즘적 자기전시의 욕망을 거리낌 없이 뽐내곤 한다. 잘 나가는 전문직 종사자인 남녀가 결혼으로 합쳐진 효과는 무엇보다도 그들이 누릴 수 있는 부의 크기로 드러난다. 이 영화들이 아무리 〈귀여운 여인〉 류의 신데렐라 스토리를 회피하고자 했더라도, 이를테면 아파트에서 살던 부부가 이혼 후 연립주택으로 이사한다는 사실(〈아래층 여자와 위층 남자〉)은 결혼이 경제적 이해득실과 직결되어 있음을 단적으로 증명한다.

그럼에도 불구하고 이 영화들에 나오는 인물들은 그다지 돈의 문제에 구애받거나 크게 관심을 두지 않는 것으로 묘사된다. 〈미스터 맘마〉의 전처는 집을 나가면서 재산분할을 미련 없이 포기하며 〈닥터 봉〉의 봉준수는 여진(김혜수)의 거짓말로 환자가 반이나 줄었다면서도 이를 본격적으로 문제 삼지 않는다. 〈가슴 달린 남자〉의 여주인공이 원하는 것은 오직 자신의 능력을 인정받는 것일 뿐, 그 능력의 경제적 가치에 대해서는 그다지 관심이 없다. 무엇보다 흥미로운 점은 영화들에 등장하는 삼각관계의 양상이다. 〈미스터 맘마〉의 미스 김(최진실)은 부유한 사업가인 약혼남을 제치고 회사 동료인 이혼남을 찾아가며 〈백한 번째 프러포즈〉에서도 지원(김희애)은 죽은 약혼자를 닮은 재벌2세를 버리고 이제는 막노동꾼이 되어버린 영섭에게로 달려간다. 스크루볼 코미디가 남녀 주인공의 신분 차이를 결혼으로 상쇄함으로써 신분상승의 가능성을 역설했던 것과 비교할 때 이 인물들의 선택은 순수하기 이를 데 없다.

그렇다면 이처럼 화려한 세계 속에서 살아가는 이만큼 욕심 없는 사람들의 아름다운 조합을 어떻게 이해해야 할까? 여기서 바로 이 영화들의 이행기적 성격이 드러난다. 이 영화들은 저속한 물질적 욕망에 지배받고 싶지 않은 80년대적 욕망과 그럴싸하고 번듯하게 살고 싶은 90년대적 욕망 사이에서 배회하고 있다. 아직은 IMF 외환위기가 터지기 전, 그러나 신자유주의적 세계화가 밀어닥치고 있는 시점에서 한국의 대중들은 부유하고 화려한 생활을 동경하면서도 물욕을 노골적으로 드러내는 것을 여전히 금기시하고 있었다. 어쩌면 로맨틱 코미디 장르로서는 이채롭게도 베드 신을 남발하는 이 18금 영화들에서 노골적으로 전시되는 섹슈얼리티는 일차적으로는 동시대 에로물과의 경쟁을 의식한 선택일 수 있겠지만 좀 더 근본적으로는 물욕에 대한 금욕의 고통을 보상해주는 대체재였을지도 모르겠다. 물론 이처럼 아슬아슬한 균형상태는 곧 닥칠 IMF 위기와 함께 완전히 무너지게 된다.

이러한 이중성 혹은 양가성은 이 영화들의 희극성에서도 나타난다. 솔직히 이 영화들이 '우스운가'라고 묻는다면 '확실히 그렇다'고 답하기는 어렵다. 로맨틱 코미디의 '코믹함'은 이 영화들에서 '웃음'의 계기로서보다는 차라리 '가벼움'의 감각으로 구현된다고 보아야 할 것이다. 그럼에도 불구하고 우리는 이 영화들이 보여준 사랑의 구조와의 유비관계를 통해 희극성을 논할 수 있다. 코믹과 사랑은 모두 접근가능성(우스꽝스러움)과 초월성(숭고함)을 한 몸에 깃든 두 속성의 최소차이적 관계로서 다룬다는 점에서 동일한 논리적 구조를 갖고 있기 때문이다. 즉 임금님이 벌거벗었다며 웃는 것과 나를 사랑에 빠뜨린 범상한 상대가 별스럽지 않은 존재임을 받아들이는 것의 정신분석적 구조는 같은 것이기 때문이다. 이것이 바로 라캉이 "사랑은 희극적 감정"[45]이라고 말하고 주판치치가 희극과 사랑의 "신기한 근친성"[46]을 이야기하는 이유다. 또 지젝이 사랑과 결혼을 별개로 다루려는 표준적인 결혼 이데올로기를 비판하면서, "궁극적 전복은 사랑의 결합을 지명하고 … 공공연하게 선언하는 것"[47]이며 결합/결혼은 열정적 사랑을 공적으로 선언함으로써 대타자가 사랑의 힘 앞에 패배했음을 드러내는 "숭고한 반전"[48]이라고 단언하는 이유다.

그런데 영악하게도 대중적인 로맨스는 이 구조를 자본주의적으로 전유한다. 숭고함을 (남성의) 재력으로, 범속함을 그의 정서적 결핍으로 치환시킴으로써 그 사랑-사건이 (여성) 인물의 계급적 지위를 위협하지는 않기를, 심지어 급상승시켜주기를 기대하는 것이다. 〈닥터 봉〉이 비교적 그러한 구조에 근접해 있는 듯하지만, 서사는 여주인공의 능력을 여러 차례 강조함으로써 남녀의 관계를 물질적 우열관계로 느껴지지 않게 한다. 대체로 다른 영화들에서도 자본주의적으로 타협한 사랑의 구조를 찾아보기는 어렵다.

사랑을 훼방하는 부모나 집안도, 사회적 사건도 없는 이 영화들에서 연애의 유일한 장애는 자유의 구속이다. 인물들은 연애나 결혼이 강제하는 공동생활과 개인의 자유로움 사이에서 갈등한다. 〈그 여자 그 남

---

45 Jacques Lacan. *Seminar VIII: Transference 1960-1961.*
46 『정오의 그림자: 니체와 라캉』. 259쪽.
47 슬라보예 지젝.믈라덴 돌라르. 『오페라의 두 번째 죽음』. 이성민 역. 민음사. 2010. 221쪽.
48 위의 책. 222쪽.

자〉에서 남주인공이 끝내 여주인공의 침대에서 잠들지 못하고 자기 집으로 가자 여주인공도 내심 혼자 자게 된 것을 반기는 경우는 그 단적인 예다. 그래서 인물들은 관계의 파국을 처음에는 자유의 획득으로 받아들인다. 물론 이내 외로움과 그리움을 토로하며 재결합을 욕망하게 되지만 말이다.

연애, 결합(결혼), 파국, 연애, 재결합으로 이어지는 이러한 서사의 진행 속에서 나타나는 사랑의 희극성은 이중적으로 의미화된다. 우선 사랑의 선언이 언제 또 번복될지 모른다는 의심 속에서 범속함이 숭고함을 잠식해버리게 되면, 즉 숭고의 실추가 발생하게 되면, 사랑은 코믹해진다. 이 경우 주체는 범속한 사랑이 아닌 또 다른 사랑을 꿈꾸면서 욕망의 악무한으로 퇴행할 것이다. 한편 사랑은 연애, 동거, 이별, 재결합 등으로 나타나는 다양한 커플링(coupling)의 외양들 속에서 일상적으로 접근 가능한 초월성으로 보전됨으로써 코믹해질 수도 있다. 이 경우 주체는 온갖 오판과 오류, 오해에도 불구하고 사랑-사건은 발생 가능하다는 믿음을 견지하게 될 것이다.

관습적으로 로맨틱 코미디 장르는 잡다한 현실적 문제들이 부상함으로써 결합의 숭고함을 범속화시켜버리는 결혼을 서사의 엔딩에서 배제하는 경향이 있다. 90년대 한국 로맨틱 코미디 영화들도 이 점에서는 그리 다르지 않다. 커플들이 극적으로 다시 만나 포옹하거나 키스하는 순간 영화는 끝난다. 어둑한 밤, 혹은 인적 없는 거리나 지하철이 떠난 역사, 심지어 묘지에서 그들은 오직 단 둘이서만 만난다. 아이조차도 그 내밀한 순간에는 배제되며(〈미스터 맘마〉 〈닥터 봉〉), 따라서 관객들로서는 그들이 서사적 현실 내에서 사랑을 '공적으로' (재)선언하는 순간을 볼 수 없다. 그렇기 때문에 이들의 사랑의 희극성은 숭고의 실추와 사랑의 확증 사이에서 오락가락하는 영구 미제사건으로 남게 된다. 아니, 남자의 반성적 사랑 고백을 받아들이는 여자들의 솔직한 속마음이 남자에게는 들리지 않는 보이스 오버 내레이션으로 처리될 때(〈결혼 이야기〉, 〈아래층 여자와 위층 남자〉) 어쩌면 진자는 숭고의 실추 쪽에 조금 더 가까이 가 있는지도 모르겠다. 그럼에도 불구하고 90년대 한국 로맨틱 코미디 영화들의 사랑-희극성은 이 두 차원으로 독해될 가능성을 모두 갖고 있다. 이 영화들이 '모순적 텍스트'[49]이자 이행기적 텍스트일 수밖에 없는 이유다.

한편 서사가 엔딩에 가까워질수록 유의미한 인격적 성장을 경험하고 관계의 회복을 위해 먼저 한 발을 떼는 쪽은 여성이 아니라 남성이라는 점에 주목할 필요가 있다. 〈결혼 이야기〉의 남편은 이혼 후 직장에서의 기득권을 어느 정도 포기하고 해외로 나갈 것을 결심한다. 〈미스터 맘마〉에서 완전히 육아에 무능하던 아빠는 도우미들이나 장모의 도움을 믿을 수 없어 아들을 데려오는 무리수를 감행하며 결국 상당히 능숙한 육아자로 변모한다. 〈아래층 여자와 위층 남자〉에서도 남편은 전처의 임신 사실을 알고 기뻐하다가 아내에게 먼저 다가가 사과함으로써 믿음직한 가장의 출발을 예감케 한다. 이렇듯 우스꽝스럽던 남자들은 어느 결에 숭고함을 획득해나간다. 그리고 우스꽝스러움과 숭고함의 편린들로 몽타주된 남자가 구현하리라고 예상되는 새로운 가부장의 형상은 이제 실추만을 기다리고 있는 숭고의 현현이 아니라 오히려 어떠한 실체도 없는 무無가 되어 버린다. 그렇게 양립할 수 없는 것들을 동시에 일별한 관객들은 관점의 전환을 일으켜서, 그 텅 빈 공백에 각자 가부장-이상의 욕망을 새롭게 기입하게 될 것이다. 그렇다면 90년대 로맨틱 코미디 영화들은 가부장제와 궁극적으로 어떠한 관계를 맺고 있다고 보아야 할까? 영화들은 가족의 재건을 통해 가부장제의 존재가치를

---

49 로버트 스탬 외. 『어휘로 풀어읽는 영상기호학』. 김병철 외 역. 시각과 언어. 2003. 369-72쪽 참조.

여전히 지지하는 동시에, 가족 재건의 핵심적 계기로서 가부장의 회심을 강조함으로써 가부장제의 '새 출발'의 가능성을 전망한다. 이러한 존속과 변화의 이중적 소망은 다시금 90년대 로맨틱 코미디의 이행기적 욕망을 확인시켜준다.

반면 애초에 가부장제의 희생양이자 유능한 사회인으로 그려졌던 숭고한 여자들에게는 서사 내에서 끝내 우스꽝스러움과의 균형을 맞출 기회가 주어지지 않는다. 그 결과는 다시 남녀 불평등의 확증이다. 여자는 자존심을 고집스럽게 지키는 대신 결여를 잃어버리기 때문이다. 진정한 사랑은 결여와 결여의 만남이라고 할 때,[50] 남자들이 자신의 결여를 통해 사랑에 다가갈 수 있게 된 것과 반대로 그녀들은 끝끝내 사랑스럽지 않은 여자가 되는 것이다. 이 영화들이 결국 페미니즘 논리와 아이러니적 관계를 맺게 되는 이유가 여기에 있다. 〈결혼 이야기〉의 엔딩에서 운전 미숙으로 길거리에서 교통문제를 일으키는 여자에게 다른 남성 운전자가 호통을 치는 것이 그처럼 사랑스럽지 않은 여자에 대한 사회적 반응으로 읽힌다면 이는 과잉해석일까? 페미니즘에 대한 작금의 조롱 섞인 대중적 반응은 이를 진지하게 생각해볼 것을 권하고 있다.

---

50 지젝은 이를 "사랑하는 자의 결핍/욕망에 자기 자신〔사랑받는 자〕의 결핍으로 응답하는 순간"이라고 설명한다(슬라보예 지젝. 주은우 역. 『당신의 징후를 즐겨라!』. 한나래. 1997. 122쪽). 라캉의 '사랑의 은유'는 "가지려는, 가까이 접근하려는, 불타오르게 하려는 이러한 시도에서 그 손이 대상을 향해 충분히 움직였을 때, 또 다른 손이 열매로부터, 꽃으로부터, 꽃잎으로부터 튀어나와, 우리의 손을 맞잡기 위해 내뻗친다. … 이 순간 발생하는 것이 바로 사랑"이라고 묘사한다.(Jacques Lacan, Le séminaire. *book 8 : Lc transfer*. Édition du Seuil. 1991. p.67. 알렌카 주판치치. 「구멍 뚫린 시트의 사례」. 『성관계는 없다』. 김영찬 외 편역. 도서출판 b. 2005. 211~12쪽에서 재인용).

4. 나가며: 감정-자본주의를 희극적으로 세속화하기

한국사회는 90년대 초부터 '웃음의 정언명령'에 본격적으로 응하기 시작했으며 대중문화의 코믹 모드는 이러한 경향의 매개이자 촉진제가 되었음을 지금까지 확인했다. 또한 로맨틱 코미디 장르 영화의 급부상이라는 현상의 원인이 된 당시 한국영화계 외부와 내부의 동향을 점검했다. 아울러 이 글에서 주목하고 있는 코믹 모드의 문제를 희극성의 문제틀 속에서 조명하기 위해 웃음과 희극성이 어떻게 담론화되어왔는지를 간단히 정리하고 이를 라캉주의적 맥락에서의 희극성 개념과 비교했다. 이를 통해 당시의 로맨틱 코미디 영화들과 거기에 깃든 대중들의 욕망이 어떻게 희극성의 보수적 양상과 전복적 양상을 모두 보여주었는지, 그것이 패러다임 이행기로서의 90년대 초반의 시대상황에 어떻게 부합하는지를 분석했다.

90년대 한국사회에서 포스트모더니즘 패러다임의 도래는 계몽이성의 권위와 위력을 의심하게 했고, 상대적으로 감정의 위상과 역할에 주목하게 했다. 그러나 주판치치는 오늘날 감정, 특히 희극성과 연관된 긍정 담론의 설파는 이미 이데올로기적 역기능을 수행하고 있다고 비판한다. 에바 일루즈에 따르면 그것은 심지어 '오늘날'의 현상도 아니다. 자본(주의)은 이미 감정 문화의 형성과정과 궤를 같이 하면서 감정을 적극적으로 전유해왔기 때문이다. "감정 자본주의"[51]란 바로 그러한 전유의 결과에 대해 그가 붙인 이름이다.

감정 자본주의는 경제적 자아를 감정적이게 만들고 감정들을 도구적

---

51 감정 자본주의란 "정서(affect)가 경제적 행위의 본질적인 측면으로 변모하고 감정생활-특히 중류계급의 감정생활-이 경제적 관계 및 경제적 교환의 논리를 따라가는 문화"를 가리킨다(에바 일루즈, 『감정 자본주의』, 김정아 역, 돌베개, 2010, 19쪽).

행위에 종속시켜왔다. 또 기업형 자아(selfhood)는 소통을 비롯한 감정능력을 요구받게 되었으며 그러한 요구에 맞춰 조련되었다. 오늘날에 와서는 감정이 감정능력으로, 즉 사회적 출세를 위해 가용한 자본의 한 형태가 되면서 "감정적 행복(사회적, 역사적으로 행복이라고 정해져 있는 것을 획득하는 능력)에 새로운 위계가 생"[52]기고 있기까지 하다. 당대 자본주의 문화에 대해 부정적으로 진단하기는 아감벤도 마찬가지다. 그는 오늘날 자본주의라는 종교는 모든 것을 봉헌의 대상으로 바꿔버렸기 때문에 그 봉헌의 제대에 올리지 않고 사물을 자유롭게 사용할 수 있는 세속화의 가능성은 사실상 사라졌다고 주장한다. 그가 제시하는 대안은 "분리를 새로운 사용에 집어넣는 것"[53]을 배우고 "세속화할 수 없는 것의 세속화"를 통해, 자본주의가 포획한 사용의 가능성을 되찾아오는 것이다.

일루즈의 분석은 주판치치의 '생-도덕성' 개념 및 긍정 이데올로기 비판을, 아감벤의 '새로운 사용'의 전략은 주판치치의 희극적 평행 몽타주 개념을 떠올리게 한다. 이 세 사람의 주장을 버무려서 '감정 자본주의를 희극적으로 세속화하자'라는 슬로건을 만들어낼 수도 있을 것이다. 90년대 초의 패러다임 이행기를 지나고 IMF 외환위기를 겪으면서 한국 대중문화의 희극성은 더욱 더 자본주의적으로 전유되어갔다. 로맨틱코미디 장르의 바통을 이어받은 조폭 코미디에서 나타난 욕망의 구조를 비교 분석해보면 더욱 명료해지겠지만, 희극성의 운명 역시 더욱 더 폭력적으로 숭고함에서 우스꽝스러움으로 떨어지는 낙차를 키워나가는 방식으로 나아갔다. 그러나 누군가의 결핍을 기쁨의 원천으로 삼는 일은 저열하다. 우리의 코믹은 사랑의 코믹이 되어야 한다. 그의 결핍에서

52 위의 책. 143쪽.
53 아감벤, 앞의 책, 127쪽.

오히려 숭고의 아갈마(agalma; 보물)를 보면서 그 결핍과 숭고 간의 최소차이에 폭소를 터뜨리게 되는 그런 코믹 말이다. 이것이 어쩌면 아감벤이 다 얘기하지 못한 '새로운 사용'의 한 방법이 아니겠는가.

1990년대의 증상들

참고문헌

참고문헌

김영찬 : 「'90년대'는 없다
–하나의 시론試論, '1990년대'를 읽는 코드 」

김소연. 2014. 「1990년대 이후 한국영화에서 '코믹 모드'의 문제-로맨틱 코미디 장르의 이행기적 등장을 중심으로」. 『영화연구』 60호.

______. 2015. 「1990년대 청춘물 한국영화와 이행기적 욕망의 궤적」. 『가까이 그리고 멀리서-1990년대 증상들』. 2015 계명대학교 한국학연구원 기획학술대회 자료집.

김영찬. 2006. 「1990년대 문학의 종언, 그리고 그후」. 『비평극장의 유령들』. 창비.

김정훈. 2010. 『87년 체제를 넘어서』. 한울아카데미.

김종엽. 2005. 「분단체제와 87년체제」. 『창작과비평』 겨울호.

김홍중. 2009. 「진정성의 기원과 구조」. 『마음의 사회학』. 문학동네.

조희연. 2013. 「'수동혁명적 민주화 체제'로서의 87년 체제, 복합적 모순, 균열, 전환에 대하여」. 『민주사회와 정책연구』 24호.

황종연. 2001. 「내향적 인간의 진실」. 『비루한 것의 카니발』. 문학동네.

발터 벤야민. 2008. 「역사의 개념에 대하여」. 발터 벤야민 선집 5 『역사의 개념에 대하여/폭력 비판을 위하여/초현실주의 외』. 최성만 옮김. 길.

______. 2008. 「「역사의 개념에 대하여」 관련 노트들」. 발터 벤야민 선집 5 『역사의 개념에 대하여/폭력 비판을 위하여/초현실주

의 외』. 최성만 옮김. 길.
슬라보예 지젝. 2003. 『이데올로기라는(의) 숭고한 대상』. 이수련 옮김. 인간사랑.
______. 2004. 『그들은 자기가 하는 일을 알지 못하나이다』. 박정수 옮김. 인간사랑.
지그문트 프로이트. 1997. 「부정」. 『정신분석학의 근본개념』. 윤희기·박찬부 옮김. 프로이트 전집 11권. 열린책들.
장 라플랑슈·장 베르트랑 퐁탈리스. 2005. 『정신분석사전』. 임진수 옮김. 열린책들.
페리 앤더슨. 1993. 「근대성과 혁명」. 『창작과비평』 여름호. 김영희·유재덕 옮김. 창작과 비평.
프랑코 모레티. 2005. 『세상의 이치』. 성은애 옮김. 문학동네.

김 석 : 「라캉 담론이론으로 읽는 1980, 1990년대 시대정신 –욕망과 진리를 중심으로」

강신철 외. 1989. 『80년대 학생운동사』. 형성사.
강준만. 2006. 『한국현대사 산책: 1990년대편』 1,2,3권. 인물과사상사.
김소연. 2008. 『실재의 죽음』. 도서출판b.
김 석. 2007. 『에크리, 라캉으로 이끄는 마법의 문자들』. 서울: 살림.
______. 2008. 「소외와 분리: 욕망의 윤리가 발생하는 두 가지 결정적 순간」. 『라깡과 현대정신분석』 제10권 2호(겨울호). 한국라깡과현대정신분석학회.
______. 2011. 「히스테리의 문법: 대타자의 욕망을 통한 욕망 찾기」.

『프랑스학연구』 58호.
김태숙. 2004. 「라깡의 네 가지 담론」. 『라깡과 현대정신분석』 제 6권1호(여름호). 한국라깡과현대정신분석학회.
김주환. 2008. 『디지털 미디어의 이해』. 생각의 나무.
김지하. 1982. 시선집 『타는 목마름으로』. 창비.
대니 노브스 엮음. 2013. 『라캉 정신분석의 핵심 개념들』. 문심정연 옮김. 문학과 지성사.
문화과학편집위원회. 1999. 『문화과학』 20호. 문화과학사.
브루스 핑크. 2002. 『라캉과 정신의학』. 맹정현 옮김. 민음사.
세르주 앙드레. 2010. 『여자는 무엇을 원하는가』. 홍준기 외 옮김. 아난케.
슬라보예 지젝. 2004. 『이라크: 빌려온 항아리』. 이성민 옮김. 도서출판b.
______. 2005, 『까다로운 주체』. 이성민 옮김. 도서출판b.
슬라보예 지젝 외. 2005. 『성관계는 없다』. 김영찬 외 엮고 옮김. 도서출판b.
알렌카 주판치치. 2005. 『정오의 그림자』. 조창호 옮김. 도서출판b.
알랭바디우 & 엘리자베트 루디네스코. 2013. 『라캉, 끝나지 않은 혁명』. 현성환 옮김. 문학동네.
양성우. 1981. 시선집 『청산이 소리쳐 부르거든』. 실천문학사.
조엘 도르. 2009. 『라깡 세미나·에크리 독해 I』. 홍준기·강응섭 옮김. 아난케.
페터 비트머. 1998. 『욕망의 전복: 자끄 라깡 또는 제2의 정신분석학 혁명』. 홍준기·이승미 옮김. 한울.
최영미. 1994. 시집 『서른, 잔치는 끝났다』. 창비.
〈MBC 다큐스페셜-'90년대와의 인터뷰'- 그 시절 X세대는? 90년대

열풍, 그 현재적 의미〉. 2015.4.21. 우리가 미어어; 미디어스.
히로세 다카시. 2010. 『제1권력, 자본 그들은 어떻게 역사를 소유해 왔는가』. 이규원 옮김. 프로메테우스.
Freud, S(1895). 2003. 『정신분석학의 근본 개념』 전집 11. 윤희기.박찬부 옮김. 열린책들.
______. 2004. 『히스테리연구』. 김미리혜 옮김. 열린책들.
______. 1940. *GW XIII, Werke 1920-1924*. Fischer Verlag. Frankfut am Maim.
Gérard Wajeman. 2003. "The Hysteric's discours," in *Critical evaluations in cultural theory, Volume 1 Psychoanalytic theory and practice*. Edited be Slavoj Zizek, Routledge.
Grigg, Russell. 2001. "Discourse." *A Compendium of Lacanian Terms*. Eds. Heguette.
Glowinski et al. New York: Free Association Books.
Jean-Pierre Dreyfuss, Jean-Marie Jadin. 2001. *Ecriture de l'inconscient*. Paris: Arcanes.
자크 라캉. 2008. 『세미나 11, 정신분석의 네 가지 근본 개념』. 맹정현·이수련 옮김. 새물결.
Jacques Lacan. 1964. *Le Séminaire XI, Les quatre concepts fondamentaux de la psychanalyse*. Paris: Seuil.
______. 1975. *Le Séminaire XX, Encore*, Paris: Seuil.
______. 1986. *Le Séminaire VII: L'éthique de la psychanalyse*. Paris: Seuil.
______. 1991. *Le Séminaire XVII, L'envers de la psychanalyse*, Paris: Seuil.

______. 1996. *Écrits*. Paris: Seuil.
______. 1998. *Le Séminaire V, Les formations de l'inconscient*. Paris: Seuil.
______. 2001. *Autre Écrits*. Paris. Seuil.
______. 2013. *Le Séminaire VI, Le désir et son interprétation*. Paris: Seuil.
J. Laplanche et J.-B. Pontalis. 1992. *Vocabulaire de la psychanalyse*. Paris: PUF.

김소연 : 「1990년대 청춘물 한국영화와 이행기적 욕망의 궤적」

Jacques Lacan. 1992. *The Seminar of Jacques Lacan Book VII: The Ethics of Psychoanalysis*. W.W.Norton & Company.
김동춘. 2006. 『1997년 이후 한국사회의 성찰: 기업사회로의 변환과 과제』. 도서출판 길.
김소연. 2014. 6. 「1990년대 이후 한국영화에서 '코믹 모드'의 문제: 로맨틱 코미디 장르의 이행기적 등장을 중심으로」. 『영화연구』 60호.
______. 2008. 『실재의 죽음: 코리안 뉴 웨이브 영화의 이행기적 성찰성에 관하여』. 도서출판 b.
김정훈. 2010. 『87년 체제를 넘어서』. 한울 아카데미.
김종엽 편. 2009. 『87년 체제론: 민주화 이후 한국사회의 인식과 새 전망』. 창비.
김진송 외 기획. 1994. 『신세대론: 혼돈과 질서』. 서동진 외 저. 현실

문화연구.
낸시 에이블먼. 2014. 『사회이동과 계급, 그 멜로드라마』. 강신표·박찬희 역. 일조각.
맹정현. 2015. 『멜랑꼴리의 마술』. 책담.
벤 싱어. 2009. 『멜로드라마와 모더니티』. 이위정 역. 문학동네.
송재희 외. 1993. 『신세대: 네 멋대로 해라』. 현실문화연구
슬라보예 지젝. 2005. 『까다로운 주체』. 이성민 역. 도서출판 b.
조르조 아감벤. 2008. 『호모 사케르: 주권 권력과 벌거벗은 생명』. 박진우 역. 새물결.
지그문트 프로이트. 1997. 「자아와 이드」. 『쾌락원칙을 넘어서』. 박찬부 역. 열린책들.
______. 1997. 「집단심리학과 자아 분석」. 『문명 속의 불만』. 김석희 역. 열린책들.
칼 마르크스. 1991. 『자본론 I』. 김수행 역. 비봉출판사.
http://terms.naver.com/entry.nhn?docId=1690903&cid=41908&categoryId=41930

김정한 : 「1990년대 전향 담론의 성격과 한계」

김경환. 1988. 「신영복과 서준식의 '전향에 대하여'」. 『말』 8월호.
김정한. 2004. 「대중운동과 민주화: 91년 5월 투쟁과 68년 5월 혁명」. 『91년 5월 투쟁과 한국의 민주주의』. 민주화운동기념사업회.
______. 2012. 「한국에서 포스트맑스주의의 수용 과정과 쟁점들」. 『민족문화연구』 제57호.

______. 2013. 『1980 대중 봉기의 민주주의』. 소명출판
김영환. 2012. 『시대정신을 말하다』. 시대정신.
김 원. 2015. 「80년대에 대한 '기억'과 '장기 80년대: 지식인들의 80년대 해석을 중심으로」. 『한국학연구』 36집. 인하대 한국학연구소.
리영희. 1991. 「이영희 교수와 전환 시대의 고뇌」. 『말』 3월호.
______. 2005. 『대화: 한 지식인의 삶과 사상』. 임헌영 대담. 한길사.
박노해. 1993. 『참된 시작』. 창작과비평사.
______. 1999. 『오늘은 다르게』. 해냄.
______. 2011. 『사람만이 희망이다』(개정판). 느린걸음.
박지현. 2009. 「보호감호처분」. 『논쟁으로 읽는 한국사 2』. 역사비평편집위원회 엮음. 역사비평사.
서준식. 1993. 「전향, 무엇이 문제인가: 영광과 오욕의 날카로운 대치점」. 『역사비평』 통권 24호. 역사비평사.
손호철. 2009. 「한국체제 논쟁을 다시 생각한다: 87년 체제, 97년 체제, 08년 체제론을 중심으로」. 『한국과 국제정치』 통권 65호(여름호).
유창선. 1991. 「이영희 선생님께 드리는 편지」. 『말』 3월호.
이재현. 1991. 「사람은 무엇으로 사는가」. 『시대와 철학』 2권 1호.
장성규. 2015. 「당신들의 90년대」. 『실천문학』 118호(여름호).
정운영. 1993. 「당신의 민족과 당신의 민중이」. 『시지프의 언어』. 까치.
주대환. 2008. 『대한민국을 사색하다』. 산책자.
가라타니 고진. 2001. 「비전향 공산당원의 '정치적 책임'」. 『윤리 21』. 송대욱 옮김. 사회평론.
쓰루미 슌스케. 2005. 『전향: 전시기 일본정신사 강의 1931-1945』. 최영호 옮김. 논형.

후지다 쇼조. 2007. 『전향의 사상사적 연구』. 최종길 옮김. 논형.

김 원 : 「'1990년대' 사라진 장소와 구로공단」

강명자. 2005. 「소작농의 딸. 구로공단 미싱사로 28년을 살다」. 『굽은 어깨, 거칠은 손-20세기 민중의 구술자서전4』. 소화.

강준만. 2008. 『한국현대사 산책 90년대 편 1, 2, 3』. 인물과 사상.

구양미. 2002. 「구로공단(서울디지털산업단지) 산업구조개편에 관한 연구」. 『地理學論叢』 39.

구은정. 2009. 『우리들의 구로동 연가 : 구로공단과 구로디지털 산업단지 사이 월드』. 이매진.

김대곤. 1986. 「박영진 분신의 현장」.『신동아』여름호.

김사이. 2013. 「우리는 자기 나름대로 지난 시간을 견뎌왔다」. 『실천문학』 111.

김선민 외 지음. 2013. 『구로공단 19662013-노동, 생산, 이주 그리고 꿈』.

김준희. 2007. 「나는 노동자, 노동자 세상을 만들기 위해·김준희」. 『같은 시대, 다른이야기 : 구로동맹파업의 주역들, 삶을 말하다』. 유경순 엮음. 메이데이.

김현옥. 2007. 「우리가 행복했던 시간」. 『같은 시대, 다른 이야기 : 구로동맹파업의 주역들, 삶을 말하다』. 유경순 엮음. 메이데이.

김형민. 2015. 『접속 1990-우리가 열광했던 것들』. 한겨레출판사.

남은영. 2007. 「1990년대 한국의 소비문화」. 『사회와 역사』 76.

박수정. 2003. 「다시 꿈꾸기 위해 : 노동조합이 사라진 자리, 비정규·여성·노동자로 홀로 선 사람들」. 『진보평론』 17.

박준도. 2014.5.7.「서울디지털산업단지 노동환경실태 2011~2013」. 노동자의 미래.『서울디지털산업단지 노동환경실태 2011~2013』. 심상정 의원실.

박 철. 2015.「1980년대 구로지역 민중교회 연구 : 기독교적 가치와 노동운동의 관계를 중심으로」. 성공회대 사회학과 대학원 석사논문.

서동석. 2011.「가슴으로 가보는 내 나라: 구로공단 (2)」.『노동자역사 한내 뉴스레터』 31호.

서동진. 2009.『자유의 의지 자기계발의 의지』. 돌베개.

서울역사박물관 편. 2013.『가리봉동 : 구로공단 배후지에서 다문화의 공간으로』.

______. 2015.『가리봉오거리』.

서혜경. 2007.「정말 중요한 것은 무엇일까?」.『같은 시대, 다른이야기 : 구로동맹파업의 주역들, 삶을 말하다』. 유경순 엮음. 메이데이.

성공회대 노동사연구소. 2013.『디지탈시대의 노동자들』. 한국학술정보.

______. 2012.『디지털시대의 구로공단』. 한국학술정보.

손정순. 2012.「서울디지털 산업단지 지역의 산업구조 분기와 주변부 서비스업의 확산」.『산업노동연구』 제18권 제1호.

송경동. 2013. "인터뷰".『구로공단에서 지벨리로』. 한스콘텐츠.

신경숙. 1999.『외딴방』. 문학동네.

신병현 외 편. 2008.『사라진 정치의 장소들』. 천권의 책.

신혜란. 1998.「영화로 도시 읽기 : 80년대 구로의 회색빛 삶과 장밋빛 희망 -「장미빛 인생」과「구로 아리랑」」.『국토』 제197호.

안재섭. 1995.「九老工團의 産業構造와 工團周邊地域의 人口 및 住

宅 變化에 關한 硏究」. 서울대학교 사회교육학과 석사논문.
유경순 엮음. 2007.『같은 시대, 다른 이야기』. 메이데이.
______. 2007.『아름다운 연대 – 들불처럼 타오른 1985년 구로동맹파업』. 메이데이.
유경순 외. 2013.『전노협 1990-1995』. 한내.
______. 2015.『1980년대, 변혁의 시간 전환의 기록 1 – 학출활동가와 변혁운동』. 봄날의 박씨.
유경순. 2000.「1985년 구로동맹파업의 발생과 노동운동사적 위치」. 가톨릭대학교 국사학과 석사학위 논문.
이인휘. 2013. "인터뷰".『구로공단에서 지벨리로』. 한스콘텐츠.
장성규. 2015.「당신들의 90년대」.『실천문학』 여름호.
장세훈. 2014.「구로 수출산업공단 조성의 재해석」.『대한지리학회지』 제49권 제2호.
정성훈. 1994.「공업생산조직 및 노동력 구성의 변화에 관한 연구 : 구로공단을 사례로」. 동국대학교 지리학과 석사학위 논문.
조기조. 1999.12「주가 900시대, 구로의 버려진 노동자들」.『월간 말』.
______(윤석정 인터뷰). 2008.「인터뷰 – 기계와 연애하는 남자의 리듬」.『실천문학』 91.
조명래. 1995.「도시산업구조의 변화와 새로운 도시빈곤의 등장」.『도시연구』 제1권.
주은우. 2010.「자유와 소비의 시대, 그리고 냉소주의의 시작 : 대한민국, 1990년대 일상생활의 조건」.『사회와 역사』 88.
차명진·서명희. 2013.「구로공단에서 만난 부부」.『구로공단에서 지벨리로』. 한스콘텐츠.
홍성렬. 2013. "인터뷰".『구로공단에서 지벨리로』. 한스콘텐츠.

황규관. 2013.「대한민국의 하비루들」.『아시아』 28. 봄호.
황동일. 1994.「구로공단 읽기」.『문화과학』 5.

이윤종 :「장선우와 에로비디오 – 1990년대 한국의 전환기적 포르노 영화 –」

1. 기본자료

장선우. 1994. 〈너에게 나를 보낸다〉. 기획시대·이우영상.
장선우. 1999. 〈거짓말〉. 신씨네.
김인수. 1996. 〈젖소부인 바람났네〉. 한 시네마타운.

2. 논문과 단행본

강혜란. 2016.「'정치 포르노'의 시대」,『시사IN』. 2016, 1. 29.
김수남. 2003.「'좋은 감독'의 패배주의인가? '나쁜 감독'의 선정주의인가? 아니면 '열린 영화'의 모험주의인가?」. 김태원 엮음.『멜로드라마/조폭/예술영화 - 1994년 이후 뉴 코리언 시네마의 흐름』. 75-91쪽.
김영진. 2001.『영화가 욕망하는 것들』. 책세상.
김현미. 1999.「감독 장선우, 배우 이상현, 교수 이주향의 영화 〈거짓말〉 이야기」,『동아일보』.
http://movie.naver.com/movie/bi/mi/reviewread.nhn?nid=2242869&code=26022&pointAfterActualPointYn=N&pointAfterOrder=sympathyScore&pointAfterPage=1&pointBeforeInterestYn=&pointBeforePage=1&reviewOrder=&reviewPage=1#tab

린 헌트. 1996.「서문 : 외설성과 현대성의 기원, 1500-1800」. 린 헌트 편. 조한욱 역.『포르노그라피의 발명』, 책세상. 24-53쪽.

문학산. 2004.「에로비디오의 섹슈얼리티 : 시선을 호객하는 몸, 남근이 된 시선」. 유지나·조흡 외 지음.『한국영화 섹슈얼리티를 만나다』, 생각의 나무. 187-224쪽.

박유희. 2016.「장선우의 외설 논란 영화를 통해 본 포스트 시대 한국영화의 동향」.『드라마 연구』. 제 48호. 한국 드라마학회. 225-254쪽.

박종성. 2003.『포르노는 없다 - 권력에 대한 복잡한 反感의 표현』. 인간사랑.

서인숙. 1998.『영화분석과 기호학 - 〈너에게 나를 보낸다〉를 중심으로』. 집문당.

서일호. 2002.「성인비디오/ 색안경 벗고 봐 주세요」.『주간 조선』. 1693호.

엄기호. 2000.『포르노, All Boys Do It!』. 우리교육.

유지나. 2005.「1990년대 한국영화」. 유지나 외.『한국영화사 공부 1980-1997』. 이채. 81-141쪽.

이교동. 2000.「젖소부인을 위한 변명 - 에로비디오의 정치경제학」.『문화읽기 : 삐라에서 사이버문화까지』. 현실문화연구. 479-487쪽.

이윤종. 2013.「포르노그래피, 바디 장르, 그리고 페미니즘: 1980년대 한국 에로영화에 대한 페미니즘 논의를 중심으로」.『문화/과학』 75호. 244-271쪽.

______. 2015.「한국 에로영화와 일본 성인영화의 관계성 - 〈애마부인〉으 중심으로 본 양국의 1970-80년대 극장용 성인영화 제작관행」.『대중서사연구』. 제 21권 2호. 81-117쪽.

이효인. 2003.『영화로 읽는 한국 사회문화사 - 악몽의 근대, 미몽의 영화』. 개마고원.
장석용. 2003.「유니크한 코리언 포르노그라피 선언 - 〈너에게 나를 보낸다〉 탐사」. 김태원 엮음.『멜로드라마/조폭/예술영화 - 1994년 이후 뉴 코리언 시네마의 흐름』. 현대미학사. 19-40쪽.
정성일. 1999.「제도와 싸우다 망가져버린 장선우의 비극」. 월간『밀』. 10. 230 231쪽.
조흡. 2000.「맑스, 프로이트, 그리오 〈O양의 비디오〉」.『문화읽기 : 삐라에서 사이버문화까지』. 현실문화연구. 489-517쪽.
제프리 T. 슈나프, 매슈 튜스 지음. 양진비 옮김.『군중들』. 그린비.
호현찬. 2003.『한국영화 100년 (개장 증보판)』. 문학사상사.

Coward, Rosalind. 1984. *Female Desire : Women's Sexuality Today*. London: Paladin.
Jameson, Fredric. 1992. *Postmodernism, or The Logic of Late Capitalism*. Durham: Duke University Press.
Kristeva, Julia. 1982. *Powers of Horror: An Essay on Abjection*. Trans. by Leon. S. Roudiez. New York: Columbia University Press.
Lee, Yun-Jong. 2012. *Cinema of Retreat : Examining South Korean Erotic Films of the 1980s, Ph.D.* Diss. University of California, Irvine.
Mulvey, Laura. 2009. *Visual and Other Pleasures*. New York: Palgrave Macmillan.
Schnapp, Jeffrey T. 2006. "Mob Porn," *Crowds* eds. Jeffrey T. Schnapp and Matthew Tiews. Stanford: Stanford

University Press.

한영인 : 「장정일 초기 소설의 문제성 – '90년대'에 대한 비판을 중심으로」

강유정. 2013. 「장정일 『아담이 눈 뜰 때』에 나타난 '미성년'의 의미」. 배달말 통권 제52호.

김홍중. 2009. 『마음의 사회학』. 문학동네.

바바라 크룩생크. 2014. 『시민을 발명해야한다』. 갈무리.

방민호. 1995. 「그를 믿어야 할 것인가」. 『창작과비평』. 통권 88호.

수잔 벅 모스. 2008. 『꿈의 세계와 파국』. 윤일성·김주영 옮김. 경성대학교출판부.

슬라보예 지젝. 2012. 『멈춰라, 생각하라』. 와이즈베리.

장석주. 2009. 『나는 문학이다』. 나무이야기.

장정일. 1994. 『너희가 재즈를 믿느냐』. 미학사.

______. 1995. 『장정일 문학선』. 민음사.

______. 2005. 『너에게 나를 보낸다』. 김영사.

______. 2005. 『아담이 눈뜰 때』. 김영사.

주은우. 2010. 「자유와 소비의 시대, 그리고 냉소주의의 시대」. 『사회와 역사』. 통권 88호.

황종연 외. 1999. 『90년대 문학 어떻게 볼 것인가』. 민음사.

김소연 : 「1990년대 이후 한국영화에서 '코믹 모드'의 문제 –로맨틱 코미디 장르의 이행기적 등장을 중심으로」

단행본

Alenka Zupančič. 2008. *The Odd One In: On Comedy*. MIT Press.

Jacques Lacan. *Seminar VI: Desire and its Interpretation 1958-1959*. trans. by Cormac Gallagher. unpublished.

Jacques Lacan. *Seminar VIII: Transference 1960-1961*. trans. by Cormac Gallagher. unpublished.

게오르크 W. 프리드리히 헤겔. 1996. 『헤겔 미학 III』, 두행숙 역, 나남출판.

김소연. 2008. 『실재의 죽음』, 도서출판 b.

김종엽. 1994. 『웃음의 해석학, 행복의 정치학』. 한나래.

레이몬드 윌리엄즈. 1982. 『이념과 문학』. 이일환 역. 문학과지성사.

로버트 스탬 외. 2003. 『어휘로 풀어읽는 영상기호학』. 김병철 외 역. 시각과 언어.

류종영. 2005. 『웃음의 미학』. 유로.

블라지미르 쁘로쁘. 2010. 『희극성과 웃음』. 정막래 역. 나남.

스티브 닐 외. 2002. 『세상의 모든 코미디』. 강현두 역. 커뮤니케이션북스.

슬라보예 지젝. 1997. 『당신의 징후를 즐겨라!: 할리우드의 정신분석』. 주은우 역. 한나래.

슬라보예 지젝. 믈라덴 돌라르. 2010. 『오페라의 두 번째 죽음』. 이성민 역. 민음사.

알렌카 주판치치. 2004. 『실재의 윤리: 칸트와 라캉』. 이성민 역. 도서출판 b.
알렌카 주판치치. 2005. 『정오의 그림자: 니체와 라캉』. 조창호 역. 도서출판 b.
에바 일루즈. 2010. 『감정 자본주의』. 김정아 역. 돌베개.
울리히 벡. 1997. 『위험사회: 새로운 근대성을 향하여』. 홍성태 역. 새물결.
윤건차. 2000. 『현대 한국의 사상 흐름』. 장화경 역. 당대.
윤성은. 2011. 『로맨스와 코미디가 만났을 때』. 이담 북스.
이해영. 1999. 「90년대와 80년대: 하나의 정신사적 고찰」. 『문화과학』. 20호.
이해영. 1999. 『1980년대: 혁명의 시대』. 새로운 세상.
작가와 비평 편. 2005. 『비평, 90년대 문학을 묻다』. 여름언덕.
조르조 아감벤. 2010. 『세속화 예찬: 정치미학을 위한 10개의 노트』. 김상운 역. 난장.
지그문트 프로이트. 2004. 『농담과 무의식의 관계』. 임인주 역. 열린책들.
프리드리히 니체. 2003. 『인간적인 너무나 인간적인 I』. 김미기 역. 책세상.
플라톤. 2004. 『플라톤의 필레보스』. 박종현 역. 서광사.
학술단체협의회 편저. 1997. 『6월 민주항쟁과 한국사회 10년 I』. 도서출판 당대.

논문

Natalija Bonic. 2011. "Psychoanalysis and Comedy: The (Im) Possibility of Changing the Socio-Symbolic Order," *S: Journal of the Jan Van Eyck Circle for Lacanian*

Ideology Critique. 4.

Sonn Hochul. 2006. "The post-Cold-War world order and domestic conflict in South Korea." *Empire and Neoliberalism in Asia*. ed. by Vedi R. Hadiz. Routledge.

알렌카 주판치치. 2005.「구멍 뚫린 시트의 사례」.『성관계는 없다』. 김영찬 외 편역. 도서출판 b.

유지나. 1996.「90년대 로맨틱 코미디의 욕망기계 장치. 그 전략과 음모」.『영화연구』. 11권.

이영미. 2008.「1990년대 이후 신세대 가요의 새로운 태도」.『인물과 사상』. 123.

황인성. 1999.「트렌디 드라마의 서사구조적 특징과 텍스트의 즐거움에 관한 이론적 고찰」.『한국언론학보』. 43-5호.

http://kmdb.or.kr/movie/new_boxOffice.asp

1990년대의 증상들

저자소개

[저자소개]

김영찬 : 「'90년대'는 없다
-하나의 시론試論, '1990년대'를 읽는 코드」

성균관대학교 불문학과를 졸업하고 국문학과 대학원에서 박사학위를 받았다. 현재 계명대학교 국어국문학전공 교수로 재직 중이다. 현대문학상, 대산문학상, 팔봉비평문학상을 수상했다. 저서로 『근대의 불안과 모더니즘』, 『비평극장의 유령들』, 『비평의 우울』 등이, 역서로 『성관계는 없다』, 『근대성의 젠더』 등이 있다.

E-mail : youngcritic@kmu.ac.kr

김 석 : 「라캉 담론이론으로 읽는 1980, 1990년대 시대정신
-욕망과 진리를 중심으로」

건국대학교 융합인재학부 교수, 프랑스파리8대학 철학과에서 '라캉의 욕망하는 주체개념 연구'로 박사학위를 받았다. 현재 건국대학교 융합인재학부 교수로 재직하며 저서로 『프로이트와 라캉, 무의식의 초대』 외 다수가 있다.

E-mail : kimseok@konkuk.ac.kr

김소연 : 「1990년대 청춘물 한국영화와 이행기적 욕망의 궤적」

중앙대에서 『코리안 뉴 웨이브 영화의 이행기적 성찰성 연구』로 박사학위를 받았다. 주요 저서로 『실재의 죽음』, 『환상의 지도』, 『라캉과 한국영화』 등이, 주요 번역서로 『삐딱하게 보기』, 『영화에 관한 질문들』, 『여자가 없다고 상상해봐』 등이 있다.

E-mail : soh-youn@hanmail.net

김정한 : 「1990년대 전향 담론의 성격과 한계」

현재 고려대 민족문화연구원 HK연구교수로 재직 중이다. 저서로 『대중과 폭력』, 『1980 대중 봉기의 민주주의』, 『최장집의 한국민주주의론』(편저), 『알튀세르 효과』(공저), 『라캉과 지젝』(공저) 등이 있다. 역서로 『폭력의 세기』, 『혁명가: 역사의 전복자들』(공역) 등이 있다. 주요 논문으로 「한국 라캉주의 정치의 가능성과 조건」, 「한국에서 포스트맑스주의의 수용 과정과 쟁점들」, 「5.18 항쟁 시기에 일어난 일가족 살인 사건」, 「1980년대 운동사회의 감성」 등이 있다.

E-mail : kjunghan@hanmail.net

김 원 : 「'1990년대' 사라진 장소와 구로공단」

한국학중앙연구원 사회과학부 교수. 구술사와 한국현대사를 강의하고 있으며 주요 논저는 『여공 1970 - 그녀들의 반역사』(2006), 『박정희 시대의 유령들』(2011), 『잊혀진 것들에 대한 기억』(2011), 『87년 6월 항쟁』(2009), 『사라진 정치의 장소들』(공저, 2008), 『1970, 박정희 모더니즘 - 유신에서 선데이서울까지』(공저, 2015), 『전노협 1990~1995 - 전노협의 창립에서 해산까지』(2013) 등이 있다.

E-mail : labor2003@daum.net

이윤종 : 「장선우와 에로비디오
- 1990년대 한국의 전환기적 포르노 영화」

동아대학교 석당학술원 조교수. 계간 『문화/과학』 및 『대중서사연구』 편집위원. University of California, Irvine에서 1980년대 한국 에로영화에 대한 연구로 박사학위를 받았다. 공저로 『누가 문화자본을 지배하는가? - 한국 문화산업의 독점구조』가 있으며, 『문화/과학』과 『대중서사연구』를 비롯한 다수의 학술지들에 다양한 논문을 발표했다.

E-mail : yunjong_lee@naver.com

한영인 :「장정일 초기 소설의 문제성
- '90년대'에 대한 비판을 중심으로」

연세대학교 정치외교학과를 졸업하고 동대학 국어국문학과에서 〈1970년대 창작과비평 민족문학론〉으로 석사 학위를 받았다. 현재 '창작과비평' 편집위원으로 있으며 〈글쓰는 노동자들의 시대 - 1980년대 노동자 '생활글' 다시 읽기〉, 〈문학과 정치에 대한 단상〉, 〈세계의 불안을 견디는 두 가지 방식〉, 〈문학성(文學性)에서 문학성(文學+城)으로, 그리고 그 밖으로〉 등의 글을 발표했다.

E-mail : jwhyi@naver.com

김소연 :「1990년대 이후 한국영화에서 '코믹 모드'의 문제
-로맨틱 코미디 장르의 이행기적 등장을 중심으로」

중앙대에서 『코리안 뉴 웨이브 영화의 이행기적 성찰성 연구』로 박사학위를 받았다. 주요 저서로 『실재의 죽음』, 『환상의 지도』, 『라캉과 한국영화』 등이, 주요 번역서로 『삐딱하게 보기』, 『영화에 관한 질문들』, 『여자가 없다고 상상해봐』 등이 있다.

E-mail : soh-youn@hanmail.net

1990년대의 증상들

초판1쇄 인쇄 2017년 5월 22일
초판1쇄 발행 2017년 5월 31일

지 은 이 계명대학교 한국학연구원 편
펴 낸 이 신일희
펴 낸 곳 계명대학교 출판부
출판등록 제347-1998-1호(1970. 9. 1)
주 소 대구광역시 달서구 달구벌대로 1095
대표전화 053-580-6233
팩 스 053-580-6235
홈페이지 www.kmupress.com

ISBN 978-89-7585-777-5 93300 정가 25,000원

이 도서의 국립중앙도서관 출판예정도서목록(CIP)은 서지정보유통지원시스템 홈페이지(http://seoji.nl.go.kr)와 국가자료공동목록시스템(http://www.nl.go.kr/kolisnet)에서 이용하실 수 있습니다.(CIP제어번호: CIP2017011918)